D1724749

Traudl Woldrich

WIE'S DAHEIM WAR

Erinnerungen an Oberplan
im Böhmerwald

Die Erinnerung
ist das Paradies,
aus dem wir nicht
vertrieben werden können.
                                    Jean Paul

Meinen lieben Eltern gewidmet und all den Menschen,
die mir Oberplan zur Heimat werden ließen.

Wie's daheim war

Erinnerungen an Oberplan im Böhmerwald

Zusammengestellt und herausgegeben
von
Traudl Woldrich

MORSAK VERLAG GRAFENAU

Impressum:
© 1997 Morsak Verlag Grafenau
Alle Rechte vorbehalten!
Gesamtherstellung:
Morsak Offsetdruck und Buchbinderei
94481 Grafenau
Printed in Germany
ISBN 3-87553-495-6

INHALT

Seite

Traudl Woldrich: Vorwort   7

Erinnerungen von und an Adalbert Stifter

Adalbert Stifter: An Oberplan   9
Adalbert Stifter: Oberplan 10
Adalbert Stifter: Die Legende vom
    Gutwasserkirchlein 11
Adalbert Stifter: Das Vaterhaus 13
Erich Hans: Adalbert Stifter und der Böhmerwald . 15
Traudl Woldrich: Oberplaner Zeitgenossen über
    ihren berühmten Landsmann. 16
Adalbert Stifter: Die Pest im Böhmerwald . . . 17
Adalbert Stifter: Die Glocken vom Oberplaner
    dicken Turm 18

Wie's daheim war

Adalbert Stifter: Was die Alten erzählen 19
Eduard Brazda: Vom „dunklen Turme" der Kirche . 19
Franz Liebl: Aussiedlung. 21
Herma Maul: Mein Elternhaus 24
Traudl Woldrich: Der heilige Johannes von
    Nepomuk 25
Traudl Woldrich: Der große Tag des
    Trompetenengels 26
Adalbert Stifter: Mit dem Großvater unterwegs . . 28
Josef Scheiterbauer: Melm 30
Josef Scheiterbauer: Nur ein kleines Gäns-Dörfl . . 31
Rupert Essl: Der Kas-Sonntag in Melm 31
Josef Scheiterbauer: 's Ejlmoun Fiachtn und
    'Machtla Buha 32
Traudl Woldrich: Sonntagsausflüge 33
Traudl Woldrich: Der Gutwasserberg. 33
Das Moldauherz bei Oberplan 36
Otto Veith: D'Wulda 37
Traudl Woldrich: Das Böhmerwaldmuseum. . . . 38
Traudl Woldrich: Aus der Schule geplaudert . . . 39
Mitzi Konstanzer-Mauritz: Bunte Steine auf der
    Straße nach Oberplan 41
Der Stoahaua (Lied). 42
Traudl Woldrich: Schulzeit in schweren Zeiten . . 42
Franz Norbert Praxl: Der pythagoreische Lehrsatz
    und andere Probleme in der Schule 44
Traudl Woldrich: Interessantes und Lustiges über
    allerlei Leut' 45
Maria Konstanzer: Oberplaner Bürgerstolz 50
Anna Dolzer: Armut tut weh 50
Traudl Woldrich, Herma Maul-Faschingbauer:
    Hilfe für die Armen. 51
Traudl Woldrich: Wovon die Oberplaner lebten . . 52
Ja, dö Hulzknechtbuama (Lied) 54
Bin i net a lustiger Fuhrmannsbua (Lied) 54

Das Jahr entlang

Traudl Woldrich: Ein neues Jahr beginnt 57
Stephanie Hödl: Unvergeßliche Rauhnacht. . . . 58
Elsbeth Reininger: Beim Schlittenfahren
    „in da Plou" 58
Mitzi Konstanzer-Mauritz: Im Fosching muaß
    si wos rüahrn! 59
Traudl Woldrich: Fröhliche Fastenzeit 60
Mitzi Konstanzer-Mauritz: Markttag in Oberplan . 62
Traudl Woldrich: Veilchen, Primeln und Vogerlsalat 63
Die heilige Woche. 64
Sepp Skalitzky: Palmsonntag 64
Franz Haas: D' Ratschnbuam. 64
Waschtag im Böhmerwald 65
Anna Dolzer, Josef Dichtl: Von Bärentreibern,
    Rastelbindern und anderem fahrenden Volk . . 67
Ferienzeit 68
Mitzi Konstanzer-Mauritz: Kindertage
    an der Moldau 68
Hilde Hanske-Stuben: Das Torfstechen in der
    Erinnerung eines Kindes. 69
Traudl Woldrich: „Kirta" und Jakobifest 70
Franz Norbert Praxl: Lausbubenerinnerungen
    an Oberplan 70
Traudl Woldrich: Onkel Pepi und der Lämmerbock 71
Traudl Woldrich: Ein heißer Sommertag 1938. . . 72
Traudl Woldrich: Ein Kind erlebt große Politik . . 74
Elsbeth Reininger: Michaeli-Morkt i da Plou . . . 74
Elsbeth Reininger: Wenn die Kartoffelfeuer
    brennen 75
Wenn es Winter wurde. 76
Adalbert Stifter: Das Christkindlein 79
Hans Watzlik: Das goldene Rössel. 79

Vom Essen und Trinken

Traudl Woldrich: Der Erdäpfelteig 81
Traudl Woldrich: Da Sterz 82
Josef Bürger: Das Sauerkraut 82
Vom Brotbacken 83
Das Butter-Ausrühren 83
Das Sauschlachten 84
Fasttage 84
Liwanzen 85
Geh afi afs Bergl (Lied) 85

Etwas über unsere Sprache

Traudl Woldrich: Kinderreime in Oberplan 86
Zwoa-Zwo-Zwü 86
Sprichwörter und Redensarten 87
Im Feld schlagt dö Lercha (Lied) 87

Anton Wallner: Eine Sage aus der Draxlmühle . . 88
Mein Vadern sei Häuserl (Lied) 88

Das Ende naht

Anna Dolzer: Helle Röte bedeckte das
    Himmelsgewölbe 89
Traudl Woldrich: Der Krieg fordert Opfer 89
Traudl Woldrich: Das Ende. 90
Josef Dichtl: Unsa lejtzta Houfhund. 91

In Fremde und Verzweiflung

Traudl Woldrich: Eine Wallfahrt in schwerer Zeit . 92
Rudolf Zach: Von der Not der Daheimgebliebenen 92
Traudl Woldrich: Das versunkene Dorf
    Hossenreuth 94
Traudl Woldrich: Der Vordere Hammer 96
Helmut Doyscher: Im Böhmerwald 97
Karl Hilgartner: Steinmauern daheim 97

Auf der Suche nach einer neuen Heimat

Hans Watzlik: Aufruf 98

Traudl Woldrich: Heimat suchen 98
Heimatspruch 100
Theres Mayerhofer-Webinger: Neue Heimat –
    Alte Wunden 101
Franz Trnka: Wie's daheim war am Nockherberg
    ban Treffen vo die Plouna 103
Ein Schülertreffen in München 104
Traudl Woldrich: Patenschaft Ulrichsberg-Oberplan 105
Der Gedenkstein 106
Gerettete Kostbarkeiten 109
Gertrud Le Vasseur: Sehnsucht nach der Heimat . 111
Traudl Woldrich: Ein Lied geht um die Welt . . . 112
Das Wuldalied 113
Ein Denkmal für ein Lied 113
Hedwig Hirsch: An die Heimat Oberplan 116
Theres Mayerhofer-Webinger: Erster Besuch
    in der Heimat 117
Traudl Woldrich: „Auferstehung" 118
Traudl Woldrich: Ein Werk der Versöhnung . . . 119
Traudl Woldrich: Den Toten der Heimat 120

Nachwort 121
Fotoquellen 122
Quellenangabe 122

Vorwort

„Wenn (jedoch) Leute ihre Heimat verlieren, ihre Heiligtümer, Gräber ihrer Lieben — das ist unaussprechlich schmerzlich."

So schrieb Bischof Miroslav Vlk, als er nach seinem Amtsantritt 1990 die ehemaligen deutschen Gemeinden seines Bistums Budweis suchte und besuchte.

Ja, unaussprechlich schmerzlich empfinden wir auch noch heute, 50 Jahre danach, den Verlust unserer Heimat. Auch Adalbert Stifter kehrte in seinen Dichtungen immer wieder an die Plätze seiner Kindheit zurück. Er besuchte seinen Heimatort, so oft es ihm möglich war. Dr. Gustav Jungbauer, Universitätsprofessor in Prag, aus der Hammermühle stammend, und Dr. Anton Wallner, Gymnasialprofessor in Graz, der in der Draxlmühle geboren wurde, zog es ebenfalls alljährlich an den Ort ihrer Wurzeln zurück, wo sie sich Kraft holten für die Arbeit für ihre Heimat.

Uns vertriebenen Oberplanern war diese Rückkehr, dieser Besuch unseres Heimatortes 45 Jahre lang verwehrt, der Besuch unseres Elternhauses ist bis heute nicht möglich. „Wir haben tief gelitten der Heimatlosen Schmerz. Es kann ja kaum noch bitten das unbeholfne Herz."

So schrieb Hans Watzlik in seinem Weihnachtsgedicht 1947.

Was blieb, ist die Erinnerung. Die Erinnerung an unseren schönen Heimatort Oberplan mit seinen vertrauten Kirchen, den behäbigen Bürgerhäusern, den Denkmälern und Naturschönheiten. Was blieb, ist die Erinnerung an Schulzeit und Kinderstreiche, an Feste des Jahreskreises, an Menschen, die für uns wichtig waren. Erinnerungen, die die schlimmen Jahre in der Fremde ertragen ließen, die dann, als wir langsam wieder Heimat fanden, manches Fest mit Gesprächen über das Leben daheim verschönten.

Später versuchte man, die Erinnerungen an daheim an die Nachwelt weiterzugeben. Es entstanden Denkmäler, Heimatstuben und Hilfsprogramme für die alte Heimat im Böhmerwald.

Von all dem soll in diesem Buche berichtet werden. Ich danke allen, die durch Übersendung von Beiträgen an der Gestaltung dieses Buches teil hatten. Ich danke denen, die mir erlaubt haben, Beiträge aus den Heimatzeitschriften „Hoam" und „Glaube und Heimat" zu übernehmen. Ich danke vor allem Herrn Rupert Essl für sein umfangreiches historisches Buch über Oberplan, das mir half, Daten und Ereignisse richtig einzuordnen. Ich danke denen, die mir Bilder überlassen haben, und allen, die dafür sorgten, daß dieses Buch erscheinen kann.

Traudl Woldrich

ERINNERUNGEN VON UND AN ADALBERT STIFTER

Adalbert Stifter

AN OBERPLAN

Da schau hin und sieh, wie Gottes Segen
jenes Hügelland zum Garten schmückt,
wie er Blumen sät an allen Wegen,
wie das Feld die reichen Ähren bückt,
wie der Fruchtbaumwald die dunklen Kronen
über wohlstandsvolle Dächer neigt

und vom Herd, wo frohe Menschen wohnen,
blauer Rauch in heitre Lüfte steigt.

Und ein Haus steht dort auf grünen Wiesen,
schimmernd weiß blickt's auf den Wald hinaus,
ewig hat es mich von sich gewiesen –
ach, und ewig denk ich an das Haus.

Adalbert Stifter (1823), Oberplan.

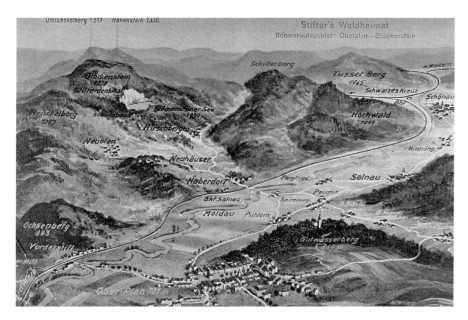

Das Moldautal zwischen Oberplan und Plöckenstein.

Adalbert Stifter

Oberplan

Wenn man die Karte des Herzogtums Krummau ansieht, welches im südlichen Böhmen liegt, so findet man in den dunklen Stellen, welche die großen Wälder zwischen Böhmen und Bayern bedeuten, allerlei seltsame und wunderliche Namen eingeschrieben; zum Beispiele: „zum Hochficht", „zum schwarzen Stock", „zur tiefen Lake", „zur kalten Moldau" und dergleichen. Diese Namen bezeichnen aber nicht Ortschaften oder gar Herbergen, die solche Schilder führen, sondern ganz einfache Waldesstellen, die hervorgehoben sind, um gewisse Linien und Richtungen anzugeben, nach denen man in den weiten Forsten ohne Weg oder anderes Merkmal gehen könnte. Die Namen sind von denjenigen Leuten erfunden worden, welche am meisten ohne Weg und Bezeichnung im Walde zu gehen pflegen, nämlich von Jägern und Schleichhändlern.

In diesen Waldungen ist auch da, wo sie sich gegen das österreichische Land hinziehen, ein helles lichtes Tal geöffnet. Das Tal ist sanft und breit, es ist von Osten gegen Westen ins das Waldland hinein geschnitten, und ist fast ganz von Bäumen entblößt, weil man, da man die Wälder ausrottete, viel von dem Überflusse der Bäume zu leiden hatte und von dem Grundsatze ausging, je weniger Bäume über blieben, desto besser sei es.

In der Mitte des Tales ist der Marktflecken Oberplan, der seine Wiesen und Felder um sich hat, in nicht großer Ferne auf die Wasser der Moldau sieht und in größerer mehrere herumgestreute Dörfer hat.

Das Tal ist selber wieder nicht eben, sondern hat größere und kleinere Erhöhungen. Der bedeutendste ist der Kreuzberg, der sich gleich hinter Oberplan erhebt, von dem Walde, von dem er einstens bedeckt war, entblößt ist, und seinen Namen von dem blutrotem Kreuze hat, das auf seinem Gipfel steht. Von ihm aus übersieht man das ganze Tal. Wenn man neben dem roten Kreuz steht, so hat man unter sich die grauen Dächer von Oberplan,

dann dessen Felder und Wiesen, dann die glänzende Schlange der Moldau und die obgesagten Dörfer. Sonst sieht man von dem Kreuzberge aus nichts; denn ringsum schließen den Blick die umgebenden blaulich dämmernden Bänder des böhmischen Waldes.

An einer Stelle stehen Felsen hervor, auf die man einerseits eben von dem Rasen hinzu gehen kann, und die andererseits tief und steil abfallen, fast viereckige Säulen bilden und am Fuße viele kleine Steine haben. Es ist einmal eine Bäuerin gewesen, die wegen ihrer außerordentlichen Schönheit berühmt war. Sie trug immer die Milch, die sie den fernen Arbeitern auf einer Wiese zur Labung brachte, über den Kreuzberg. Weil sie aber den Worten eines Geistes kein Gehör gab, wurde sie von ihm auf ewige Zeit verflucht, oder wie sich die Bewohner der Gegend ausdrükken, verwunschen, daß an ihrer Stelle die seltsamen Felsen hervorstehen, die noch jetzt den Namen Milchbäuerin führen.

Die Säulen der Milchbäuerin sind durch feine, aber deutlich unterscheidbare Spalten geschieden. Einige sind höher, andere niedriger. Sie sind alle von oben so glatt und eben abgeschnitten, daß man auf den niederen sitzen und sich an die höheren anlehnen kann. In der sonnigen Tiefe unter der Milchbäuerin sind die Pflanzbeete der Oberplaner, das ist, aufgelockerte Erdstellen, in denen sie im ersten Frühlinge die Pflänzchen des Weißkohles ziehen, um sie später auf die gehörigen Äcker zu verpflanzen. Warum die Leute diese von ihren Wohnungen so entlegene Stelle wählen, ist unbekannt, nur ist es seit Jahrhunderten so gewesen; befindet sich etwas Eigentümliches in der Erde, oder ist es nur die warme Lage des Bodens, der sich gegen Mittag hinabzieht, oder ist es die Abhärtung, welche die Pflänzchen auf dem steinigen Grunde erhalten: genug, die Leute sagen, sie gedeihen von keiner Stelle weg so gut auf den Feldern, wie von dieser, und Versuche, die man unten in den Gärten gemacht hat, fielen schlecht aus, und die Setzlinge verkamen nachher auf den Äckern.

Nahe der Milchbäurin stehen zwei Häuschen auf dem Rasen. Sie sind rund, schneeweiß, und haben zwei runde spitzige Schindeldächer. Sie haben keine Fenster und Simse, sondern nur eine kleine Tür. Wenn man bei dieser Tür hineinschaut, so sieht man keinen Fußboden, sondern unten, durch den Kreis der Ummauerung eingefangen, ein ruhiges, klares Wasser, das den Sand und den Kies des Grundes so deutlich herauf schimmern läßt, wie durch feines geschliffenes Glas. Auf jedem der zwei Wasserspiegel schwimmt ein kleiner hölzerner Kübel, der einen langen Stiel hat, welcher bei der Tür herausragt, daß man ihn fassen und sich Wasser heraufschöpfen kann. Zwischen den zwei Häuschen steht eine sehr alte und sehr große Linde. Ihr Stamm ist so mächtig, daß eine kleine Wohnung darin Platz hätte, und ihre mannsdicken Äste gehen weit über die zwei spitzigen Schindeldächer hinaus.

Wieder nicht weit von den Häuschen, so daß man etwa mit zwei Steinwürfen hinreichen könnte, steht ein Kirchlein. Es ist das Gnadenkirchlein der schmerzhaften Mutter Gottes zum guten Wasser, weil ein Bildnis der heiligen Jungfrau mit den Schwertern des Schmerzes im Herzen auf dem Hochaltar steht.

Von Oberplan bis zu dem Kirchlein ist der Berg mit feinem dichten Rasen bedeckt, der wie geschoren aussieht und an manchen Stellen den Granit und den steinigen Gries des Grundes hervorschauen läßt. Von dem Kirchlein bis zu dem Gipfel und von da nach Ost und Nord und West hinunter stehen dichte, rauhe knorrige, aber einzelne Wacholderstauden, zwischen denen wieder der obgenannte Rasen ist, aber auch manches größere und gewaltigere Stück des verwitterten Granitsteines hervorragt.

Adalbert Stifter

DIE LEGENDE VOM GUTWASSERKIRCHLEIN

In dem Hause zu Oberplan, auf welchem es „zum Sommer" heißt und welches schon zu denjenigen gehört, die sehr nahe an dem Berge sind, so daß Schuppen und Scheune schon manchmal in denselben hinein gehen, träumte einem Blinden drei Nächte hintereinander, daß er auf den Berg gehen und dort graben solle. Es träumte ihm, daß er dreieckige Steine finden würde, dort solle er graben, es würde Wasser kommen, mit dem solle er sich die Augen waschen, und er würde sehen. Am Morgen nach der dritten Nacht nahm er eine Haue, ohne daß er jemanden etwas sagte, und ging auf den Berg, Er fand die dreieckigen Steine und grub. Als er eine Weile gegraben hatte, hörte er es rauschen, wie wenn Wasser käme, und da er genauer hinhorchte, vernahm er das feine Geriesel. Er legte also die Haue weg, tauchte die Hand in das Wasser und fuhr sich damit über die Stirne und über die Augen. Als er die Hand weg getan hatte, sah er. Er sah nicht nur seinen Arm und die daliegende Haue, sondern er sah auch die ganze Gegend, auf welche die Sonne recht schön hernieder schien, den grünen Rasen, die grauen Steine und die Wacholderbüsche. Aber auch etwas anderes sah er, worüber er in einen fürchterlichen Schrecken geriet. Dicht vor ihm, mitten in dem Wasser saß ein Gnadenbild der schmerzhaften Mutter Gottes. Das Bildnis hatte einen lichten Schein um das Haupt, es hatte den toten, gekreuzigten Sohn auf dem Schoße und sieben Schwerter in dem Herzen. Er trat auf dem Rasen zurück, fiel auf seine Knie und betete zu Gott. Als er eine Weile gebetet hatte,

Das Oberplaner Wallfahrtsbild am Gutwasser (Eduard Brazda).

11

stand er auf und rührte das Bild an. Er nahm es aus dem Wasser und setzte es neben dem größten der dreieckigen Steine auf den Rasen in die Sonne. Dann betete er noch einmal, blieb lange auf dem Berge, ging endlich nach Hause, breitete die Sache unter den Leuten aus, und blieb sehend bis an das Ende seines Lebens. Noch an demselben Tage gingen mehrere Menschen auf den Berg, um an dem Bilde zu beten; später kamen auch andere; und da noch mehrere Wunder geschahen, besonders an armen und gebrechlichen Leuten, so baute man ein Dächelchen über das Bild, daß es nicht von dem Wetter und der Sonne zu leiden hätte. Man weiß nicht, wann sich das begeben hatte, aber es muß in sehr alten Zeiten gewesen sein. Ebenso weiß man nicht, was später mit dem Bilde geschehen sei, und aus welcher Ursache es einmal in dem Laufe der Zeiten nach dem Marktflecken Untermoldau geliehen worden ist; aber das ist gewiß, daß der Hagelschlag sieben Jahre hintereinander die Felder von Oberplan verwüstete. Da kam das Volk auf den Gedanken, daß man das Bild wieder holen müsse, und ein Mann aus dem Christelhause, das auf der kurzen Zeile steht, trug es auf seinem Rücken von

Untermoldau nach Oberplan. Der Hagelschlag hörte auf, und man baute für das Bild eine sehr schöne Kapelle aus Holz und strich dieselbe mit roter Farbe an. Man baute die Kapelle an das Wasser des Blinden und setzte hinter ihr eine Linde. Auch fing man einen breiten Pflasterweg mit Linden von der Kapelle bis nach Oberplan hinab zu bauen an, allein der Weg ist in späteren Zeiten nicht fertig geworden. Nach vielen Jahren war einmal ein sehr frommer Pfarrer in Oberplan, und da sich die Kreuzfahrer zu dem Bilde stets mehrten, ja sogar andächtige Scharen über den finstern Wald aus Baiern herüber kamen, so machte er den Vorschlag, daß man ein Kirchlein bauen solle. Das Kirchlein wurde auf einem etwas höheren und tauglicheren Orte erbaut, und man brachte das Bild in einer frommen Pilgerfahrt in dasselbe hinüber, nachdem man es vorher mit zierlichen und schönen Gewändern angetan hatte. Die rote Kapelle wurde weggeräumt, und über dem Wasser des Blinden, das sich seither in zwei Quellen gespalten hatte, wurden die zwei Brunnenhäuschen gebaut . . . Das Kirchlein ist das nämliche, das noch heut zu Tage steht. („Der beschriebene Tännling")

Oberplan. · Gutwasser-Kapelle.

Adalbert Stifter

Das Vaterhaus

Das Haus meines Vaters stand außerhalb des Ortes in der Nähe einiger anderer, war aber doch frei genug, um auf Wiesen, Felder und Gärten und im Süden auf ein sehr schönes blaues Waldband zu sehen.

Zu unserem Hause, das nur ein Erdgeschoß hatte, welches aber schneeweiß war und weithin in dem Grün leuchtete, gehörten Wiesen, Felder und Wäldchen. Der Vater ließ aber das durch Knechte verwalten, er selber trieb einen Handel mit Flachs und Linnen, der ihn auf vielfache Reisen führte.

In dem Vorhause befindet sich in einer Ecke ein großer Steinwürfel, der den Zweck hat, daß auf ihm das Garn zu dem Hausweben mit einem hölzernen Schlägel geklopft wird.

In dem Hof ist ein breiter mit Steinen gepflasterter Gang, der rings an den Bauwerken herum läuft. Auf diesem Gange stehen unter dem Überdache des Hauses gewöhnlich einige Schemel oder derlei Dinge, die dazu dienen, daß sich die Mägde beim Hecheln des Flachses oder andern ähnlichen Arbeiten darauf niedersetzen können, um vor dem Unwetter geschützt zu sein.

Vor meinem väterlichen Geburtshause, dicht neben der Eingangstür in dasselbe, liegt ein großer achteckiger Stein von der Gestalt eines sehr in die Länge gezogenen Würfels. Seine Seitenflächen sind roh ausgehauen, seine obere Fläche aber ist von dem vielen Sitzen so fein und glatt geworden, als wäre sie mit der kunstreichsten Glasur überzogen. Der Stein ist sehr alt, und niemand erinnert sich von einer Zeit gehört zu haben, wann er gelegt worden sei. Die urältesten Greise unseres Hauses waren auf dem Steine gesessen, so wie jene, die in zarter Jugend hinweggestorben waren und nebst all den andern auf dem Kirchhof schlummern.

Das Alter beweist auch der Umstand, daß die Sandsteinplatten, welche dem Steine als Unterlage dienen, schon ganz ausgetreten und dort, wo sie unter die Dachtraufe hinaus ragen, mit tiefen Löchern von den herabfallenden Tropfen versehen sind.

Eines der jüngsten Mitglieder unseres Hauses, welche auf dem Steine gesessen waren, war in meiner Knabenzeit ich. Ich saß gerne auf dem Steine, weil man, wenigstens dazumal eine große Umsicht von demselben hatte. Jetzt ist sie etwas verbaut worden.

Ich saß gerne im ersten Frühling dort, wenn die milder werdenden Sonnenstrahlen die erste Wärme an der Wand des Hauses erzeugten. Ich sah auf die geackerten, aber noch nicht bebauten Felder hinaus, ich sah dort manchmal ein Glas wie einen feurigen Funken schimmern und glänzen, oder ich sah einen Geier vorüber fliegen, oder ich sah auf den fernen bläulichen Wald, der mit seinen Zacken an dem Himmel dahin geht, an dem die Gewitter und Wolkenbrüche hinabziehen, der so hoch ist, daß ich meinte, wenn man auf den höchsten Baum desselben hinauf stiege, müßte man den Himmel angreifen können.

Zu anderen Zeiten sah ich auf der Straße, die nahe an dem Hause vorübergeht, bald einen Erntewagen, bald eine Herde, bald einen Hausierer vorüber ziehen.

Das Vaterhaus in Stifters Werken

Immer wieder erzählt Adalbert Stifter in seinen Werken von seinem Vaterhaus. In „Granit" erzählte er, wie er auf dem Stein vor dem Haus Bekanntschaft mit dem Pechbrenner Andreas gemacht hatte, der ihm seine Waden mit Wagenschmiere bestrich und so den Zorn seiner Mutter heraufbeschwor. Im ersten Feldblumenkapitel „Primel" beschreibt er den Taubenschlag, in den er sich als kleiner Bub zurückzog, um ungestört lesen zu können, ein andermal gesteht er, wie er die Katze in den Backofen gesperrt hatte, die dann, als der Ofen angeheizt wurde …„satanisch zu rumoren begann" und als der geängstigte Knabe den unheimlichen Käfig öffnete, mit diesem schleunigst auf den Dachboden flüchtete.

In „Heidedorf" schwebten dem Dichter Großmutter, Mutter und Vater vor; das Heidehaus ist sein Vaterhaus. Die

Sehnsucht nach dem Haus im „Anspach" ließ ihn sein Leben lang nicht los.

In „Die Mappe meines Urgroßvaters" schildert er die Gefühle, die ihn erfaßten, als er als Mann sein Elternhaus besuchte: „Alles war so herrlich und prangend wie sonst, ja, es war noch prachtvoller und ernster, als ich es einst begreifen konnte. Nur das Haus war kleiner geworden, die Fenster niedriger und die Stuben gedrückt ... Ein schwermütiges Licht der Gegenwart lag auf allen Dingen und sie blickten mich an, als hätten sie die Jahre meiner Kindheit vergessen!"

Viele, viele Male besuchte Adalbert Stifter das Haus. Im Jahre 1845 trafen sich alle Brüder bei einem Besuch der Mutter. Davon berichtete Adalbert einer Verwandten in Klagenfurt: „Als wir Brüder einmal ... alle auf Verabredung die Mutter besuchten und alle Kinder vollzählig um den Abendtisch saßen (wie ich glaube, keines mißraten), sagte die Mutter, die auf der Ofenbank saß: ‚Alle Freuden der Welt nehmen ein Ende, nur die Freude einer Mutter an ihren Kindern nie'."

Der letzte Besuch Adalbert Stifters in seiner Heimat fand drei Monate vor seinem Tod statt. Auf dem Tische in der großen Wohnstube schrieb er Bruchstücke einer Biographie nieder. Damals wurden Gedanken an seine Kindheit wieder lebendig: Die Stube kam ihm wieder lebhaft vor, die großen dunklen Tragebalken an der Decke, der vorspringende Ofen, um den eine Bank lief, der Tisch in der Mitte mit dem eingelegtem Osterlamme und das erste Fenster neben der Eingangstür, dessen Sonnenschein noch seine späte Erinnerung erleuchtete.

Im Jahre 1897 besuchte der Dichter seiner steirischen Waldheimat, Peter Rosegger, das Geburtshaus des von ihm hoch verehrten Dichters. Dort schrieb sich er sich in das Besuchsbuch ein, das später in der Ehrenstube des Böhmerwaldmuseums aufbewahrt wurde. Man konnte hier lesen:

„Heute wurde mir ein Lebenswunsch erfüllt, mein Adalbert Stifter, die Quelle Deiner Poesie, Deine Heimat zu sehen!   Oberplan, 25. April 1897. Peter Rosegger"
Und am 28. Oktober 1901 schrieb derselbe Rosegger an einen Freund: „Warst Du schon einmal in seinem Oberplan? Ich fand dort wirklich die Stimmung, wie in seinen Werken. Mir war ganz selig ums Herz."

Am 3. Juni 1934 wurde das „Stifterhaus" durch einen nächtlichen Brand teilweise eingeäschert. Nur die Wohnräume konnten gerettet werden.
In der fernen Universitätsstadt Freiburg gedachte man in der „Freiburger Tagespost" des Unglückes mit folgendem

Bericht: Unersetzlich! „Am Sonntag wurde das Geburtshaus Adalbert Stifters in Oberplan im Böhmer Wald eingeäschert." Diese Nachricht geht durch alle Zeitungen. „Möge das Haus viele hundert Jahre dauern", steht an einer Stelle des „Witiko". Kein Geburtshaus irgend eines deutschen Dichters bewahrte so sein Wesen und seinen Ursprung wie dieses. Es hätte künftigen Zeiten von den schlichten Anfängen des erlauchten Geistes sprechen können. Seine weißen Mauern unter dem tief herabgezogenem Schindeldach erzählten von der einfachen, reinen Jugend, die der Sohn des Webermeisters hier erlebte. Die große Stube war kaum verändert; dort, auf dem Bettrande sitzend, hatte das Kind den Märchen der Großmutter gelauscht. Der Hof und die Scheunen waren unangetastet, und neben der Haustüre lagen noch die alten Granitsteine, die schon damals dagelegen hatten. Kein Museum war eingerichtet, das Haus war bis in die letzte Zeit bewohnt, und der Herdrauch stieg noch alle Tage aus dem Schornstein in den Himmel. Hier war Adalbert Stifter verwurzelt, alle seine Dichtungen kreisen um die Heimat, kaum ein Jahr verging, daß er nicht an den Ort seiner Geburt zurückkehrte. Wie Oberplan selbst fast unverändert durch ein Jahrhundert gegangen war, so schlief unter den anderen kleinen Häusern auch dieses, als sei der Dichter noch gestern hier ein und aus gegangen. Jeder Schritt der sanften Höhen empor war geweiht durch die Liebe des größten Sohnes dieser Landschaft, der Kreuzberg, von dem er immer wieder über die bergblauen Bergwälder hingeblickt hatte, das silberne Band der Moldau, und die Feierlichkeit und die erhabene Stille und Weite des Bildes hatte die Kunst des Dichters höher geläutert zu der Fülle der Anschauung, die dem Wachstum der Bäume entsprach, langsam Ring um Ring der Lebenserfahrung ansetzend, nach dem Vorbild der Natur geformt und genährt von den Erdkräften der Heimat ... Dieses Haus war ein Schlüssel zum Herzen des Dichters, ein vergessener, fast verlorener Schlüssel, denn sonst hätten die Verehrer „Witikos" und der „Bunten Steine" in jenen abseitigen Winkel des Böhmer Waldes wallfahren müssen. Nun ist das Haus vernichtet und ausgelöscht ..

Noch im gleichen Jahr begann der Wiederaufbau nach den ursprünglichen Plänen. Das Stifter-Haus wurde originalgetreu, einschließlich der handgefertigten Schindeln am Dache, wieder aufgebaut. Es war bis 1945 bewohnt und beherbergte die Gemeindebibliothek.
(Quellen: Rupert Essl: Das Geburtshaus Adalbert Stifters, „Hoam" 1978, Eduard Brazda: Stifters Geburtshaus, ein Raub der Flammen, „Hoam")

Erich Hans

ADALBERT STIFTER UND DER BÖHMERWALD

Adalbert Stifter aus Oberplan war ein Mensch mit Eigenheiten, Stärken und Schwächen, wie jeder andere Menscha auch. Sicher haben bei ihm die Gegensätzlichkeiten menschlicher Natur tiefer und härter gewirkt als bei anderen Menschen. Gerade die schweren Spannungen und Konflikte, denen Stifter oft ausgeliefert war, gaben häufig den Anlaß zu seinen Dichtungen. Manche seiner Novellen und Erzählungen deuten auf Auseinandersetzungen hin, die Stifter in sich selber auszutragen hatte. Gerade weil Adalbert Stifter die Dinge dieser Welt und sich selbst härter und tiefer erlebte als die Großzahl der anderen Menschen, stieg er mit seinen Aussagen in die Spitze der Weltliteratur auf.

Aber Stifters Werke, wie etwa „Witiko", von dem der Dichter selbst sagte, daß er vielleicht erst in hundert Jahren verstanden werde, werden noch dauern, wenn nach denen, die Stifters Gestalt und Werk zerreden, kein Mensch mehr fragen wird.

In Stifters Werken leuchtet die Liebe zu den Dingen und ihrer Natur, die Liebe zum Recht, die zum Menschen, zur Sitte, zum großen Gesetz, nach dem sich das Leben der Welt vollzieht. Dieses „sanfte Gesetz" aufzuzeigen und den Menschen zu sagen, daß sie ihm nachspüren müssen, weil sie nur so zum rechten Leben und Handeln finden, war das innerste Anliegen Stifters.

Adalbert Stifter fühlte sich seiner Welt verbunden, und seine Gedanken kreisten oft um die Zukunft dieser Welt. In diese Weltverbundenheit eingeschlossen ist seine tiefe Liebe zu seiner Heimat, dem Böhmerwald.

Diese Liebe zum Böhmerwald spricht aus vielen Werken Stifters. Viele von ihnen handeln im Böhmerwald. Das schönste Denkmal hat Stifter seiner Heimat wohl im „Hochwald" gesetzt: „An der Mitternachtseite des Ländchens Österreich zieht ein Wald an die dreißig Meilen lang seinen Dämmerstreifen westwärts, beginnend an den Quellen des Flusses Thaya und fortstrebend bis zu jenem Grenzknoten, wo das böhmische Land mit Österreich und Bayern zusammenstößt. Dort, wie oft die Nadeln bei Kristallbildungen, schoß ein Gewimmel mächtiger Joche und Rücken gegeneinander und schob einen derben Gebirgsstock empor, der nun von drei Landen weithin sein Waldesblau zeigt und ihnen allerseits wogiges Hügelland und strömende Bäche absendet. Er beugt ... den Lauf der Bergeslinie ab und sie geht dann mitternachtswärts viele Tagereisen weiter." — Mit dieser Skizze des Böhmerwaldkammes eröffnet Adalbert Stifter die Novelle, deren eigentlicher Mittelpunkt der Plöckensteinsee ist. „Ein gespanntes Tuch ohne eine einzige Falte, liegt er weich zwischen dem harten Geklippe, gesäumt von einem dichten Fichtenbande, dunkel und ernst, daraus manch einzelner Urstamm den ästelosen Schaft emporstreckt wie eine einzelne altertümliche Säule. Gegenüber diesem Waldbande steigt ein Felsentheater lotrecht auf wie eine graue Mauer.. . Da in diesem Becken buchstäblich nie ein Wind weht, so ruht das Wasser unbeweglich, und der Wald und die Felsen und der Himmel schauen aus seiner Tiefe heraus wie

Adalbert Stifter

aus einem ungeheuren Glasspiegel. Oft entstieg mir ein und derselbe Gedanke, wenn ich an diesen Gestaden saß: als sei es ein unheimlich Naturauge, das mich hier ansehe, tiefschwarz — beragt von der Stirne und Braue der Felsen, gesäumt von der Wimper dunkler Tannen — drin das Wasser regungslos, wie eine versteinerte Träne"

Wie im „Hochwald", so läßt Stifter auch in „Granit" seine Handlung im Böhmerwald spielen. Auch die Erzählungen „Der beschriebene Tännling", „Hagestolz", „Waldbrunnen" und „Heidedorf" sind in seiner Heimat angesiedelt.

Der „Waldgänger" wandert im Raume Hohenfurt—Rosenberg, erzählt einem Jungen die Sage von der „Teufelsmauer und greift zurück auf die Besiedlungsgeschichte des Böhmerwaldes: „Im Süden und Südwesten sehen seine (des Ortes Friedberg) Fenster auf einen großen Wald, der der letzte dichte Rücken ist, mit dem der Böhmerwald vergeht ... Im Norden sind schon die kleineren Hügel teils mit Feld, teils mit Wald bedeckt, einstens ein einziger, undurchdringlicher Waldgrund, bis noch weiter im Norden die hügelige Gestalt des Landes aufhört und mit ihm deutsche Art und Sitte, die deutsche Bekleidung und die Sprache. Es mochten einst in uralten Zeiten, da der See germanischer Völker nach Westen abfloß, und die, die hinter ihnen waren, sachte in die verlassenen Wohnsitze nachrückten, Reste germanischen Stammes im Walde sitzen geblieben sein, desgleichen dieses Volk so liebte, um zu jagen und einsam zu sein. Die Nachrückenden mochten ihnen in den Wald nicht folgen, weil sie ihn auch nicht not hatten."

Selbst im „Nachsommer" spielt die Heimat Stifters eine wesentliche Rolle. Eine der Hauptgestalten des Romans, der weise Risach, erzählt von seiner Trauer, da er aus seiner Heimat schied und schildert dabei den Weg von Oberplan über die Berge nach Österreich.

„Witiko" aber, wohl das größte Werk Stifters schildert den Böhmerwald als die Heimat dieses Witiko und entwirft ein feines Bild der Menschen dieses Landstriches, macht die Treue deutlich, mit der sie Witiko anhängen, ihre Tapferkeit und ihr Einstehen füreinander. Die hervorragendsten Gestalten aus Witikos Gefolge tragen Namen von Oberplanern aus der Zeit Stifters. Und wenn man „Witiko" den Roman Böhmens und der Rechtsidee nennt, so kann man ihn sicherlich auch als den Roman des Böhmerwaldes bezeichnen.

Adalbert Stifter hat seine Verbundenheit mit seiner Böhmerwaldheimat nicht nur in seiner Dichtung nachgewiesen. Er tat es auch als Maler. Er zeichnete und malte Oberplan und Friedberg, die Ruine Wittinghausen und das Kirchlein zum guten Wasser, die Teufelsmauer und das Rosenberger Gut.

Stifters Liebe zur Heimat klingt aus Worten, wie wir sie im Nachsommer lesen können und mit denen er seiner Heimat ein weiteres Denkmal gesetzt hat:

„Ich liebte die Wiesen, die Felder, die Geträuche, unser Haus außerordentlich, und unsere Kirchenglocken deuchten mir das Lieblichste und Anmutigste, was es nur auf Erden geben kann.... Zu Fuß wanderte ich durch unser Tal hinaus und suchte, durch allerlei Betrachtungen die Tränen zu ersticken, welche mir immer wieder in die Augen steigen wollten.... Als ich am Rande angekommen war, wo unser höheres Land in großen Absätzen gegen den Strom hinabgeht, sah ich mich nochmal um ... segnete unser weißes Haus mit dem roten Dache, segnete all die Felder und Wäldchen, die hinter mir lagen und die ich durchwandelt hatte und stieg nun, wirklich schwere Tränen in den Augen tragend in den tiefen Weg hinunter.... Es war mir, ich müsse umkehren, um nur noch einmal zurückschauen zu können. Ich tat es aber nicht, weil ich mich vor mir selbst schämte, und ging beeiligten Schrittes den Weg hinunter und immer tiefer hinunter."

(Auszüge aus Zeitschrift „Hoam")

Traudl Woldrich

OBERPLANER ZEITGENOSSEN ÜBER IHREN BERÜHMTEN LANDSMANN

Die Oberplaner waren mit der Berühmtheit ihres Landsmannes gar nicht zufrieden. Pfarrer, Doktor oder mindestens Lehrer sollte einer werden, wenn man ihn schon in „die Studie" schickte, und nicht seine Zeit mit Bilder malen und Geschichten schreiben vertun, wie der „Luig'n-Weachtl", wie ihn manche Oberplaner damals genannt hatten. Daß er Hauslehrer beim Fürsten Metternich war, zählte gar nicht. Als er aber dann endlich Schulinspektor von Ober-Österreich geworden war, freuten sich seine Freunde in Oberplan. „Hiatzt is aus'm Motzn-Alweacht dou no wos wor'n", hörte man sie erleichtert sagen. Und auch die übrigen Oberplaner würdigten nun endlich auch die Leistungen ihres Landsmannes und waren stolz auf ihn.

Die Gedenktafel

Zwei Leutlein aus den hinteren Schneehäusern, ein Waldbauer und die Seinige, sind in die „Plou" heruntergestiegen, wo heute der Margarethen-Markt abgehalten wird. Da schlendern sie schon etliche Stunden in dem Jahrmarkttrubel auf dem Platz und in den anschließenden Gäßchen herum: er mit zwei Hüten auf dem Kopf, den neuen über dem alten, und um den Hals und die eine Achsel eine schwere Ochsenkette; sie, hinter ihm hatschend mit einem Buckelkorb, daraus allerhand Markteinkäufe hervorlugen.

Alle Augenblick fragt sie ihren Alten nach was, neugierig, wie die Weiber schon sind, besonders, wenn sie einmal in der Zeit aus dem bretterverschlagenen und fuchsverlorenen Wald herauskommen. Der Mann, der am allerliebsten schon beim Bier hocken tät, gibt ihr zur Antwort, was ihm grad in den Sinn kommt.

Vor dem Haus im Anspach, in dem der größte „Plouna" zur Welt gekommen ist, bleibt sie stehen. Die dankbaren Mitbürger des Dichters haben nämlich eine weiße Marmortafel anbringen lassen, auf der in goldenen Buchstaben zu lesen steht:

Adalbert Stifters Geburtshaus

Die Waldbäuerin möchte nun von dem Ihrigen auch noch gern wissen, was die schöne Tafel für eine Bedeutung habe: „Alter, — hiatzt, was is denn da in dem Häusl"?

Unser lieber Waldbauer, mit seinen Gedanken schon ganz beim Grünweber-Wirt, schaut kaum auf die Tafel hin und brummt seine Alte an: „Gib dennast scho an Fried, Wei! Sie wird halt — a Hebamm drin san im Quartier!"

(Verfasser unbekannt; Böhmerwäldler Heimatbrief)

Adalbert Stifter

Die Pest im Böhmerwald

Es war einmal in einem Frühlinge, da die Bäume kaum ausgeschlagen hatten, da die Blütenblätter kaum abgefallen waren, daß eine schwere Krankheit über die Gegend kam und in allen Ortschaften, ja sogar in den Wäldern, ausgebrochen ist. Sie ist lange vorher in entfernten Ländern gewesen und hat dort unglaublich viele Menschen dahin gerafft. Plötzlich ist sie zu uns hereingekommen. Man weiß nicht, wie sie gekommen ist: haben sie die Menschen gebracht, ist sie in der milden Frühlingsluft gekommen, oder haben sie Winde und Regenwolken daher getragen; genug, sie ist gekommen und hat sich über alle Orte ausgebreitet, die um uns herum liegen. Über die weißen Blütenblätter, die noch auf dem Weg lagen, trug man die Toten dahin, und in dem Kämmerlein, in das die Frühlingsblätter hinein schauten, lag ein Kranker, und es pflegte ihn einer, der selbst schon krankte. Die Seuche wurde die Pest geheißen, und in fünf bis sechs Stunden war der Mensch gesund und tot, und selbst die, welche von dem Übel genasen, waren nicht mehr recht gesund und recht krank, und konnten ihren Geschäften nicht nachgehen. Man hatte vorher in Winterabenden erzählt, wie in andern Ländern eine Krankheit sei, und die Leute an ihr wie an einem Strafgerichte dahin sterben; aber niemand hatte geglaubt, daß sie in unsere Wälder herein kömmt, bis sie kam. In den Ratschlägerhäusern ist sie zuerst ausgebrochen, und es starben gleich alle, die an ihr erkrankten. Die Nachricht verbreitete sich in der Gegend, die Menschen erschraken und rannten gegeneinander. Einige warteten, ob es weiter greifen würde, andere flohen und trafen die Krankheit in den Gegenden, in welche sie sich gewendet hatten. Nach einigen Tagen brachte man die Toten auf den Oberplaner Kirchhof, um sie zu begraben, gleich darauf von nahen und fernen Dörfern und von dem Marktflecken selbst. Man hörte fast den ganzen Tag die Zügenglocke läuten, und das Totengeläute konnte man nicht mehr jedem einzelnen Toten verschaffen, sondern man läutete es allgemein für alle. Bald konnte man sie auch nicht mehr alle in dem Kirchhofe begraben, sondern man machte große Gruben auf dem freien Felde, tat die Toten hinein und scharrte sie mit Erde zu. Von manchem Hause ging kein Rauch empor, in manchem hörte man das Vieh brüllen, weil man es zu füttern vergessen hatte, und manches Rind ging verwildert herum, weil niemand da war, es von der Weide in den Stall zu bringen. Die Kinder liebten ihre Eltern nicht mehr und die Eltern die Kinder nicht, man warf nur die Toten in die Grube und ging davon. Es reiften die roten Kirschen, aber niemand dachte an sie, und niemand nahm sie von den Bäumen, es reiften die Getreide, aber sie wurden nicht in der Ordnung und Reinlichkeit nach Hause gebracht wie sonst, ja manche wären gar nicht nach Hause gekommen, wenn nicht doch noch ein mitleidiger Mann sie einem Büblein oder Mütterlein, die allein in einem Hause gesund geblieben waren, einbringen geholfen hätte. Eines Sonntages, da der Pfarrer von Oberplan die Kanzel bestieg, um die Predigt zu halten, waren mit ihm sieben Personen in der Kirche; die andern waren gestorben, oder waren krank oder bei der Krankenpflege, oder aus Wirrnis und Starrsinn nicht gekom-

men. Als sie dieses sahen, brachen sie in lautes Weinen aus, der Pfarrer konnte keine Predigt halten, sondern las eine stille Messe, und man ging auseinander.

Als die Krankheit ihren Gipfel erreicht hatte, als die Menschen nicht mehr wußten, sollen sie im Himmel oder auf der Erde Hilfe suchen, geschah es, daß ein Bauer aus dem Amischhause von Melm nach Oberplan ging. Auf der Drillingsföhre saß ein Vöglein und sang:

> Eßt Enzian und Pimpinell,
> Steht auf, sterbt nicht so schnell.
> Eßt Enzian und Pimpinell,
> Steht auf, sterbt nicht so schnell.

Der Bauer entfloh, er lief zu dem Pfarrer von Oberplan und sagte ihm die Worte, und der Pfarrer sagte sie den Leuten. Diese taten, wie das Vöglein gesungen hatte, und die Krankheit minderte sich immer mehr und mehr, und noch ehe der Haber in die Stoppeln gegangen war, und ehe die braunen Haselnüsse an den Büschen der Zäune reiften, war sie nicht mehr vorhanden. Die Menschen getrauten sich wieder hervor, in den Dörfern ging der Rauch empor, wie man die Betten und die andern Dinge der Kranken verbrannte, weil die Krankheit sehr ansteckend gewesen war; viele Häuser wurden neu getüncht und gescheuert, und die Kirchenglocken tönten wieder friedfertige Töne, wenn sie entweder zum Gebete riefen oder zu den heiligen Festen der Kirche …

… Zur Zeit der Pest ist im Alschhofe alles ausgestorben bis auf eine einzige Magd, welche das Vieh, das in dem Alschhofe ist, pflegen mußte, zwei Reihen Kühe, von denen die Milch zu dem Käse kömmt, den man in dem Hofe bereitet, dann die Stiere und das Jungvieh. Diese mußte sie viele Wochen lang nähren und warten, weil die Seuche den Tieren nichts anhaben konnte, und sie fröhlich und munter blieben, bis ihre Herrschaft Kenntnis von dem Ereignisse erhielt, und von den übrig gebliebenen Menschen ihr einige zur Hilfe sendete. In der großen Hammermühle sind ebenfalls alle Personen gestorben bis auf einen einzigen krummen Mann, der alle Geschäfte zu tun hatte und die Leute befriedigen mußte, die nach der Pest das Getreide zur Mühle brachten und ihr Mehl haben wollten; daher noch heute das Sprichwort kömmt: „Ich habe mehr Arbeit als der Krumme im Hammer." Von den Priestern in Oberplan ist nur der alte Pfarrer übrig geblieben, um der Seelsorge zu pflegen, die zwei Kapläne sind gestorben, auch der Küster ist gestorben und sein Sohn, der schon die Priesterweihe hatte. Von den Badhäusern, die neben der kurzen Zeile des Marktes die gebogene Gasse machen, sind drei gänzlich ausgestorben …

Als es tief in den Herbst ging, wo die Preiselbeeren reifen und die Nebel sich schon auf den Mooswiesen zeigen, wandten sich die Menschen wieder derjenigen Erde zu, in welche man die Toten ohne Einweihung und Gepränge begraben hatte. Viele Menschen gingen hinaus und betrachteten den frischen Aufwurf, andere wollten die Namen derer wissen, die da begraben lagen, und als die Seelsorge in Oberplan wieder vollkommen hergestellt war, wurde die Stelle wie ein ordentlicher Friedhof eingeweiht, es wurde ein feierlicher Gottesdienst unter freiem Himmel gehalten, und alle Gebete und Segnungen nachgetragen, die man früher versäumt hatte. Dann wurde um den Ort eine Planke gemacht, und ungelöschter Kalk auf denselben gestreut. Von da an bewahrte man das Gedächtnis an die Vergangenheit in allerlei Dingen. Du wirst wissen, daß manche Stelle unserer Gegend noch den Beinamen Pest tragen, zum Beispiel die Pestwiese, Peststeig, Pest-

hang; und wenn du nicht so jung wärest, so würdest du auch die Säule noch gesehen haben, die jetzt nicht mehr vorhanden ist, die auf dem Marktplatze von Oberplan gestanden war, und auf welcher man lesen konnte, wann die Pest gekommen ist, und wann sie wieder aufgehört hat.

(„Granit")

Adalbert Stifter

Die Glocken vom Oberplaner dicken Turm

... In dem Augenblicke, gleichsam wie durch die Worte (des Großvaters) hervorgerufen, tönte hell, klar und rein mit ihren deutlichen tiefen Tönen die große Glocke von dem Turme von Oberplan und die Klänge kamen zu uns unter die Föhren herauf.

„Siehe", sagte der Großvater, es ist schon vier Uhr und schon Feierabendläuten; siehst du, Kind, diese Zunge sagt uns beinahe mit vernehmlichen Worten, wie gut und wie glücklich und wie befriedigt wieder alles in der Gegend ist."

Wir hatten uns bei diesen Worten umgekehrt und schauten nach der Kirche zurück. Sie ragte mit ihrem dunklen Ziegeldache und mit ihrem dunklen Turm, von dem die Töne kamen, empor und die Häuser drängten sich wie eine graue Taubenschar um sie.

„Weil es Feierabend ist", sagte der Großvater, „müssen wir ein kurzes Gebet tun."

Er nahm seinen Hut von dem Haupte, machte ein Kreuz und betete. Ich nahm auch mein Hütchen ab und betete ebenfalls. Als wir geendet, die Kreuze gemacht und unsere Kopfbedeckungen wieder aufgesetzt hatten, sagte der Großvater: Es ist ein schöner Gebrauch, daß am Samstage nachmittags mit der Glocke dieses Zeichen gegeben wird, daß nun der Vorabend des Festes des Herrn beginne und daß alles strenge Irdische ruhen müsse, wie ich ja auch an Samstagen keine ernste Arbeit vornehme, sondern höchstens einen Gang in die benachbarten Dörfer mache. Der Gebrauch stammt von den Heiden her, die früher in den

Gegenden waren, denen jeder Tag gleich war und denen man, als sie zum Christentum bekehrt waren, ein Zeichen geben mußte, daß der Gottestag im Anbrechen sei. Einstens wurde dieses Zeichen sehr beachtet; denn wenn die Glocke klang, beteten die Menschen und setzten ihre harte Arbeit zu Hause oder auf dem Felde aus. Deine Großmutter, als sie noch ein junges Mädchen war, kniete jederzeit bei dem Feierabendläuten nieder und tat ein kurzes Gebet. Wenn ich damals an Samstagabenden, so wie ich jetzt in andere Gegenden gehe, nach Glöckelberg ging, denn deine Großmutter ist von dem vordern Glöckelberg zu Hause, so kniete sie oft bei dem Klange des Dorfglöckleins mit ihren roten Leibchen und schneeweißen Röckchen neben dem Gehege nieder und die Blüten des Geheges waren ebenso weiß und rot wie ihre Kleider."

„Großvater, sie betet jetzt auch noch immer, wenn Feierabend geläutet wird, in der Kammer neben dem blauen Schreine, der die roten Blumen hat", sagte ich.

„Ja, das tut sie", erwiderte er, „aber die andern Leute beachten das Zeichen nicht, sie arbeiten fort auf dem Felde und arbeiten fort in der Stube, wie ja auch die Schlage (des Webstuhles) unseres Nachbarn, des Webers, selbst an Samstagabenden forttönt, bis es Nacht wird und die Sterne am Himmel stehen."

„Ja, Großvater".

„Das wirst du aber nicht wissen, daß Oberplan das schönste Geläute in der ganzen Gegend hat. Die Glocken sind gestimmt, wie man die Saiten einer Geige stimmt, daß sie gut zusammentönen. Darum kann man auch keine mehr dazumachen, wenn eine bräche oder einen Sprung bekäme und mit der Schönheit des Geläutes wäre es vorüber. Als dein Oheim einmal vor dem Feinde im Felde lag und krank war, sagte er, da ich ihn besuchte: 'Vater, wenn ich nur einmal noch das Oberplaner Glöcklein hören könnte!' – aber er konnte es nicht mehr hören und mußte sterben."

In diesem Augenblicke hörte die Glocke zu tönen auf und es war wieder nichts mehr auf den Feldern als das freundliche Licht der Sonne.   (aus „Granit")

Alte Erzählungen berichten, daß die Oberplaner Glocken viel Silber enthielten und das Geläut deshalb besonders weit zu hören waren.

Im ersten Weltkrieg wurden die Glocken vom Turme geholt und zu Kanonen umgeschmolzen.   (T. W.)

Glockenweihe nach dem 1. Weltkrieg (1928).

18

WIE'S DAHEIM WAR . . .

Adalbert Stifter

WAS DIE ALTEN ERZÄHLEN

In den langen Winterabenden, oder auch zu anderer Zeit, zum Beispiele im Spätherbste, wenn es draußen finster, naß und neblicht ist, ist das Beisammensein in der Nähe der Leuchte eine der größten Traulichkeiten und Gehäbigkeiten der Bewohner jener Gegenden. Dann sind sie gerne mit unbedeutenden Arbeiten, die auf diese Zeit treffen, beschäftigt, der weibliche Teil meistens mit Spinnen , der männliche mit Ausbesserung des Riemenwerkes an einem Dreschflegel, mit Späneschneiden, oder mit gar nichts, als seine Pfeife zurecht zu richten, zu stopfen und anzuzünden. Nicht selten ist das auch die Zeit, wo Geschichten und vergangene Ereignisse erzählt werden, entweder sind es Dichtungen, die im Munde des Volkes leben, deren Verfasser niemand kennt, und die das Volk als Wahrheiten glaubt, oder es ist geradezu Geschichte, was dem Großvater begegnet ist, oder dem Urgroßvater, oder einem andern, oder einem merkwürdigen Manne, der die ganze Zeit her bekannt war, entweder durch seine Taten, die er getan hat, oder durch die vielen Ereignisse, die er erlebt hat. Dann werfen die Gestalten der Personen, die um das Feuer sitzen, lange Schatten in den übrigen Raum der Stube zurück, und um die Ecke des großen, grünen Ofens hinum ist es gar finster, wenn nicht etwa an einer Fuge die Lehmverkleidung herunter gegangen ist, und durch die Spalte von den im Ofen verglimmenden Scheiten der dunkelrote Feuerschein heraus sieht und eine Lichtlinie auf die Wand wirft . . .   „Der Waldgänger", 1847

So wie Adalbert 1847 berichtete, gestaltete sich das Leben in Oberplan bis 1945. Noch immer wurde in den Stuben der Häuser viel erzählt und gesungen während man dabei die verschiedensten Arbeiten verrichtete.
Doch dann war vorerst alles zu Ende. Die Menschen mußten ihre Heimat verlassen und viele starben im Gram darüber. Es dauerte lange, bis die alten Leute nach der großen Katastrophe wieder davon zu erzählen begannen, wie das Leben war im fernen Böhmerwald. Und die jungen Leute lauschten den Berichten vom einfachen Leben und fröhlichen Festen und zweifelten auch manchmal daran – denn der eiserne Vorhang war dicht und die Heimat der Eltern und Großeltern weiter entfernt als Amerika und Afrika. Doch laßt uns nun erzählen, wie das Leben im schönen Oberplan war in den letzten Jahren, die wir dort verbringen durften.   (T.W.)

Eduard Brazda

VOM „DUNKLEN TURME"
DER KIRCHE

Der Turm, wuchtig, wehrhaft – ein „Bergfrit" ist er dort oben an der Kirche, der altersgraue Zeuge der Oberplaner Vergangenheit.
Er sah der Roder Mühen im Umland und das Dorf zu seinen Füßen zum Markte aufblühen.
Der Hussiten Haß sah er und die durchziehenden Schwedenhaufen und nach der Pestzeit sah er die menschenleeren Häuser, und immer wieder verheerende Feuersbrünste und den mühseligen, jedesmal schöneren Wiederaufbau des Marktfleckens.

Sieben Jahrhunderte vergingen darüber.
„Wie gut und wie glücklich und wie befriedigt wieder alles in dieser Gegend ist."   (Ad. Stifter, Granit)

Es war noch ein kleines Stück einer so glücklichen und befriedigten Welt, in der wir die ersten Jahre unserer Kindheit verträumten.
Was gab es da für großartige Dinge in unserem Oberplan!
Den Springbrunnen des großen Wasserkars am Marktplatz, das finstere Bezirksgericht mit dem Arrest, die schö-

Kirche in Oberplan.

nen großen Bürgerhäuser und am Gutwasserberg im Park den düsteren großen Mann (Bronzestatue Adalbert Stifters) und die beiden Brunnenhäuschen, wo so Heiliges geschah, dann das wundertätige Gnadenbild der Gutwasserkirche und die Felsen der verwunschenen schönen Milchbäurin aus Oberplan.

Bei dir aber, dunkler mächtiger Turm, bei dir war alles anders!

Da war zu ebener Erde das Totenkammerl für die Fremden, die hier verstarben. Da war auch kein Eingang zu dir in den Turm. Der Eingang war erst oben, auf der Empore der Kirche.

Was mochte hinter deinen drei kleinen übereinander liegenden Fensterchen, den dunklen Löchern, verborgen sein?

Dann oben die Uhr! Wenn wir am Sonntag die Kirchenstufen empor stiegen, wenn die Glocken zu läuten aufhörten und es ganz stille war, da vernahm man ein Ticken. War das der Perpentikel? ... Oder war es nicht doch dein Herz, — du, unser Turm, das da drin schlug?

Der Mesner mußte die riesige Uhr aufziehen, wie später auch die Uhr im Rathausturm, und er mußte darauf achten, daß die Zeiger der beiden Uhren die gleiche Zeit anzeigten

Und oben hinter den Jalousinen war deine Glockenstube, aus der die Stimmen deiner Glocken kamen. Ganz oben zierten dich drei rote Rosen, das Wappen des ausgestorbenen, einst mächtigen Fürstengeschlechtes der Rosenberger.

Voller Geheimnisse, warst du, unser Turm, du Wächter über unserem Gotteshaus, über dem Markte und über dem Moldautal.

Unversehens nahte Unheil!

28. Juli 1914: Der Thronfolger Franz Ferdinand und seine Frau wurden ermordet. Verstört und voll banger Sorge harrten die Menschen der Nachrichten aus Wien, wo der greise Kaiser Franz-Josef residierte.

Kriegsausbruch 1914!

Väter, Söhne Brüder nahmen Abschied. Sie sammelten sich am Marktplatz vor dem Gasthaus „Grünweber". Zu den Klängen der Blasmusik, von Freunden begleitet, marschierten sie voll Zuversicht zum Bahnhof. Viele von ihnen kamen nicht wieder — sie ruhen in fremder Erde.
Ich drückte in den Kriegsjahren noch die Schulbank. Im Klassenzimmenr hing das Kaiserbild neben dem Kruzifix. Zu Beginn des Schuljahres, zum Heilig-Geist-Amt und ebenso zum Dankamt am Schuljahrsende zogen wir, von den Lehrern und dem Schuldirektor in feierlichem Schwarz mit Zylinder, den Lehrerinnen im schönsten Sonntagsstaat begleitet, von der Schule zur Kirche. Am Schluß der festlichen Gottesdienst sangen wir „Großer Gott, wir loben Dich" und ebenso inbrünstig das „Kaiserlied".

1916 starb der alte Kaiser Franz Josef.
1918 — der Zusammenbruch der Monarchie.

Da sahst du, alter Turm, auf dem Marktplatz, von dem unsere Väter und Brüder auszogen, tschechische Legionäre, Deserteure aus der kaiserlichen Armee. Der Bürgermeister Anton Prix hatte, bedroht von den johlenden Soldaten, eine Loyalitätserklärung für die neue Republik abzugeben. Es war wohl seine allerschwerste Amtshandlung.
Die Glocken des Turmes läuteten am 4. März 1919 für die 54 Toten, die in vielen Orten Deutschböhmens für das Selbstbestimmungsrecht demonstriert hatten und von MG-Salven niedergestreckt worden waren.
In den Klassenzimmern hing nun an der Stelle des Kaiserbildes ein Bild des Präsidenten Masaryk. Im Lesebuch mußten wir das Kaiserbild entfernen oder dick durchstreichen.

Zwei Jahrzehnte waren vergangen, da wehte die Reichskriegsflagge vor der Forstdirektion in Oberplan, dem Quartier des General Leeb.
Deiner Glocken voller Klang, du alter Turm, schwang mit

unbeschreiblichem Jubel über das Land: Frei von der Fremdherrschaft!

Nur ein Jahr Friede war uns gegönnt. Noch war Freude im Herzen, da nahte neues, unsagbares Unheil: Ein neuer Krieg.

Da sahst du, alter Turm große Trauer in vielen Häusern deines Umkreises, ungezählte Tränen um die allzuvielen Geliebten, nie mehr Wiederkehrenden.

Grau und verfallen schienst du, vertrauter Turm, als Reste der deutschen Armee ausgezehrt und zu Tode erschöpft am Marktplatz lagerten, weiter zogen – ausweglos – am bitteren Ende.

Weiße Fahnen hingen aus den Fenstern der Häuser, die anrückenden Amerikaner milde zu stimmen. Mit bangen Herzen geschah es. Dann läuteten deine Glocken den ersehnten Frieden ein ...

Gefangenenlager in der Puid, bei der Bürgerschule, beim Weißgerber mußtest du erblicken und dann den Ausbruch des alten Hussitenhasses gegen die wehrlosen Bewohner des Ortes.

Wie oft hat der Klang deiner Glocken Leben und Tod deiner Oberplaner ein – und ausgeläutet? Willst du sie nicht jetzt ausläuten – zum allerletzten Mal, zum Abschied auf ihrem Elendswege?

Wo sind die munteren Meßdiener, die immer vergnügt und schwungvoll deine Glocken läuteten? Siehst du sie nicht, du unser stummer Turm?

Sie sind unten am Marktplatz bei den Elendshaufen der Oberplaner, den Frauen, Kindern und Greisen, die aus ihren Häusern verjagt, Bündel mit ihren kargen Habseligkeiten vor sich, wie eine Schafherde von Hunden bewacht, darauf warten, von den tschechischen Schergen und den amerikanischen Befreiern ins Elend gestoßen zu werden. O, Oberplan! Geliebte Heimat, Erbe unserer Väter! Wir müssen dich verlassen, weil blinder Haß uns in die Fremde trieb. Wende ab, dunkler alter Turm, deinen Blick vom Geschehen zu deinen Füßen!

Deine Oberplaner, verlassener, nun von Fremden umgebener Turm, sind in alle Winde verweht, ihr Haar ist gebleicht seit diesen Tagen des Elends. Die Sehnsucht nach daheim ist geblieben. In der Erinnerung gehen sie immer wieder die vertrauten Wege und Gassen und die Tritte deiner steilen Stufen – lieber Turm – eilen sie wie einst leichtfüßig empor in die Glockenstube, deinem ehernen Herzen nahe, seines Stundenschlages wartend und erschauernd beim ersten Schlage der Glocke.

Von den Gipfeln zweier Grenzberge schauen wir hinüber über das vom See verfremdete Moldautal und grüßen dich aus der Ferne, geliebter, alter, dunkler Turm!

(aus „Glaube und Heimat")

Franz Liebl

AUSSIEDLUNG

Den Birnbaum konnten sie nimmer stützen.
Die Katze lief noch hinterm Gespann.
Am Feldkreuz zogen die Kinder die Mützen.
Da weinten die Weiber. Es fluchte ein Mann.

Im Viehwagenstank erstickte ihr Beten.
Der Wind trug Ruch von Schweiß übers Land.
Die Posten, die an Zigaretten drehten,
erhoben zur Abfahrt lässig die Hand.

„Kurze Zeile" im Süden.

„Lange Zeile" der Westseite von Norden
(mit „Grünweber").

Der heilige Joh. von Nepomuk vor dem Rathaus von Oberplan.

Ober und Untere „lange Zeile" der Ostseite (von Süden).

Sekkomalerei über der Empore der Pfarrkirche (1530).

„Kurze Zeile" im Norden mit Pfarrkirche.

Hauptaltar der Pfarrkirche St. Margaretha (mit dem „Prager Jesulein").

„Schöne Madonna" von Oberplan (rechter Seitenaltar), 14. Jahrhundert.

23

Herma Maul

Mein Elternhaus
(Oberplan, Marktplatz 14, „bon Föiwa")

Daß „in da Plou", wie wir Oberplaner unseren Heimatort nannten, schon lange ein reges Handwerkerleben geherrscht hatte, ersieht man aus den Hausnamen, die die Bürgerhäuser rund um den Marktplatz und in den nahen Seitengassen trugen. Da hieß es „bon Kloa-Bejckl", „bon Weißschmied", „bon Soafn-Siada", „bon Weißgarba", „bon Huatara", „bon Grea-Wejwa", „bon Lai-Wejwa", bon Krouma-Stejffl", „bon Tischla-Seppei" und so weiter. Mein Elternhaus am Marktplatz hieß „bon Föiwa".

Nach alten Aufzeichnungen war das Haus früher ein Kloster. Die Außenmauern im hinteren Teil des Hauses hatten eine beachtliche Dicke. Kinder versuchten einmal, mit einem Rechenstiel in einem Loch in der Mauer zu stochern, um zu sehen, wie dick diese sei, kamen aber nicht bis nach außen durch.

In einem Kellergewölbe waren bei Renovierungsarbeiten Fresken entdeckt worden, ähnlich denen in der Kirche über den Beichtstühlen. Alle Räume des rückwärtigen Teiles des Hause hatten romanische Gewölbe, bis hinauf zum Dachboden. An der hinteren Haustüre war in den steinernen Türstock die Jahreszahl 1382 eingemeißelt, möglicherweise das Jahr des Baubeginnes.

Mein Urgroßvater war Bürger von Oberplan und Tierarzt. Er heiratete die Weberstochter Franziska Gabriel. Mein Großvater Johann Faschingbauer war Bürger, Gastwirt und Färber. Sein Beruf gab unserem Haus seinen Hausnamen. Er heiratete die Kaufmannstochter Marie Elisabeth Gabriel.

Der Großvater färbte in der Hauptsache Leinen und zwar mit Indigo, jenem blauen Farbstoff, der mit dem Schiff aus dem fernen Osten nach Venedig kam. Von dort wurde er „per Achse" geholt, mit zwei Paar Pferden. Diese Fahrt über die Alpen dauerte mindestens drei Wochen.

Im rückwärtigen Teil des Hauses führte eine schmale Treppe hinauf in die Druckstube. Dort wurde das Leinen mit farbabstoßenden Materialien bedruckt. Die dabei verwendeten Druckmodeln mit Blumenborten und flächigen Blumenmustern hat mein Vater später dem Museum gegeben. In der „Schier", wo die großen Kupferkessel geschürt wurden, färbte man das Leinen blau ein. Die bedruckten Stellen nahmen die Farben nicht an.

Das gefärbte Leinen, der allgemein übliche „Blaudruck", wurde nun auf den Dachboden getragen. Dort lagen über breiten Balken zwei Meter breite Leitern. Da hängte man die gefärbten Leinenbahnen zum Trocknen auf.

Gegenüber der „Schier" war ein großer freier Raum. Dort stand eine riesengroße Mangel, die mit Hilfe eines Pferdegöpels betrieben wurde. Auf ihr wurde die gefärbte, getrocknete Leinwand geglättet, auf große Ballen gewickelt und zum Verkauf gebracht. Es gab bedrucktes Leinen und einfach gefärbtes „Blahl"-Leinen für Arbeitsschürzen.

Mein Vater, Franz Faschingbauer hatte mit der Färberei nichts mehr zu tun. Er war Fleischer von Beruf. Die Druckstube wurde an Inleute vermietet, die „Schier" zur Abfallgrube degradiert, und dort, wo ehemals der Göpel war und die große Mangel stand, hatten wir später unseren „Eiskeller". Auch für zwei riesengroße eingemauerte steinerne Sauerkrautfässer war noch Platz. Daran kann ich mich noch gut erinnern.

Dies alles weiß ich aus Erzählungen meines Vaters, der am 12. Mai 1875 geboren wurde und am 10. März 1947 aus Gram über den Verlust der Heimat im fremden Franken starb.

So wie das das „Färberhaus" hatte wohl jedes Haus in Oberplan seine Geschichte. Oberplan hatte im Mittelalter sechs Zünfte, wovon die der Weber am einflußreichsten war.

Am großen Marktplatz gab es kaum ein Haus, in dem nicht ein Laden war oder ein Handwerker seiner Arbeit nachging. Da waren drei Fleischer, vier Bäcker, zwei „Zuckerbäcker", fünf Lebensmittelgeschäfte, eine Apotheke und eine Drogerie, Hutmacher, Uhrmacher, Glaser und Elektrogeschäfte. Die Seiler, Weber, Schmiede, Tischler und Wagner mußten schon in die Seitengassen ausweichen. Auch die zehn Gasthäuser hatten nicht alle auf dem Markte Platz. Ärzte, Zahnärzte und Tierärzte, Notare und Rechtsanwälte hatten ihre Praxen und Büros außerhalb des Zentrums. Dort waren auch die Schulen, das Forstamt und die Großbetriebe, wie Molkerei und Flachsbrechhaus.

Die schönen Bürgerhäuser am Marktplatz wurden in den letzten vierzig Jahren abgerissen und durch häßliche Neubauten ersetzt. Das Färberhaus war eines der ersten Häuser, das der neuen Zeit zum Opfer fiel. Die sechshundertjährige deutsche Geschichte des Ortes ist zu Ende.(T.W.)

Marktplatz.

Traudl Woldrich

DER HEILIGE JOHANNES VON NEPOMUK

Der volkstümlichste Heilige Böhmens, Johannes von Nepomuk, hat auch in Oberplan ein Denkmal. Es wurde im Jahre 1728 auf einer kleinen Steinbrücke über den Marktbach, die sich oberhalb des Pfarrhofes befand, aufgestellt. Als der Marktbach zugeschüttet wurde, erhielt die Statue ihren Platz in der Mitte des großen Marktplatzes, zwischen zwei großen Wasserkaren. Dort steht sie heute noch und blickt auf den größeren der beiden Wasserbehälter, der die Zeiten überlebt hat, herab.

Johannes von Nepomuk, der aus Südböhmen stammende deutsche Generalvikar der Erzdiözese Prag, wurde wegen seiner unnachgiebigen Verfechtung kirchlicher Rechte (der Legende nach auch wegen Wahrung des Beichtgeheimnis der Königin) von Anhängern König Wenzels IV. zu Tode gefoltert und in die Moldau geworfen.

Der Generalvikar wurde sehr bald nach seinem Tode heilig gesprochen und wird als Schutzpatron der Schiffer, Flößer, Müller und aller in Wassernot Befindlichen verehrt. In Böhmen und Bayern finden wir viele Standbilder des Heiligen. Er gilt als Brückenbauer zwischen den Völkern der beiden Länder. So groß war die Verehrung des Heiligen in Böhmen, daß Rainer Maria Rilke, der bekannte deutsche Dichter Prags (1875 bis 1926) liebevoll spottete:

Der heilige Joh. von Nepomuk vor der Westseite des Marktplatzes.

Heilige

Große Heilige und kleine
feiert jegliche Gemeine;
hölzern und von Steine feine,
große Heilige und kleine.

Heil'ge Annen und Kathrinen,
die im Traum erschienen ihnen,
bau'n sie sich und dienen ihnen,
heil'gen Annen und Kathrinen.

Wenzel laß ich auch noch gelten,
weil sie selten ihn bestellten;
denn zu viele gelten selten –
nun, Sankt Wenzel laß ich gelten.

Aber diese Nepomuken!
Von des Torgangs Lucken gucken
und von allen Brucken spuken
lauter, lauter Nepomuken.

Traudl Woldrich

Der grosse Tag des Trompetenengels

Fronleichnam in Oberplan, das war in meinen Kindertagen wie Weihnachten im Sommer, ein Hochfest, das wir Kinder kaum erwarten konnten. Ganz Oberplan schien schon viele Tage vorher geradezu auf dieses Fest hin ausgerichtet zu sein.

Die Häuser des Marktfleckens schmiegen sich an den Südhang des Kreuzberges, der mit dem Kirchlein „Zum Guten Wasser" gekrönt ist. Am oberen Ende des weiten Marktplatzes mit den behäbigen Bürgerhäusern, thront die Pfarrkirche St. Margaretha mit dem trutzigen Turm, der gleichsam beschützend auf das Treiben auf dem geräumigen Marktplatz herabblickt. Der Marktplatz war vor vielen Jahrzehnten, wohl in der Kinderzeit Adalbert Stifters, mit Ahornen, Linden und Kastanien bepflanzt worden. Diese hatten in den vielen Jahren eine beachtliche Größe erreicht. „Der Park", wie die Oberplaner die Anlage nannten, war ein beliebter Treffpunkt der Jugend. Am Nachmittag fuhren die größeren Mädchen ihre kleinen Geschwister dort spazieren, an lauen Sommerabenden saßen sie dichtgedrängt auf einer der zahlreichen Ruhebänke und sangen ihre Lieder und Kanons. Wir Mädchen holten tagsüber auch häufig einen Eimer Wasser von einem der großen „Wassergrande" am Marktplatz. Die Oberplaner Köchinnen behaupteten nämlich, daß dieses frische Quellwasser besser wäre, als das Wasser aus der Ringwasserleitung. Für uns war diese Arbeit keine Last, denn da traf man immer jemanden, der zu einem kleinen Schwatz aufgelegt war. Den Park auf dem Marktplatz zierten jedoch nicht nur die beiden großen Wasserbehälter, die auch als Löschwasserspeicher dienten, sondern auch das Kriegerdenkmal und eine Statue des viel verehrten Heiligen Johannes von Nepomuk.

Um diesen weiten Marktplatz bewegte sich am Fronleichnamsfest die feierliche Prozession. Und weil es schwierig gewesen wäre, den Herrgott hinaus in die blühenden Fluren zu tragen, holten die Oberplaner Wald und Blumen herein in den Ort.

Die Bürger von Oberplan hatten selten Zeit, vor dem Fronleichnamsfest mit der Heuernte zu beginnen. Sie hatten viel Wichtigeres zu tun.

Die bevorzugten Patrizier, die an ihren Häusern einen Altar aufstellen durften, um dem Herrn einen Rastplatz zu bieten, waren „Prix-Anton", „Färber", „Gabriel-Maritschl" und „Seifensieder". Unsere Familie hatte einmal im Färberhaus gewohnt und ich fühlte mich immer diesem Haus zugehörig, vor allem in diesen frühen Sommertagen. Die ganze Aufregung der Vorbereitungszeit auf das Fronleichnamsfest übertrug sich natürlich besonders auf uns Kinder.

Zu Beginn der Fronleichnamswoche fuhr der Hausherr, so nannten wir den „Färber", mit dem Knecht hinaus in den Wald, um junge Birken zu schlagen. Die Schönheit der dunklen Ahorne und der blühenden Linden am Marktplatz genügten den Oberplanern nicht, dem Herrn ihre ganze Ehrerbietung zu erweisen. Auf der Häuserseite der Straße stellten die Männer eine zweite Baumreihe auf. Es

2. Altar: „Markus beim „Färber".

waren junge Birken, deren frisches Hellgrün sich von dem dunklen Laub der alten Bäume fröhlich abhob. Außer den Birken hatten die Männer junges Tannenreisig aus dem Walde mitgebracht, aus dem die Frauen lange Girlanden banden, die für den Schmuck der Altäre gebraucht wurden.

Die Kinder streiften in diesen ersten Tagen der Fronleichnamswoche durch Wiesen und Felder und sammelten, fein säuberlich getrennt nach Farbe der Blüten, Frauenmantel, Kuralein, wie der Feldthymian in der Gegend hieß, Katzenpfötchen, Gänseblümchen und Vergißmeinnicht. Am nächsten Tag flochten die Frauen des Hauses daraus eine große Zahl kleiner Kränzchen, die die Mädchen am Fronleichnamstag an ihre Blumenkörbchen hängten und auch die Buben an langen bunten Schleifen am Umgang mittrugen. Nicht umsonst hieß ja im Böhmerwald der Fronleichnamstag der „Kranzl-Tog". Auch an den Leuchtern der Altäre prangten schleifengeschmückte Kränzchen. Und sogar die Honoratioren trugen ein Kränzlein mit: Die Auserwählten die den Himmel tragen durften, die Feuerwehrleute, die das Allerheiligste begleiteten, Bürgermeister, Gemeinderäte, die Mitglieder des Kirchenchores und die Vereinsvorstände. Die Kräuterkränzlein sollten bei der Begleitung des Herrgotts auf sei-

26

nem Weg durch den Ort Kraft erhalten, Unheil von den Häusern abzuwenden.

Wenn die Blumenpflückerinnen mit den vollen Körben auf dem Heimweg waren, hielten sie Ausschau, in welchen Gärten es am schönsten blühte. Dorthin wollten sie am nächsten Tag gehen, um Blumen für die Altäre zu erbitten. Und die Gartenbesitzer gaben mit vollen Händen Lupinen und Pfingstrosen, Flieder und Schneebälle. So konnten auch sie und ihre Gärten, die nicht am Prozessionsweg lagen, dem Herrn Ehre erweisen.

Während die Frauen mit dem Binden von Blumensträußen und Girlanden beschäftigt waren, konnten wir Kinder es kaum erwarten, bis der Hausherr die geheimnisvollste Kammer des verwinkelten Dachbodens öffnete. Hier war nämlich der große Barockaltar aufbewahrt, der nun wieder einmal, einmal im Jahr, zu Ehren kam. Die Männer trugen die Einzelteile in den Hof und überprüften alle Haken, Schrauben und Ösen. Die Frauen reinigten anschließend den Altar und besteckten ihn dicht mit kleinen Tannenzweiglein.

Für uns Kinder war der spannendste Augenblick gekommen, wenn der Hausherr behutsam die Truhe aufschloß, die wir das Jahr über mit größter Ehrfurcht betrachteten, wenn wir sie gelegentlich zu sehen bekamen. Hier wurden die kleinen Engel aufbewahrt, die dem Altar sein fröhliches Aussehen gaben. Sie waren alle sorgsam in Papier gewickelt, daß keiner bei seinem langen Winterschlaf zu Schaden kam. Es waren insgesamt sieben Engel. Zwei hielten einen großen Kerzenhalter in Händen, zwei weitere ein Füllhorn für Blumensträuße. Zwei streckten ihre Arme gleichsam jubilierend gegen den Himmel. Unser aller Liebling aber war der Trompetenengel, der ganz oben auf dem Altar seinen Platz hatte, um von dort über das weite Rund des Marktplatzes verkünden zu können: „Halleluja! Halleluja! Seht her, ich bin auch wieder da!"

Wenn uns die Arbeit, die wir bisher getan hatten, vielleicht doch nicht immer geschmeckt hatte, dafür, daß wir jetzt die Engel aus ihrem dunklen Bett ans Licht holen durften, hätten wir wohl noch ganz andere Mühen auf uns genommen. Wer allerdings auserwählt wurde, den Trompetenengel vom Dachboden hinunter in die Wohnstube tragen zu

dürfen, damit er dort erst richtig herausgeputzt würde, der wußte sich ganz besonders beschenkt.

Als wir noch beim Färber gewohnt hatten, wurde ich am Abend vor dem Fronleichnamstag sehr früh ins Bett gesteckt, denn um vier Uhr morgens war schon Leben im Haus. Das Schlafzimmer meiner Eltern war zur Werkstatt geworden. Unter den Betten war ein großer Eisenring befestigt, an den nun mit einen langen Kette die Halterung des Altares gehängt wurde. Nun umkränzten die Männer den Altar mit den langen Girlanden aus Tannenreisig. Die sieben Engel und sechs Blumenbuketts umrahmten die vier Altarbilder. Unten war ein Bild vom heiligen Abendmahl, darüber eines der heiligen Familie. Das größte Bild des Altares stellte den heiligen Markus dar, dessen Evangeliumausschnitt hier am zweiten Altar gelesen wurde. Oben, unter dem Trompetenengel hing ein Bild, das die Taufe Jesu zeigte. Vom Altar aus führte über den breiten Vorplatz vor den Häusern eine kleine Birkenallee bis zur Straße. Frauen und Kinder hatten am Vorabend frisches Gras als Teppich gestreut. Nun war alles bereit für das große Fest.

Meist schien am Fronleichnamstag die Sonne, wenn nach dem Hochamt der Menschenstrom die Kirche verließ und sich über den weiten Marktplatz ergoß. Die kleinen Mädchen in ihren weißen Kleidern trugen Körbchen voll Blumen. Sie gingen vor dem Allerheiligsten und streuten ihre Blümchen auf den Weg. Die Musikkapelle spielte, der Kirchenchor sang: „O Engel Gottes steigt hernieder…" Es war eine hehrer Lobpreis des Herrn. In unseren Ohren aber klang die Trompete unseres kleinen Lieblings ganz laut mit hinein in das jubelnde Musizieren und begleitete uns auch noch zu den nächsten beiden Altären.

Wenn nach der Rückkehr der Prozession in die Kirche das „Te Deum" verklungen war, brachen die Bauern Ästchen von den Birken bei den Altären, um sie zum Schutz gegen Hagelschlag in ihre Äcker und Wiesen zu stecken. Die geweihten Kränzchen hingen die Oberplaner in ihren Wohnungen und Stallungen auf, damit Menschen und Vieh vor Schaden bewahrt blieben. Von dem Gras, auf dem der Priester gestanden war, als er mit dem Allerheiligsten den Segen spendete, hoben viele Gläubige einige Hälmchen

1. Altar: Matthäus-Evangelium beim „Prix-Anton".

Der 3. Altar befand sich beim Böhmerwald-Wirtshaus (kein Bild vorhanden).

4. Altar: Johannes beim „Seifensieder".

auf und steckten sie in den Geldbeutel, in der Hoffnung, daß dieser nie ganz leer würde im kommenden Jahr.

Am Abend begannen die Männer des Hauses, den Altar abzubauen. Die schönen großen Blumensträuße wurden auf die Gräber jüngst verstorbener Angehöriger und Freunde gelegt. Wir durften wieder helfen. Es tat uns leid, daß wir die Engel jetzt wieder in ihr dunkles Bett verbannen sollten, vor allem den lustigen Trompetenengel, der den ganzen Tag so glücklich schien. Ganz zart wickelten wir die Putten in Papier und betteten sie so sorgsam in die Kiste, wie wir sonst nur unsere Lieblingspuppen zu Bett brachten. Noch tagelang hatten wir den Klang der Trompete unseres kleinen Lieblings im Ohr.

1946 feierten wir unser letztes Fronleichnamsfest in der Heimat. Die Amerikaner hatten das Gebiet noch nicht an die Tschechen übergeben und wir waren dankbar, daß dieser schreckliche Krieg endlich zu Ende war. Es war ein großes Fest und die amerikanischen Soldaten wurden nicht müde, ihre Photoapparate zu zücken. Der Trompetenengel mit seinen Geschwistern jubelte besonders fröhlich zum Himmel, so schien es uns.

35 Jahre danach konnte ich zum erstenmal nach der Vertreibung meine Heimat besuchen. Es war ein verregneter Fronleichnamstag, als ich durch Oberplan fuhr. Die Kirche war versperrt an diesem gewöhnlichem Werktag hier in der Tschechoslowakei. Das Färberhaus hatte einem häßlichen Neubau weichen müssen. Wo mag wohl nun mein kleiner Trompeten-Engel seine Tage vertrauern?

Adalbert Stifter

MIT DEM GROSSVATER
UNTERWEGS

(Der Pechbrenner Andreas hatte dem kleinen Adalbert einen Streich gespielt und ihm auf die nackten Waden mit Wagenschmiere Stiefel gemalt. Der Großvater tröstete ihn nach der Strafe durch die Mutter und nahm ihn mit auf eine Wanderung in den Nachbarort Melm)

In der Mitte einer Wiese blieb Großvater stehen und zeigte auf die Erde, wo unter einem flachen Stein ein klares Wässerlein hervorquoll und durch die Wiese fortrann.

„Das ist das Behringer Brünnlein", sagte er, „welches das beste Wasser in der Gegend hat, ausgenommen das wundertätige Wasser, welches auf dem Brunnberge in dem überbauten Brünnlein ist, in dessen Nähe die Gnadenkapelle ‚Zum guten Wasser' steht. Manche Menschen holen sich aus diesem Brünnlein da ihr Trinkwasser, mancher Feldarbeiter geht weit herzu, um da zu trinken, und mancher Kranke hat schon aus entfernten Gegenden mit einem Kruge hierher geschickt, damit man ihm Wasser bringe. Merke dir den Brunnen recht gut."

„Ja, Großvater", sagte ich.

Nach diesen Worten gingen wir wieder weiter. Wir gingen auf dem Fußpfade durch die Wiese, wir gingen auf dem Wege zwischen Feldern empor und kamen zu einem Grunde, der mit dichtem, kurzem, fast grauem Rasen bedeckt war und auf dem nach allen Richtungen hin in gewissen Entfernungen voneinander Föhren standen.

„Das, worauf wir jetzt gehen", sagte der Großvater, sind die Dürrschnäbel. Es ist ein seltsamer Name; entweder kommt er von dem trockenem dürren Boden oder von den mageren Kräutlein, das tausendfältig auf dem Boden sitzt und dessen Blüte ein weißes Schnäblein hat mit einem gelben Zünglein darin. Siehe, die mächtigen Föhren gehören den Bürgern zu Oberplan, je nach Steuerbarkeit. Sie haben die Nadeln nicht in zwei Zeilen, sondern in Scheiden, wie grüne Borstbüschel, sie haben das geschmeidige Holz, sie haben das gelbe Pech, sie streuen sparsamen Schatten, und wenn ein schwaches Lüftchen geht, so hört man die Nadeln ruhig und langsam sausen.„

Ich hatte die Gelegenheit, als wir weitergingen, die Wahrheit dessen zu beobachten, was der Großvater gesagt hatte. Ich sah eine Menge der weißgelben Blümlein auf dem Boden, ich sah den grauen Rasen, ich sah auf manchem Stamme das Pech wie goldene Tropfen stehen, ich sah die unzähligen Nadelbüsche auf den unzähligen Zweigen gleichsam aus winzigen dunkeln Stiefelchen herausragen und ich hörte, obgleich kaum ein Lüftchen zu verspüren war, das ruhige Sausen der Nadeln.

Wir gingen immer weiter und der Weg wurde ziemlich steil.

Auf einer etwas höheren und freieren Stelle blieb der Großvater stehen und sagte: „So, da warten wir ein wenig“. Er wendete sich um, und nachdem wir uns von der Bewegung des Aufwärtsgehens etwas ausgeatmet hatten, hob er seinen Stock empor und zeigte auf einen entfernten mächtigen Waldrücken in der Richtung, aus der wir gekommen waren und fragte: „Kannst du mir sagen, was das dort ist?“

„Ja, Großvater“, antwortete ich, „das ist die Alpe, auf welcher sich im Sommer eine Viehherde befindet, die im Herbste wieder herabgetrieben wird.“

„Und was ist das, das sich weiter vorwärts von der Alpe befindet?“ fragte er wieder.

„Das ist der Hüttenwald“, antwortete ich.

„Und rechts von der Alpe und dem Hüttenwalde?“

„Das ist der Philippgeorgsberg.“

„Und rechts vom Philippgeorgsberge?“

„Das ist der Seewald, in welchem sich das dunkle und tiefe Seewasser befindet.“

„Und wieder rechts von dem Seewalde?“

„Das ist der Blockenstein und der Sesselwald.“

„Und wieder rechts?“

„Das ist der Tussetwald“.

„Und weiter kannst du sie nicht kennen; aber da ist noch mancher Waldrücken mit manchem Namen, sie gehen viele Meilen weit in die Länder fort. Einst waren die Wälder noch viel größer als jetzt. Da ich ein Knabe war, reichten sie bis Spitzenberg und die vordern Stiftshäuser, es gab noch Wölfe darin und die Hirsche konnten wir in der Nacht, wenn eben die Zeit ist, bis in unser Bette hinein brüllen hören. Siehst du die Rauchsäule dort, die aus dem Hüttenwalde aufsteigt?“

„Ja, Großvater, ich sehe sie“.

„Und weiter zurück wieder eine, aus dem Walde der Alpe?“

„Ja, Großvater“.

„Und aus den Niederungen des Philippgeorgsberges wieder eine?“

„Ich sehe sie, Großvater“.

„Und weit hinten im Kessel des Seewaldes, den man kaum erblicken kann, noch eine, die so schwach ist, als wäre sie nur ein blaues Wölklein?“

„Ich sehe sie auch, Großvater“.

„Siehst du, diese Rauchsäulen kommen alle von den Menschen, die in dem Walde ihre Geschäfte treiben. Da sind zuerst die Holzknechte, die an Stellen die Bäume umsägen, daß nichts übrig ist als Strünke uns Strauchwerk. Sie zünden ein Feuer an, um ihre Speisen daran zu kochen und um auch das unnötige Reisig und die Äste zu verbrennen. Dann sind die Kohlenbrenner, die einen großen Meiler türmen, ihn mit Erde und Reisern bedecken und in ihm aus Scheitern die Kohle brennen, die du oft in großen Säcken an unserem Hause vorbei in die ferneren Gegenden hinausführen siehst, die nichts zu brennen haben. Dann sind die Heusucher, die in den kleinen Wiesen und in den von Wald entblößten Stellen das Heu machen oder es auch mit Sicheln zwischen dem Gesteine schneiden. Sie machen ein Feuer, um ebenfalls daran zu kochen oder daß sich ihr Zugvieh in den Rauch lege und dort weniger von Fliegen geplagt werde. Dann sind die Sammler, welche Holzschwämme, Arzneidinge, Beeren und andere Sachen suchen und auch gerne ein Feuer machen, sich daran zu laben. Endlich sind die Pechbrenner, die sich aus Walderde Öfen bauen oder Löcher mit Lehm überwölben und daneben sich Hütten aus Waldbäumen aufrichten, um in den Hütten zu wohnen und in den Öfen und Löchern die Wagenschmiere brennen, aber auch den Teer, den Terpentin und andere Geister. Wo ein ganz dünnes Rauchfädlein aufsteigt, mag es auch ein Jäger sein, der sich sein Stücklein Fleisch bratet oder der Ruhe pflegt. All diese Leute haben keine bleibende Stätte im Walde; denn sie gehen bald hierhin, bald dorthin, je nachdem sie ihre Arbeit getan haben oder ihre Gegenstände nicht mehr finden. Darum haben auch die Rauchsäulen keine bleibende Stelle und heute siehst du sie hier und ein anderes Mal an einem anderen Platze.“

„Ja, Großvater“.

„Das ist das Leben der Wälder. Aber laß uns nun auch das außerhalb betrachten. Kannst du mir sagen, was das für weiße Gebäude sind, die wir da durch die Doppelföhre hin sehen?“

„Ja, Großvater, das sind die Pranghöfe.“

„Und weiter von den Pranghöfen links?“

„Das sind die Häuser von Vorder- und Hinterstift.“

„Und wieder weiter links?“

„Das ist Glöckelberg.“

„Und weiter gegen uns her am Wasser?“

„Das ist die Hammermühle und der Bauer David.“

„Und die vielen Häuser ganz in unserer Nähe, aus denen die Kirche emporragt und hinter denen ein Berg ist, auf welchem wieder ein Kirchlein steht?“

„Aber Großvater, das ist ja unser Marktflecken Oberplan und das Kirchlein auf dem Berge ist das Kirchlein ‚Zum guten Wasser‘.“

„Und wenn die Berge nicht wären und die Anhöhen, die uns umgeben, so würdest du noch viel mehr Häuser und Ortschaften sehen: die Karlshöfe, Stuben, Schwarzbach, Langenbruck, Melm, Honetschlag und auf der entgegengesetzten Seite Pichlern, Pernek, Salnau und mehrere andere. Das wirst du einsehen, daß in diesen Ortschaften viel Leben ist, daß dort viele Menschen Tag und Nacht um ihren Lebensunterhalt sich abmühen und die Freude genießen, die uns hienieden gegeben ist. Ich habe dir darum die Wälder gezeigt und die Ortschaften, weil sich in ihnen eine Geschichte zugetragen hat, welche ich dir im Heraufgehen zu erzählen versprochen habe. Aber laß uns weitergehen, daß wir bald unser Ziel (Melm) erreichen. Ich werde dir die Geschichte (von den Pechbrennern) im Gehen erzählen.   (aus „Bunte Steine", Granit)

Josef Scheiterbauer (Machtl Sepp)

MELM

Melm – ein sonderbarer Name, der allen Deutungsversuchen trotzte. Wahrscheinlich ist es jedoch, daß der Ortsname von Ulme abgeleitet ist. Ulme soll im Mittelhochdeutschen Mealme geheißen haben und in der Mundart wurde Melm „Mealm" ausgesprochen, was den Spott der Nachbarn herausforderte. Ein Spottvers lautete so: „Wo gehst denn hie?" „Af Mealm." „Wos hulst dejnn do?" „A Meahl für an Zealn." (Mehl für einen Zelten)
Die Ulme war der häufigste Baum in Melm. Die schönste Ulmenalle hatte unser Nachbar, der Bauer „Dejml".
Melm wurde um 1330 gegründet. 10 Bauerngehöfte gruppierten sich um einen rechteckigen, etwa 95 m auf 70 m großen Dorfplatz. Bei allen Bauernhöfen begann das Grundstück hinter der „Hintaus" und reichte meist bis zu den Fluren des Nachbarortes.
Melm hatte ein eigenes Gericht und war der bedeutendste Ort der Gegend außer Oberplan. Im Jahre 1704 erfahren wir von einem eigenen Grundbuch der Gemeinde Melm. Im späten 18. Jahrhundert verlor Melm seinen Vorrang an das Dorf Honetschlag und ging mit seinen Dörfern Althütten, Böhmisch Haidl, Ottetstift und Rindles in der Gemeinde Honetschlag auf.

In Melm war es üblich, daß außer den schulpflichtigen auch noch 3½- bis 6jährige Buben zum Ratschen mitgehen durften. Damals wohnten in dem Platzdorf Melm in 16 Häusern 19 Familien. Auf dem Foto aus dem Jahr 1932 sind 22 Buben aus elf Geburtsjahrgängen (1918 bis 1928) abgebildet, der Machtlsepp (Sepp Scheiterbauer, der das Bild zur Verfügung stellte) steht in der hinteren Reihe vor dem Baum. Die Aufnahme entstand beim Dorfkreuz, das auf dem fast quadratischen Dorfplatz im nordöstlichen Teil stand. Daneben war die Feuerschutzanlage, die Schwemm (Löschweiher) und ein schöner Bergahorn. Im Hintergrund ist das „Lealhaus" zu sehen. Das Dorfkreuz war Ausgangs- und Endpunkt beim Ratschen. Melm liegt etwa 2 Kilometer östlich von Oberplan unweit der sogenannten Stifterbuche, auch Machtlbuche genannt.

Josef Scheiterbauer

Nur ein kleines Gäns-Dörfl

Unser riesiger Dorfplatz in Melm war der Spiel- und Tummelplatz für uns Kinder. Außer der Dorfstraße, die den Platz diagonal von Nordwest nach Südost durchschnitt und den Zufahrten zu den Bauernhöfen, war er eine Wiese, die nie gemäht werden mußte, weil sie von zahlreichen Gänsen zurechtgezupft wurde.

Etwa in der Mitte war der Platz für den Pfingstbaum. Daneben stand ein einfaches Doppelreck für die Freunde des Turnens. Vor dem „Dejmlhof" und dem „Tinihof" waren Dorfbrunnen und im Südosten des Dorfplatzes die „Schwaim", der Löschweiher. Daneben gab es eine Überdachung für Feuerleitern, Feuerhaken und andere Geräte für die Feuerwehr.

Neben der „Schwaim" wuchs ein mächtiger Bergahorn, unter dessen weiter Krone unser Dorfkreuz stand. Diese war der Ausgangs- und Endpunkt beim österlichen Ratschen. Denn hatte auch Melm keine Kirche oder Kapelle, ein Glöcklein, das zum Feierabend und zum Gebet läutete, hatte das Dörflein sehr wohl. Es hing in einem kleinen Dachreiter am Hirtenhäusl und rief von hier aus die Dörfler zum Gebet. Und weil dieses Glöcklein sich zu Ostern mit den großen Schwestern von Oberplan auch auf die Reise nach Rom machte, brauchte das Dörflein eben auch seine Ratschenbuben, die mit ebenso großem Eifer, wie die Marktler von Oberplan, ihre Pflicht erfüllten.

Im übrigen gehörte der Dorfplatz den Gänsen, denn jeder Bauer hatte das Recht, seine Gänse hier weiden zu lassen. Normalerweise hielten die einzelnen Gruppen, meist aus vier bis acht Gänsen und einem Ganter bestehend, respektvollen Abstand voneinander, aber in der Nähe des Löschweihers kam es oft zu Kämpfen. Schuld waren meist die Gänsinnen. Sie waren es, die mit den Geschlechtsgenossinnen der Nachbargruppe einen Streit anfingen. Die armen Ganter mußten dann wohl oder übel in das Gezänke der Weiblichkeiten eingreifen, um ihren Mann zu stehen; oft aber waren sie schon längst darauf erpicht, ihrem Harem die eigene Stärke und Kampfkraft zu demonstrieren. Das Duell der Ganter wurde mit lautem Geschnatter begleitet. Sie kämpften bis zur Erschöpfung, und beide mußten Federn lassen. Aber erst, wenn der Unterlegene arg zerrupft abzog, war der Kampf zu Ende. Dann wurde der Sieger von seinem Anhang triumphierend gefeiert, aber auch die Getreuen des Unterlegenen lobten ihren Helden mit lautem Geschnatter und trösteten ihn.

Die Leute aus den Nachbardörfern nannten unser Dorf wegen der vielen Gänse etwas spöttisch „'s Gänsdörfl", und das, obwohl überall in den Böhmerwalddörfern und auch drinnen im Böhmischen viele Gänse gehalten wurden.

Ob sie wohl neidisch waren, auf unseren schönen kurz geschorenen „englischen" Dorfplatzrasen?

Rupert Essl

Der Kas-Sonntag in Melm

In Melm pflegte man bis zum 2. Weltkrieg am ersten Sonntag nach Dreikönig einen Brauch, der aus dem ländlichen Rechtsleben stammt und seit dem 15. Jahrhundert im süddeutschen Raum verbreitet war. Im Böhmerwald wurde er nur noch in Melm gepflegt, obwohl hier die Voraussetzungen nicht mehr gegeben waren, da aus dem Gericht Melm längst die Gemeinde Honetschlag geworden war.

Im alten Rechtsleben ging beim Jahreswechsel die Dorfobmannschaft ohne Wahl ein Haus weiter. Der Ortsvorsteher hatte die Pflicht, die Kasse der Ortsgemeinde zu führen und den Ort bei verschiedenen Anlässen zu vertreten. Vor dem Jahre 1848 mußte er auch für die richtigen Leistungen der Abgaben an die Herrschaft sorgen. Die Ablegung der Rechenschaft des scheidenden und die Amtseinführung des neuen Ortsvorstehers erfolgte am Sonntag nach Dreikönig, dem sogenannten „Kas-Sunnta". An diesem Tage mußte auch der Dorfhirte um Weiterverwendung bitten und der Schmied um Verlängerung der Pacht,

da er meist in einem gemeindeeigenen Haus lebte.

Die Pflicht der Hausfrau des neuen Ortsvorstehers war es, die Männer mit Weißbrot und Käse zu bewirten. Auch jeder Bäuerin mußte sie Weißbrot, Käse und Bier ins Haus schicken. Wenn die Männer gegessen und getrunken hatten, gingen sie nach Hause, um der Jugend Platz zu machen.

Die jungen Leute bekamen ebenfalls Brot, Käse und Bier. Dann wurde bis in die Morgenstunden gegessen, gesungen, getanzt und gescherzt. Am nächsten Tag hatte die Jugend einen „kleinen Feiertag", denn sie waren vom Tanzen noch sehr müde. Verständlich, daß vor allem die jungen Leute nicht viel davon hielten, diesen schönen Brauch abzuschaffen.

Melm ist heute verschwunden. Von den zehn großen Bauernhöfen steht keiner mehr. Das ehemalige Hirtenhaus und ein kleines Gasthäusl sind die Reste des einst so bedeutenden Dorfes.
(„Hoam")

Josef Scheiterbauer

's Ejlmoun Fiachtn und 'Machtla Buha

In der Oberplaner Gegend waren dies die markantesten Bäume. Aufgrund ihres Standortes, und weil auch keine weiteren Gehölze in der Nähe standen, waren sie weithin sichtbar und prägten das Landschaftsbild. Beide standen kurz vor dem eigentlichen Kamm des Sauberges, noch leicht auf der Westseite des in Nord-Südrichtung laufenden Höhenzuges, die Fichte an der Straße von Oberplan nach Honetschlag, die Buche am Feldweg von Oberplan nach Melm. Man muß sich wundern, daß in dieser Höhe von etwa 840 Metern so herrliche Bäume gedeihen konnten.

Von den beiden Bäumen aus hatte man eine herrliche Aussicht. Nach Westen reichte der Blick von der Buche über Oberplan und das Moldautal hinweg bis zu den Grenzbergen Plöckenstein, Hochficht, Bärnstein und Sternberg bei Leonfelden. Nach Osten sah man von der Fichte über das Olschtal bis zum Schöninger.

Die Fichte, unter deren Ästen sich die „Ejlmoun Kapelle" duckte, kränkelte schon seit dem Orkan im Jahre 1917. Sie begann vom Wipfel herab langsam abzusterben. Heute findet man nur mehr einen kurzen Stumpf am ehemaligen Standort.

Die Buche hatte bis zur Vertreibung keinen erkenntlichen Schaden, war aber sicher schon morsch. Schon Adalbert Stifter beschreibt ihn in seiner Erzählung „Granit" als alten, mächtigen Baum. Deshalb wurde der Baum später auch „Stifterbuche" genannt. Von der kugelförmigen Krone ist nur das Astwerk in Richtung Melm übrig geblieben. Von dem Dorfe Melm, das einmal Sitz eines „Gerichtes" war, findet man von den ehemals zehn stattlichen Bauernhöfen nur mehr wenige Mauerreste.

Die Edelmann-Fichte.

Machtl-Buche.

Traudl Woldrich

SONNTAGSAUSFLÜGE

Adalbert Stifter erzählte so oft und so liebevoll vom
Kreuzberg und dem Gutwasserkirchlein, daß man wohl
annehmen kann, daß er sich in seiner Kinderzeit und
auch bei seinen häufigen Besuchen in der Heimat sehr oft
auf diesem Berge aufgehalten hat. Deshalb errichtete ihm
der deutsche Böhmerwaldbund hier ein Denkmal, das am
26. August 1906 enthüllt wurde.

Frei stand die nachdenkliche Gestalt des Dichters an einem Platz, von dem man weit in den Böhmerwald und
das Moldautal blicken konnte. Die Inschrift auf der Tafel
des Denkmals wurde dem „Hochwald" entnommen:
„Hier ruhen die breiten Waldesrücken und steigen, lieb-
lich schwarz-blau dämmernd ab gegen den Silberblick der
Moldau. Es ist unsäglich viel Liebes und Wehmütiges in
diesem Anblicke."

Die Oberplaner wanderten gerne auf diesen Platz, wenn
auch die in späteren Jahren gepflanzten Bäume mittlerweile sehr hoch geworden waren, daß der große Mann
von ihnen fast verdeckt wurde. Man setzte sich auf die
Bänke, die um das Denkmal aufgestellt waren und sang
fröhliche Lieder. Die Lehrer wanderten mit den Kindern
auf den Berg, denn es gab schöne Klassenfotos mit dem
großen berühmten Linzer Schulrat aus Oberplan. Auch
die Sommerfrischler hielten sich gerne hier auf, um hier in
den Werken Stifters zu lesen.

Noch ein Denkmal finden wir auf dem Gutwasserberg:
Das des geliebten Kaisers Josef II., der in seiner kurzen Re-
gierungszeit als Kaiser damit begann, die Bauern von der
Leibeigenschaft frei zu machen. Aber schon 1918 war das
Denkmal zerstört worden und steht bis heute als trauriger
Steinhaufen auf dem Wege zur Kapelle.

Als die zweite Quelle des „guten Wassers" versiegt war,
baute man an Stelle des Brunnenhäuschens eine schöne
Klause, die zu einem beliebten Treffpunkt der Jugend wurde.

Einer der beliebtesten Rastplätze auf den Sonntagsspa-
ziergängen war das „Moldaubankerl" auf dem Wege vom
Stifterdenkmal zum Gutwasserkirchlein. Hier hatte man
den schönsten Blick auf ein ganz besonderes Naturdenk-
mal, das „Moldauherz", was von vielen Böhmerwäldlern
in Versen besungen worden ist. Heute ist dieses Natur-
wunder im großen Moldaustausee verschwunden und
mit ihm viele Dörfer und Weiler, die man heute nur mehr
aus den Werken Adalbert Stifters kennt.

Adalbert-Stifter-Denkmal am Gutwasserberg.

Traudl Woldrich

DER GUTWASSERBERG

Der Gutwasserberg war auch noch in unserer Zeit der Lieb
lingsberg der Oberplaner. Da gab es zwar auch noch den
Roßberg, wohin man „in die Schwamma" ging, den
Schwemmberg, auf denen wir Erdbeeren und Schwarzbeeren suchten, den Sauberg auf der Höhe von Melm, wo
es die putzigen Katzenpfötchen gab, die wir für die Fron-
leichnamskränzchen sammelten und den Mitterweg, der

Das Kaiser-Josef II-Denkmal.

Das Gutwasser-Kirchlein.

im Winter unsere Schlittenbahn bildete. Der Gutwasserberg aber war alles das zusammen.

Im Winter zogen wir unsere Schlitten auf seine Höhen, um dann in rasanter Fahrt die Straßen herunterzubreschen auf den Marktplatz zu, was zwar nicht erlaubt war, aber gerade deshalb so viel Spaß machte. Im Frühling sammelten wir dort Veilchen und Schlüsselblumen, später dann oben beim „Paraplue" die eleganten blauen Lupinen, die hier in großer Zahl blühten, und den ganzen Sommer über freuten wir uns auf die Frühmesse in der Gutwasserkapelle. Wenn wir an den sonnigen Sommermorgen über die taufrischen Wiesenwege oder unter den duftenden Linden, in denen die Vögel ihren Sommermorgengesang zum Himmel hinauf jubilierten, auf die Gutwasserhöhe wanderten, wußten wir, daß wir alle unsere großen und kleinen Sorgen zur Gottesmutter auf den Berg tragen durften. Der Besuch der Friedhofes auf dem Heimweg gehörte auch noch dazu und jeder sonnige Sommersonntag wurde durch den morgendlichen Kirchgang auf den Berg zu einem kleinen Fest.

Das Gnadenbild der Gutwasserkapelle.

Das „Gutwasserbrünnlein".

34

Oft kamen Wallfahrten von den umliegenden Dörfern hergezogen und ihre Fahnen leuchteten auf den Wegen und ihr Gesang mischte sich mit dem Jubelgesängen der Vögel. Viel öfter noch trugen Einzelwallfahrer ihre Sorgen zu Maria bei dem guten Wasser und von solch einer Wallfahrt erzählt uns

Wenzel Schwarz

„. . . und mir ham's Geh gor nit g'spürt

Amol im Mai frogt mi d'Muatta, ob i am ondern Tog mitgeh mog i d'Plou zan Guatwossa-Kirei wullfohrtn. Da Mai is da Muatta Gottes g'weicht, hot's g'sogt. I bin a kloana Schulbua g'wen, und weil i an Dunnerstog frei g'hot houn, houn i vull Freid zuag'sogt.

Um sechse in da Früah hama scho bergaf über Wiesen und Woidn, über d' Mayerhöh, d'Schuahweberwiesen, übern Sulzhüwl und wieder owi über die Hoihawoldwoidn, am Krieheger für, zan Christlhäusl umi, bon Anresseppm afs nei Stifterstraßl. Und wias so grod gonga ist und eben dahi, sogt d'Muatta zu mir: „Toan ma wos singa, daß da Weg nit su loungweili is." Sie hat dos Marienlied oug'stimmt: „Maria zu lieben, ist allzeit mein Sinn". I hon die erste Stimm g'sunga und sie die zweit. Dos hot recht schö klunga, und mir ham's Geh gor nit g'spürt. In Althüt-

ten hama owa o'zweign müass'n af Böhmisch Haidl und weiter af an Feldweg dur a Waldl, und af oamal steht der Guatwosserberg vor uns. Mir ham glei is Kirei ahigounga und ham oundächti bet, a poar Vaterunser und Mariengebeter. Danoh hama uns bei da Guatwosserquelln d'Augn ausg'woschn, und d'Muatta hat nou aus'n Kiedlsock a Flaschei außag'suacht und hot's mit dem g'sengtn Wossa oug'füllt, daß ma dahoamt aa wos hom gegn's Augnweh. Danoh hama in Moarkt owi zan Drogisten Skrbek und hom eahm die drickatn Krüuter brocht, die er b'stellt hot g'hobt. Er hot guat zohlt, und do hot d' Muatta a poar Semmeln kaft fürn Hoamweg. Sechs Stunden hama gounga an dem Tog. Dahoamt hot d'Muatta no a Marienlied oustimma wolln, owa i bin so müad g'wen, daß i glei eig'schlofn houn. Heit bin i üwa 80 Johr old, owa in Gedanken geh i oft no mit da Muatta dahoamt in Böhmerwold dur Föld und Wold üwa Stock und Stoa."

Die Oberplaner hielten sehr viel von der Hilfe der Mutter Gottes und manche Mutter steckte ihrem Sohn, wenn er in den Krieg ziehen mußte, ein Bildchen von der schmerzhaften Mutter Gottes in den Tornister, welches so mancher Soldat durch alle Wirrnisse des Krieges, durch Kämpfe, Lazarettaufenthalte und Gefangenschaft rettete und das wohl heute noch einen Platz im Gebetbuch des Geretteten einnehmen wird.   (T. W.)

Das rote Kreuz am Gutwasserberg.

Die „Klause" am Gutwasserberg (hier entsprang früher die 2. Quelle).

Das Moldauherz bei Oberplan

Wia-r-a fuirigi Läingin rinnt d Wulda dur^ch s Tol.
Bo der Plou^n, do bsinnt sa si^ch afaramol.

I dej Bergn, i dej Wal^dn, do gfial s ihr asou.
Mog nit weider. Ower int, weit, derworchtn s is wou.

So rinnt s, derwal s no^chdäinkt, a wäing her, a wäing hi^n,
troumt wos Liabs und hot netta mehr s Doblei^bm im Si^nn.

Und hin und her rinnad schreibts a Herz grod i^n d Wies.
Woaß dea^ncht, daß ihr s Doblei^bm nit afgsejtzt is.

„I muaß weider tolaus! Pfüat di^ch, Piachliner Bruck!"
Ower s Herz laßt s in'n Wiesnan. Ihr Herz, dos laßts s zruck.

Läingin *Schlange.* Wulda *Moldau.* Ploun *Oberplan.* int *unten, fluß-abwärts.* deancht *dennoch.* afgsejtzt *vorherbestimmt.* Piachliner Bruck *Brücke bei Piehlern unweit des Moldauherzens.*

Das Moldauherz ist heute im Stausee versunken. Nur zur Zeit der Schneeschmelze, wenn die Fläche des Sees noch unter einer dünnen Eisdecke liegt, kann man erkennen, daß das Herz des Waldes im See weiter schlägt.

Otto Veith

D'Wulda

Hiatzt bist do –
glugerst außa aus da Dreat.
Und stoa-ulti Bam schaun da zua, wias di b'sinnst
und munter und ulsa drawi za deini Schwestana
rinnst.

Louß da Zeit, –
und spül di nou a Wal mit die Stui. –
Hör zua, wias stad i die Au'n
und wia im Morgengraun
d' Reh ba die Au-Föhran grosn
und d' Birkhähn fauchant und rodln.
Freu di mit die Aschn, wounns steign
und d' Scheita mit dir tolwürts treibn.

Weita int' i die Wiesn, do host dei Herz ausbroat;
es schlougt bestimmt nou heit, –
kou sa', a wengei hoart.

Nimms hiatzt in d' Händ, dei Herz,
wounns gült, in Sprung zan toa
in d' Schlucht
und über ul di groußn Stoa. –
a Wallei nur, –
dounn is überstoundn. –

Krummau

Weit liegt nun 's Lond vor dir
siagst 's Klousta und a 's Schlouß.
Oba louß da Zeit!
Bleib nou a Weng ba deini Leut!

Vül z'buld is hiatzt da Obschied kemma.
Schou hörst is ounatzt redn
draußt i da Eb'n.

Du leid'st koa Stodt hiatzt mehr nebn dir,
rinnst stad dahin,
alloa wüllst sei mit deini Sinn'.
Wou bleibt da Wold? – Wou d' Au'n? –
Wou gehst hiatzt hin? –

Und dounn – af oamul: Hörst es läutn?
Sankt Veit! – die Gulda Stodt!
Und af da Bruck
Grüaßt di der Schutzpatron, Sankt Nepomuk.

Du konnst nit bleibn, muaßt weita-rinna
und suachst dei End ba deina Moahm.
Sie kannt da a bestimmt dazöhln:

„Ba mir is a neamt mehr dahoamt,
dem dös Fleckerl Land amol is
Hoamat gwe'n!

Traudl Woldrich

DAS BÖHMERWALDMUSEUM
Erinnerung eines Kindes

Als mein Vater als Fachlehrer an die Bürgerschule nach Oberplan versetzt wurde, war ich vier Jahre alt und ein ausgesprochenes Papa-Kind. So kam es, daß ich fast immer an seiner Seite mittippelte, wenn er dabei war, seinen neuen Dienstort zu erkunden. Das Böhmerwaldmuseum hatte es mir besonders angetan. Was gab es da alles zu sehen! Schon die große Kutsche und der versteinerte Baumstamm im weiten Toreingang des Hauses erregten meine Bewunderung. Ich konnte nicht verstehen, daß sich mein Vater und die Besucher, die er manchmal mitbrachte, mehr für die herumliegenden Scherben im Raum daneben interessierten, die Ausgrabungen aus der Keltenzeit, wie mir viel später erzählt wurde.

Der Hausherr des Museums war Herr Schubert, der auch das kleine Kind als Besucher ernst nahm und ihm die geheimnisvollen Räume aufschloß. Er wartete auch ganz geduldig, wenn ich mich von den bunten Steinen in den Vitrinen nicht trennen konnte, oder in der großen Bauernstube immer noch etwas neues entdeckte. Geduldig beantwortete er auch die Fragen, die das neugierige Kind stellte. Ein Festtag war es jedesmal für mich, wenn wir auf dem Rundgang in der großen Bibliothek, in der die Bücherregale bis zur Decke reichten, Herrn Direktor Hans Schreiber antrafen. Er war einer der Gründer dieses Museums gewesen und hatte viele Räume selbst eingerichtet. Ich liebte diesen zierlichen weißhaarigen Herrn mit dem großen Schnauzbart über alle Maßen. Bei jedem meiner zahlreichen Besuche nahm er mich an der Hand und führte mich in einen anderen geheimnisvollen Raum. In der Torfstube, die ihm, dem international bekannten Moorforscher, besonders am Herzen lag, erzählte er mir, wie die Wälder vor vielen tausend Jahren ausgesehen hatten und daß die Moorweiblein und die Torfgeister noch heute dort ihr Unwesen trieben. In die Tierstube wagte ich mich wegen des großen furchterregenden Bären gar nicht alleine hinein. Aber Herr Schreiber half mir, die Scheu zu überwinden, zeigte mir die Girlitze und Zeisige, Eulen und Birkhühner

Der letzte Bär vom Böhmerwald.

und wußte zu den meisten von diesen Tieren eine kleine lustige Geschichte zu erzählen.

Am lustigsten fand ich es in der „Bunten Stube". Hier gab es eine Wand ganz aus Glas, mit farbigen Scheiben, durch die die Sonnenstrahlen in vielen bunten Farben hereintanzten. In der Mitte des großen Raumes stand ein Modell des Passionsspielhauses. Herr Schreiber erzählte mir, wozu dieses Haus gebaut worden war und meinte: „Wenn

Böhmerwald-Museum in Oberplan

Die Weberstube mit Puppen
von Frau Maria Gabriel.

Du groß bist, mußt du einmal nach Höritz fahren und dir das Spiel vom Leiden unseres Heilands ansehen".

In einer Ecke dieses großen Raumes stand das Modell eines Hauses — und auf dem Stein vor dem Haus saß ein kleiner Bub mit ganz schmutzigen Füßen und Waden. „Ja, das ist die traurige Geschichte vom kleinen Adalbert, dem der Wagenschmiermann mit Wagenschmiere Stiefel gemalt hatte," erklärte mir der alte Herr und erzählte mir die Geschichte von den Pechbrennern im großen Wald, die der Großvater dem kleinen Adalbert auf dem Weg nach Melm erzählt hatte.

Als ich sechs Jahre alt war, starb Hans Schreiber. Ich war sehr traurig, daß nun niemand mehr in der großen Bibliothek saß, wenn ich wieder einmal in Museum kam. Trotzdem besuchte ich immer wieder gerne unser Museum und entdeckte, je älter ich wurde, immer wieder neue Dinge, die mein Interesse erregten: schöne Gläser und Kelche aus den Glashütten des Böhmerwaldes, Gebetbücher, Kalender und Bilderbücher aus dem Steinbrenerverlag in Winterberg, eine Sammlung alter Münzen meines Großonkels Karl Hofer aus Prachatitz, wunderbar bemalte Truhen und Schränke, deren Motive mein Vater mit seinen Schülern mit großem Eifer sammelte, und im großen Museumspark die sonderbarsten Laub- und Nadelbäume, die man in den großen Wäldern nur selten fand.

Diese kostbaren Sammlungen sind heute in alle Winde zerstreut. Vieles, vor allem wertvolle Bücher endeten 1945 im Feuer des Hasses. Manche Gegenstände hat das Museumskind von damals fünfzig Jahre danach im kleinen Stiftermuseum in Oberplan und im Heimatmuseum in Krummau wiederentdeckt. Wo mögen die wertvollen Sammlungen über die Torfmoore des Böhmerwaldes von Hans Schreiber hingekommen sein?

Traudl Woldrich

AUS DER SCHULE
GEPLAUDERT

Seit dem 17. Jahrhundert gab es in Oberplan wahrscheinlich eine Schule. Vor der Vertreibung war die Volksschule in einem stattlichem Haus auf dem Marktplatz untergebracht, das im Jahre 1885 erbaut worden war.

Meine Schulzeit begann 1936. Wir waren so an die 50 Kinder in der Klasse und Frau Mayer hatte es sicherlich nicht leicht mit uns. Die Buben waren recht wild, die Mädchen aus Oberplan nicht viel weniger und ein bißchen vorlaut noch dazu und die Kinder aus den Dörfern nach dem bis zu sechs Kilometer weiten Schulweg (Glashütten) müde und erschöpft. Unser Zirnsack Franzl aus Hinterstift redete ein ganzes Jahr kein Wort und der Lindl Franzei von der Puid ließ nur ab und zu einen mundartlichen Beitrag hören. An der Vorderwand des Klassenzimmers hing das Bild des Staatspräsidenten Masaryk. Und am 28. Oktober, dem Staatsfeiertag durfte ich ein Gedicht aufsagen. In der zweiten Klasse lernten wir die Staatshymne. Der deutsche Text war keine sehr gelungene Übersetzung . . . „Wo ist mein Heim, mein Vaterland? . . . wo ein Odem uns entzückt, wenn der Lenz die Fluren schmückt. Dieses Land, so schön vor allem: Böhmen ist mein Heimatland!" Nun, diese letzte Zeile konnten wir uns gut merken, denn das verstanden wir. Aber das andere? In Oberplan gab es einen Tischler und einen Schneider mit Namen Lenz und einen Bauern mit Hausnamen „Odum". Was geschah nun beim Abfragen des Liedes? Deklamierte doch der Okelmann Franzi ganz stolz: „. . . wo ein Odum uns entzückt, wenn der Tischler die Fluren schmückt." Daß das nicht stimmte, wußten sogar wir kleinen Knirpse und lachten ihn tüchtig aus.

In der dritten Klasse durften wir bei Herrn Prökschl Tschechisch lernen. Wir waren mit Feuereifer bei der Sache: mapa – die Landkarte, bratr – der Bruder – viel weiter kamen wir nicht, denn da war es für uns vorerst mit dem tschechischen Staat vorbei.

Es unterrichtete zu unserer Zeit noch Fräulein Nitsche an der Schule. Ihr Großvater war für seine Verdienste um Oberplan und Hohenfurt zum Edlen von Hohenplan geadelt worden. Seinen Sohn, den Vater von Fräulein Nitsche traf als Achzigjährigen und „Staatsschädling" die Vertreibung aus dem Ort. Frau Rösler und Herr Honzik waren auch noch an der Volksschule. Herr Honzik war viele Jahre Dirigent des Gesangvereines und auch des Kirchenchores. Später wurde er Rektor der Volksschule.

Über den pensionierten Lehrer Grantl kursierte eine lustige Geschichte. Grantl hießen nämlich in der Gegend auch die Preiselbeeren. Einmal schickte eine Mutter ihre Tochter zum Lehrer mit einem Korb voll Preiselbeeren, den das Kind mit den Worten übergab: „Herr Preiselbeer, da schickt ihnen die Mutter die bestellten Grantl." über diese Verwechslung lachte man lange Zeit.

An dem Haus neben der Volkschule war eine Tafel angebracht: „In diesem Hause wurde am 18.Oktober 1833 Johannes Ev.Habert, Tondichter und Musikpädagoge geboren." Unter einem Tondichter konnten wir Kinder uns nun gar nichts vorstellen. Machte er Tonkrüge oder vielleicht Tonziegel? Daß dieser Mann neben Bruckner der größte Kirchenmusiker seiner Zeit war, haben wir erst viel später erfahren.

Die Bürgerschule wurde 1898 errichtet. Gerne erzählten der „Lederer Ernstl", Franz Haider aus Vorderstift und der Tischler Johann Fink aus Ottetstift aus ihrer Schulzeit von 1910 bis 1913: Die Bürgerschüler hatten weite Wege zurückzulegen. Zwölf Kilometer mußten die Schüler aus Mugrau und Untermoldau gehen. Es kamen sogar Schüler aus Sonnenwald und Schöneben in Österreich in die Oberplaner Bürgerschule. Schüler aus Ulrichsberg und Schwarzenberg wohnten die Woche über in Oberplan bei Freunden oder Verwandten und gingen nur einmal in der Woche heim. Die Schüler, die aus derselben Richtung kamen, warteten aufeinander, bis alle beisammen waren. Das war vor allem in den strengen Böhmerwaldwintern sehr wichtig, denn wie leicht konnte einer, der ermüdete, auf dem Weg erfrieren. So entstanden oft lebenslange Schulwegfreundschaften.

Die Kleidung war meist sehr bescheiden. Mäntel gab es auch im Winter nicht, und viele Buben kamen in ihren Holzschuhen an. Zum Essen hatten sie einen Ranken Brot einstecken, oder einen kalten Knödel mit einem Stück Speck. Im Herbst steckte ihnen die Mutter auch einmal ein paar Äpfel oder Birnen in den Rucksack. Manche Kinder hatten in einer Kanne eine Suppe oder einen Malzkaffee mit, den ihnen der brave Schuldiener Okelmann in der Pause aufwärmte. Überhaupt der Schuldiener Okelmann! Ihn wenn die Buben nicht gehabt hätten! Auch die unverheirateten Lehrer kehrten gerne bei Frau Okelmann ein, denn sie hatte immer gegen ein kleines Entgelt Semmeln und Würstel für die hungrigen Mägen bereit.

Die Lehrer waren sehr um das Wohl ihrer Schüler besorgt. Herr Direktor Fischer wollte aus seinen Buben lauter Naturforscher machen. Wenn das Interesse der Lausbuben er-

lahmte, befahl seine sonore Stimme: „Ei, ei, ei, du müdes Bürschlein, komm heraus zum Hosenspannen!" Sobald dann der Herr Direktor mit seinem aufgezwirbelten Schnurrbart wackelte, war die Welt wieder in Ordnung. Von dem gestrengen Fachlehrer Schinko fingen manche eine „Tachtel" und Herr Fachlehrer Burgemeister, der Mathematiker, weckte manchen Träumer durch einen Treffer mit einem Kreidestück. Fachlehrer Chyna gab sich viel Mühe aus den Buben mit ihrer „Zwirnsfadenstimme" gute Sänger zu machen und Katechet Stürzl begeisterte die Schüler mit seinen anschaulichen Reiseberichten auf den Spuren des heiligen Paulus.

1921 kam Fachlehrer Adolf Webinger aus Spitzenberg nach Oberplan und unterrichtete Deutsch Erdkunde und Geschichte. Er lebte nach den Worten des Matthias Claudius:

> „Verpflanz auf deine Jugend
> die deutsche Treu und Tugend
> zugleich mit deutschem Wort"

Maximilian Grobauer erinnert sich an ihn:

Der Webinger-Lehrer

Über die abendliche Winterlandschaft huschte zuweilen ein matter Schimmer der untergehenden Sonne. Der Marktflecken Oberplan lag schon ganz verlassen da. Hie und da nur eilte ein einzelner Fußgänger vorüber und verschwand bald im dunklen Toreingang eines Hauses. In der Turnhalle hinter der Volksschule wurden die Lichter ausgemacht. Die Turnstunde war für heute beendet. Im Toreingang der Schule standen noch drei junge Burschen: der Felix Rudl, der Stutz Rudl und ich, der Grobauer Maxl. Wir warteten auf einen, der noch kommen mußte. Wenig später war er da. Er kam auf uns zu, wie immer einen Pack Bücher unter dem Arm. Ja, so kannten wir ihn, unseren „Webinger-Lehrer". „Ihr wollt mich wohl heute schon wieder heimbegleiten?" fragte er lächelnd in unserer Böhmerwaldmundart und reichte uns die Hand. „Freilich, das werden wir noch oft tun, so lange sie zu uns kommen". Wir redeten mundartlich mit ihm und gingen in angeregtem Gespräch über den Marktplatz hinunter. Beim „Böhmerwaldwirtshaus" bogen wir nach Pichlern ab. Das Gespräch drehte sich um Politik, über unseren Turnerbund, über das Schulwesen und die jungen Leute, die aus der Schule entlassen werden sollten und Arbeit suchten. „Na, Max, sagte er plötzlich zu mir, wie geht es dir denn bei der Schmiederei?" „Es geht schon", gab ich zur Antwort und ein Seufzer entrang sich meiner Brust. „Ja, ja," meinte er darauf, „ich weiß schon, wie es zugeht, wenn daheim eine große Familie ist und der Vater der einzige Verdiener!" Er wußte über alle, die mit ihm zu tun hatten, Bescheid. So wußte er auch, daß wir daheim zwar ein großes Haus hatten, aber die Landwirtschaft die Familie nicht ernähren konnte. Mein Vater mußte als Bergmann im fürstlichen Graphitwerk in Schwarzbach einen Verdienst suchen.

Wir hatten das Dorf Pichlern erreicht. Ja, wenn mein Vater so einen großen Bauernhof hätte, dann wäre es für uns wohl auch leichter gewesen. Aus der Ferne hörten wir das Rollen eines Eisenbahnzuges. Es war der letzte Abendzug von Budweis nach Haidmühle, der die Leute aus der Papierfabrik in Krummau heim in ihre entlegenen Dörfer brachte. In mir wurde eine Erinnerung wach. Einmal war ich auch mit dem Zug gefahren. Wir fuhren damals mit meinem Vater und meinem Bruder zur Firmung nach Gojau. Nach der Firmung waren wir mit dem Vater in einem Gasthof und ich bekam drei Salzstangen und ein Kracherl und durfte zweimal einen kleinen Schluck aus Vaters Bierglas machen. Und heimzu sind wir wieder mit dem Zug gefahren. Daheim im Bett habe ich mir vorgenommen, einmal mit dem Zug ganz weit weg zu fahren und etwas ordentliches zu werden und viel Geld zu verdienen. Das alles erzählte ich unserem „Webinger-Lehrer", der unser Lehrer gar nicht war und nur ein bißchen älter als wir. Aber er verstand uns und wir sahen zu ihm auf, diesem einfachen Menschen, der schon in jungen Jahren eine große Persönlichkeit war, ein Vorbild für uns Burschen. Auch er erzählte uns von seinen Sorgen. Was sollte aus den jungen Leuten werden, die Abschluß der Schule in die Fremde ziehen müßten, um ihr Lebensglück zu machen? Ob sie wohl in der Fremde Wurzeln fassen und ordentliche Menschen bleiben würden? Als ich ihm die Schwielen an meinen Hünden zeigte, klopfte er mir auf die Schulter und sagte: „Macht dir nichts draus, Grobauer, beiß die Zähne zusammen. Du wirst es schon schaffen!" In Pernek nahmen wir Abschied von ihm und er beschwor uns: „Wo immer ihr auch seid, was ihr auch im Leben einmal werdet, wohin euch das Schicksal auch verschlagen mag, vergeßt

eure Heimat nicht! Bleibt Eurer Heimat treu!" Ich habe diese Worte nie vergessen, ob ich in Aussig arbeitete oder auf einer Schiffswerft in Norddeutschland, auch nicht in der Karpato-Ukraine beim tschechischen Militär.

Ja, der Webinger-Lehrer hat viele Menschen begeistert. Zehn Jahre unterrichtete er an der Bürgerschule in Oberplan. Er war ein strenger Lehrer, aber er hat viele seiner Schüler auf Dauer geprägt. Für die tschechischen Vorgesetzten war er unbequem. Er wurde 1931 nach Nordböhmen versetzt. Nach 1938 wurde er Schulrat in Krummau, 1945 von den Amerikanern interniert. Nach seiner Entlassung war sein erster Weg auf den Dreisesselberg. Es war das erste Jakobifest nach der Vertreibung, 1948. Hier rief er zum Zusammenhalt der Böhmerwäldler auf, schrieb Rundbriefe, aus denen sich die Zeitschrift der Böhmerwäldler „Hoam" entwickelte, hatte mit gleichgesinnten Mitstreitern die Idee, der Jugend der vertriebenen Böhmerwäldler in einem Haus in Lackenhäuser einen heimatlichen Treffpunkt zu schaffen, Er war einer der Initiatoren für die Wiedergründung des Böhmerwaldbundes und eines Böhmerwaldmuseums in Passau. 1978 starb er, nachdem er schon Jahre vorher seine Frau und im Kriege seine Söhne verloren hatte nach einem erfüllten Leben im Adalbert-Stifter-Heim in Waldkraiburg.

Der „Webinger-Lehrer" war bis an sein Lebensende der Heimat treu geblieben.

Mitzi Konstanzer-Mauritz

BUNTE STEINE AUF DER STRASSE NACH OBERPLAN

Immer waren sie pünktlich zur Schule gekommen, die Bürgerschüler von Stuben, Schwarzbach, Fleißheim, Mugrau, Geisleiten, Sarau, Untermoldau und alle, die über die Schwarzbacher Straße zur Bürgerschule nach Oberplan gehen mußten. Aber eines Märztages des Jahres 1937 war keiner da. Hutablage, Schuhständer und Plätze blieben leer. Direktor Ingrisch, ein besonnener Mann, beriet sich mit den Klassenlehrern, gab Anweisungen, schickte den Schuldiener Okelmann mit dem Fahrrad aus und erhielt über das Telefon im Postamt die Auskunft, daß die Straße von Schwarzbach neu aufgeschüttet würde (die Frostaufbrüche des Winters sollten damit zugedeckt werden) und daß gerade zwei riesige Straßenwalzen in Aktion seien. Alle rätselten, warum die Schüler nicht daneben, auf der Wiese laufen, oder einen Umweg machen konnten, um pünktlich in die Schule zu kommen. Nein, da gab es etwas, das diese wirklich aufhielt. Hinter den Straßenwalzen entdeckten sie unter den grauen, zermalmten Steinen viel Glitzerndes, rosarot und milchig weiß Glänzendes, etwas, was sie nicht alle Tage zu sehen bekamen: Es waren kleine Rosenquarzstückchen, die durch die Walze einen Schliff bekommen hatten und die jetzt wie kostbare Edelsteine glänzten, und silbrigweiße und goldglänzende Glimmerstückchen, das sogenannte Katzensilber und

Katzengold, und glashelle Bergkristalle, alle größer als eine Nuß. Die mußte man natürlich aufklauben, einsammeln und mit in die Schule bringen. Da würden die Mitschüler aber staunen – und erst die Lehrer! Die wüßten sicher Genaueres über sie zu berichten. So stopften die Buben die schönsten Brocken in die Hosentaschen und erschienen so bepackt – zwar zu spät, aber stolz – doch noch in der Schule. Hier breiteten sie ihre Schätze aus, und Lehrer und Mitschüler durften sie anfassen und ihre Form, Farbe und Struktur bewundern.

Das Zuspätkommen war entschuldigt, denn keiner hatte je so eine Kostbarkeit auf der Straße gefunden, außer vielleicht einmal einen besonders schönen Käfer. Sogleich setzte der Erdkunde-Fachlehrer eine pädagogische Anschauungsstunde an und belehrte die Schüler über die besonderen Gesteinsvorkommen an der Südflanke des Böhmerwaldes und über die zweihundert verschiedenen Arten von Steinen, die bis zum Mühlviertel in den Steinbrüchen gefunden würden. Im Böhmerwaldmuseum hinge eine große Reliefkarte, die uns die geologischen Verhältnisse unserer Heimat näher bringen könnte. Feldspat, Quarz und Glimmer seien die drei Hauptbestandteile unseres Urgesteins, des Granit. Der Schotter für die Straße sei wahrscheinlich aus der Gegend um Höritz gekommen.

Die Bearbeitung des Granit sei nicht so leicht. Er sei schwer zu spalten und wegen des großen Quarzgehaltes zum Schneiden zu hart.

Es gibt im Böhmerwald eine Menge Bühel und Rücken, in denen das massive Urgestein Granit drohend „hervorbleckt", wie etwa am Pleckenstein oder Plöckenstein, wie er später hieß. Aus solchen herumliegenden Blöcken haute der Steinhauer unsere Krautbottiche, Grande, Barn und Türschwellen. Das Lied vom „Stoahauer" ist hier entstanden.

In den Steinbrüchen glitzerte es zwar nicht, wie es von den Höhlen in unseren Böhmerwaldsagen berichtet wird, von Kostbarkeiten und Edelsteinen, aber doch stieß man immer wieder auf Drusen von Milch- und Rosenquarzkristallen, wie sie sich auch unseren Schülern aus Schwarzbach, von der Walze angeschliffen, in seiner ganzen Schönheit zeigten.

Adalbert Stifter wußte von den Schätzen unserer Heimat. Eine Sammlung seiner Erzählungen nannte er „Bunte Steine".

Der Stoahaua

Beschwingt ♩ = 132

Krummau

1. J bin der Stoa=hau=er und hau auf mein, holaradaridi, hau auf mein, hola=
radaridi, hau auf mein Stoa, muaß s'Dian=derl hoam=wei=sen und bin a sou
holaradaridi bin a sou bin a sou kloa.

2. x/s'Dianderl hoamweisn
   däs muaß ma verstäih(n),
   muaß dänn und wänn rästn
   derf net ullwal gäih(n).

3. x/s'Dianderl is jung und kloa
   muaß schou v(ie)l Arbat toa,
   muaß Wässer trägn, Scheida kliabn
   und dö Buam liabn.

Aus der Umgebung von Krummau, darüber hinaus im ganzen Böhmerwald bekannt.

Traudl Woldrich

Schulzeit in schweren Zeiten

Als ich in die Bürgerschule kam, war sie schon zur „Hauptschule" geworden. Es war im Jahre 1940, als wir von nun an vor der Sparkasse einbogen, um in die neue Schule zu gehen. Aber so viel war gar nicht neu für uns. Die Turnhalle und der Turnplatz hinter dem Schulgarten verbanden Volksschule und Hauptschule und wurde von den Schülern beider Schulen benutzt. Herr Ingrisch war bis dahin auch der Direktor der Volksschule gewesen, eine würdige Erscheinung, die schon durch ihr vornehmes Äußeres Respekt einflößte. Ein Jahr hatten wir bei ihm Zeichenunterricht. Am meisten störte es ihn, wenn die Schüler in den Zeichenstunden zusätzlich eine Jause einlegten: „Ihr futtert ja schon wieder!" empörte er sich dann. Herr Feil, sein Stellvertreter, machte uns an einer Elektrisiermaschine mit den Tücken der Eletrizität bekannt. Herr Hofmann, den wir in Biologie hatten, war immer recht unzufrieden, wenn einer nicht so sorgfältig schrieb wie er, und Herr

Reischl versuchte, uns einen guten deutschen Stil beizubringen. Aber schon war Krieg, Lehrer wurden eingezogen oder zu anderen außerschulischen oder politischen Arbeiten herangezogen.

Mein Vater mußte nun statt Mathematik Englisch unterrichten, weil diese Sprache jetzt das Tschechische ersetzen sollte. Seinem Hobby, dem Werken, frönte er nur außerhalb seiner Dienstzeit. Er baute in einer kleinen Werkstatt mit interessierten Buben Flugzeugmodelle und Schiffsmodelle und oft hielt ich mich in dieser Werkstatt auf, ganz neidisch auf die Buben, weil ich bei diesem Tun nicht mit dabei sein durfte. Wie bewunderte ich bei den „Flugtagen", an denen ausprobiert wurden, ob die Modelle auch funktionierten, die glücklichen Buben, deren Flugzeuge am weitesten flogen.

Als ganz gestrengen Lehrer haben wohl alle Schüler Herrn Benischek in Erinnerung. Er war ungemein sportlich und

Entlassungsjahrgang 1936, LehrerL Woldrich, Feil, Dir. Ingrisch,
Rienmüller, Hofmann, Seiler, Kapl. Kroiher.

ging noch zum Skifahren auf den Hochficht, wenn in Oberplan kein Schnee mehr lag und alle froh waren, daß der Winter endlich seinen Abschied genommen hatte. Ein Jahr lang unterrichtete er in unserer Klasse Deutsch, Geschichte und Erdkunde. Er hatte viele kleine Sonderübungen für unbotmäßiges Verhalten der Schüler in seinem Repertoire, vom „Achtelbogen-Übungsschreiben" bis zum Nachsitzen. Die schlimmste Strafe aber war für uns, wenn wir eine Zeitlang nicht an den „freiwilligen Prüfungen" teilnehmen durften. Hierbei gab es entweder Einser, oder gar keine Note, und man konnte dadurch seine verpatzten Noten aufbessern. An seine Geschichtsstunden denke ich heute noch mit Begeisterung. Unsere Hefteinträge waren eine frühe Form von Comics. Da rannte zum Beispiel Kaiser Augustus mit dem Kopf gegen die Wand und in der zugehörigen Sprechblase erschien der Ausruf: „Varus, Varus! Gib mir meine Legionen wieder!" Und damit war die Schlacht im Teutoburger Wald für immer in unser Gedächtnis eingeschrieben. So lernten wir die griechische und die römischen Geschichte kennen und auch noch Karl den Großen. Im nächsten Schuljahr wurde Herr Benischek leider versetzt und das fanden viele sehr schade.

Nach einigen kurzen Gastspielen von Lehrerinnen aus Österreich war die nächste Neuerwerbung aus Wels ein neuerlicher Glücksfall für unsere Schule: Herr Fachlehrer Ricek. Auch er konnte sich nicht weigern, auch außerschulisch für die Volksbildung etwas zu tun. Und er tat es auf seine Art. Er übernahm neben seinen Fächern Erdkunde und Geschichte auch noch gerne Musikstunden und auch die Singstunden in den Gruppenabenden der Mädchen. So lernten wir die ersten Lieder von Cesar Bresgen nach Eichendorffgedichten oder die schönen alpenländischen Melodien von Kiem Pauli und Karl Derschmidt kennen, unsere einheimischen Lieder und die deutschen Volkslieder, die Walther Hensel, Gustav Jungbauer und Albert Brosch gesammelt hatten ebenso, wie mittelalterliche Liebeslieder und Studenten- und Soldatenlieder. Wir waren alle ganz hingerissen von diesen Singstunden, und nach Jahren, wenn wir uns wieder trafen, waren es diese Lieder, die sehr schnell die gegenseitige Fremde in uns überwanden und uns wieder in unsere Kindheit zurückversetzten. Es gab aber noch einen Lehrer, der uns über seinen Unterrricht in Religion hinaus auch noch in Literatur förderte, der uns aus dem „Leben eines Taugenichtses"

Klasse 4b der Hauptschule, die 1944 noch den Abschluß machen konnte.

vorlas oder aus der Novelle „Schloß Durant" von Eichendorff und uns den Verlockungen, im Sommer die letzte Stunde, in der der Religionsunterricht stattfand, zu schwänzen, widerstehen ließ. Das war unser damaliger Kaplan, der Schlägler Pater Professor Evermod Groß.

Heiß und innig liebten wir Mädchen die blutjunge Lehrerin Helga Schmitz. Sie wanderte mit uns und machte auch in unseren Turnstunden mit, spielte mit uns Theater und wir waren sehr unglücklich, als sie versetzt wurde.

Und was hatten die Mädchen doch unserer guten Handarbeitslehrerin Amalia Rienmüller zu verdanken! Fünfundzwanzig bis dreißig Mädchen saßen in einer Klasse, denen sie das Häkeln und Stricken, Sticken und Nähen beibringen sollte. In den Kriegsjahren gab es kaum Arbeitsmaterial und trotzdem lernten wir Sofakissen und Kochschürzen sticken und Bettbezüge und Blusen nähen. Und das alles auf nur zwei Nähmaschinen. In der dritten Hauptschulklasse hatten wir Gartenbau — da war das Abklauben der Schnecken eine Arbeit, die man weit weniger liebte, als das Pflücken der Ribisl und Stachelbeeren. Aber sie brachte es fertig, die Liebe zu Blumen und auch zu

Nutzpflanzen und Kräutern in uns zu wecken. Wahre Erfindungskünste entwickelte Fräulein Rienmüller, als sie uns im sechsten Kriegsjahr das Kochen lernen sollte. Wir kochten allwöchentlich ein ganzes Menue mit Suppe, Hauptgang mit Zuspeisen und Nachtisch auf einem einzigen Herd mit Holzfeuerung — und zwölf Schülerinnen in einer Gruppe. Zwar steuerte jede Schülerin je nach Möglichkeit etwas zu den knappen Zuteilungen bei, ein Ei etwa, oder etwas Sahne die Bauernkinder, Zucker, Pudding oder Mehl die Schülerinnen, deren Familie auf die üblichen Zuteilungen angewiesen waren. Sonst wären das wohl magere Mahlzeiten geworden. Und der „Broatschopf", bei dem wir das Fleisch für unsere Kochstunden holten, wog auch immer recht gut und legte oft noch einen Brocken Speck oder Schmalz drauf. Noch heute ist das geschriebene Kochbuch aus der Hauptschule ein vielgebrauchtes Requisit in meiner Küche.

So verlebten wir Kinder auch im Krieg innerhalb unserer Schulgemeinschaft eine unbeschwerte Jugend, die uns die schwere Zeit, die nach dem Krieg für uns anbrach, vielleicht leichter überstehen lassen sollte.

Franz Norbert Praxl

Der Pythagoreische Lehrsatz und andere Probleme in der Schule

„Im rechtwinkligen Dreieck ist die Summe der Flächeninhalte der Quadrate über den Katheten gleich dem Flächeninhalt des Quadrates über der Hypothenuse."

Das Begreifen dieses Lehrsatzes ist mir in der Schule schwer gefallen – doch obgleich ich ihn im Leben nie gebraucht habe, er sitzt noch immer. Doch nach meiner supergescheiten Schwester Mitzi muß ich für meine Lehrer eine große Enttäuschung gewesen sein.

Bei Fachlehrer Benischek bin ich unter ein paar Fünfern pro Unterrichtsstunde selten weggekommen. Bei jeder Frage klopfte er mit seinem Bleistift aufs Pult, und kam die Antwort nicht wie aus der Pistole geschossen, stand auch schon ein Fünfer in seinem Notizheftchen. Aber im Sportlichen war dieser Lehrer uns Buben immer ein Vorbild. Beim Skifahren beschenkte er uns während einer kurzen Rast mit wichtigen Vitaminspendern, mit Zitronen oder Orangen, die er spaltenweise gerecht verteilte. Im Sommer ging er manchmal, mit einer Sense auf der Schulter mit uns Buben schon um drei Uhr morgens durch die Moldau, um in der Au gegenüber der Badeanstalt dem rauhen „Bürstling" den Garaus zu machen. Diese schwere Arbeit des Mühens betrachtete er als Sommer-Training. Für uns war das Heimfahren des steifen Grases immer ein Erlebnis. Laut schreiend wurden die Zugtiere angetrieben, daß sie ja nicht mit dem schweren Heuwagen in der breiten Furt stecken blieben.

In der Schule waren sehr oft meine Gedanken nicht dort, wo sie hätten sein sollen. Wir hatten damals auch eine

blutjunge rassige Lehrerin, Fräulein Stupka. Da ich in der Klasse meistens in der ersten Bank plaziert war (warum, war mir nicht ganz verständlich) machte ich einmal eine Entdeckung, die meine Gedanken wieder einmal in die Irre führten: Die Beine der traumhaft hübschen Dame hatten einen verwirrend rassigen Haarwuchs. Während ich meine Entdeckung noch fasziniert beäugte, schlug am Kopf auch schon der Blitz ein, daß ich heute noch die Sterne fliegen sehe. Die vorher gestellt Frage mußte ich doch glatt überhört haben. Zu meinem Trost mußten die meisten Buben in der Klasse mit der resoluten Handschrift dieser Dame sehr oft Bekanntschaft machen. Nun, es hat wohl keinem geschadet, wurden doch unsere Gehirnzellen dadurch immer wieder gut in Schwung gebracht.

Herr Fachlehrer Hofmann, der aus Glöckelberg stammte, hatte andere Methoden. Als während einer überraschend angesetzten Prüfung in der „Geometrisch-Zeichenstunde" einige durch penetrantes Unwissen auffielen, darunter auch ich, durften wir „nachsitzen" und im Garten unseres Direktors Ingrisch Unkraut zupfen. Erstaunlich: mit Hilfe dieses „Nürnberger Trichters" kamen wir alle wieder auf Vordermann.

Und ich hätte, mit diesem Talent zur Faulheit und zum Müßiggang, wie es meine Eltern gerne gehabt hätten, studieren sollen? Diese Freude hatte später erst mein Sohn Wolfi den Großeltern gemacht. Von wem er wohl das Talent geerbt hat?

Traudl Woldrich

Interessantes und Lustiges über allerlei Leut'

Der Färber und seine Spezl

Es gab im alten Oberplan eine Menge origineller Menschen, die man nicht vergessen sollte, über deren Witz und Tun heute noch erzählt, oft auch gelacht wird.

Laßt mich erst einmal mit dem „Föiwa" (Färber) beginnen: Der Färber hieß eigentlich Faschingbauer. Ihm gehörte das stattliche Bürgerhaus Nr.14 am Marktplatz von Oberplan und viele Felder, Wiesen und Wälder. Am meisten liebte er seine zwei Rösser. Fast tat es ihm leid, seinen Lieblingen Arbeit abzuverlangen, viel lieber spannte er sie an seine Kutsche und machte eine Landpartie, oder im Winter „eine Schlittage", was die Freude aller Kinder war, die im Hause wohnten. Einmal im Jahr, meistens nach der Heuernte, schmückte er einen Leiterwagen mit Girlanden und Birkenbäumchen, montierte Sitzbretter auf den Leiterwagen und lud Freunde und alle Kinder des Hauses zu einer Landpartie ein. Das war jedesmal ein großes Fest. Uns brachte er alljährlich zweimal, wenn wir unsere Großeltern besuchten, in seiner Kutsche zu Bahnhof. Er kam allerdings immer erst in letzter Minute, um uns zeigen zu können, welches Tempo er seinen beiden Rößlein abverlangen konnte.

Für mich waren die Färberleute fast wie Großeltern. Oft, wenn ich aus der Schule heimeilte, rief mir der Färber zu: „Traudi, geh eina, mir houm ausg'riacht!" Das hieß, ich wurde zu einer meiner Leibspeisen eingeladen: Buttermilchsuppe mit Pellkartoffeln und eingebrocktem Brot. Anschließend gab es für mich ein Schüsselchen Schlagsahne, da die Färberin wußte, daß ich es mit Butter auf dem Brot damals gar nicht so hatte.

Ein Fenster von Färbers Stube, das zum Marktplatz führte, hatte ein „Guckerl". Eine von den sechs Scheiben des Fensters war gesondert zu öffnen. An diesem Guckerl lehnte der Färber jede freie Stunde, die er hatte, mit seiner langen Pfeife im Munde und beobachtete das Treiben auf dem Marktplatz. Und fast täglich, wenn ich aus der Schule

heimstrebte, hatte er ein Scherzwort für mich.

So wurde ich häufig ins Haus geladen: Wenn Schlachtfest war, zu einem „Wulfen", das war ein Auflauf aus gebackenem Blut, den die Färberin besonders schmackhaft zubereiten konnte. Wenn Brot gebacken wurde, gab es ein Stück frisches Brot für mich oder ein Stück „Lejzöln", das war ein Lebkuchen aus Roggenmehl und Sirup. Und wenn Heu gemacht wurde, durften wir auf dem Heuwagen sitzen und beim Abladen helfen. Wir durften bei der Brotzeit mithalten, wo es frische Buttermilch, selbstgebackenes Brot und herrlichen Topfen gab.

Die Färbers hatten, wie alle alten Bürgergeschlechter Oberplans in der Gutwasserkirche einen eigenen Kirchenstuhl, den sie aber selten benutzten und sie hatten das Recht, zu Fronleichnam einen Altar aufzustellen. Der Färber gehörte zu den Originalen Oberplans, die dafür sorgten, daß es in Oberplan nicht langweilig wurde.

Ein Spezl vom Färber war der Schacherl Toni. Er hieß eigentlich Anton Stifter und war ein gewiefter Viehhändler und immer zu einem Schabernack aufgelegt. Über seine lauten und witzigen Sprüche wurde viel gelacht. In der schweren Wirtschaftskrise in den Dreißigerjahren blieb er, wie so viele andere auch, für seinen Schweinehandel die Steuern schuldig, worauf ihm seine Ferkel gepfändet wurden. Da schaffte er die Ferkel hinauf zum Steueramt und trieb sie hinein in die Amtsstube. „Sou, da sand's, ejnkere Fardln. Fuadert ejnks, sej g'hörn jo eh ejnk!" (So, da sind sie, die Ferkel. Füttert sie euch, denn sie gehören ja sowieso euch!) Leider bekam er abermals Ärger mit den Behörden, diesmal wegen Amtsbeleidigung.

Der alte „Summa" am Berg war ein ganz Eiserner, den warf so leicht nichts um. Einmal erzählte er beim „Felix", daß er es im Magen gehabt hat. Daraufhin hätte er ein Pfund gedörrte Zwetschgen samt den Kernen verzehrt und die Magenschmerzen hätten aufgehört. Ja, wenn es nur geholfen hat!

⬅━❯⬅━❯⬅━❯➡

Der Huatara Rudolf

Der „Huatara Rudolf" war der geachtete Bürger Rudolf Friepeß in Oberplan. Er war ein gescheiter und belesener Mann. Im Fasching brachte er der Oberplaner Jugend den Quadrilletanz bei, der beim Feuerwehrball und beim Bürgerball nicht fehlen durfte. Dabei fungierte er als Tanzmeister und sagte die Quadrillefiguren an, alles in Französisch. Der Huatara hatte eine Landwirtschaft in Oberplan. Aber nicht immer tat er das, was die anderen zu einer bestimmten Zeit von einem Bauern erwarteten. Es wurde erzählt, daß er an einem schneearmen Wintertag seine Ochsen auf den Bergacker führte und diesen umpflügte. Am Heimweg fragten ihn die Leute, warum er diese Arbeit im Winter mache. „Im Herbst kann jeder Narr ackern" war die

Antwort, und die Frager standen mit einem dummen Gesicht da.

Folgende Geschichte wurde auch vom Huatara Rudolf erzählt: Einmal begegnete er, als er am Abend mit seinen Ochsenfuhrwerk vom Acker heimwärts strebte dem Bürstenbinder Rudi, der als Spaßvogel bekannt war. Der Rudolf, ein eifriger Zeitungsleser, geht seinem Gespann ein ganzes Stück voraus und liest im „Prager Tagblatt". Der Rudi bringt mit einem lauten „Jööha" die Ochsen zum Stehen, aber der Rudolf, ganz in seine Zeitung vertieft, merkt gar nicht, daß ihm seine „Buam", wie er die Ochsen liebevoll nennt, nicht mehr folgen. Er ist schon ein Stück weit im Mitterweg oben, als er sie weit unten beim Brechlhaus stehen sieht. So laut er auch sein „Wüah" schreien mag, die „Buam" reagieren nicht. Der Rudolf muß sie holen. Da kommt auch der Rudi dazu und fragt scheinheilig nach den neuesten Nachrichten. Und da ist der Rudolf gleich in seinem Element, wird richtig hitzig über die im Prager Parlament. Auf seine Ochsen schaut er gar nicht, bis er auf einmal einen Reißer in seiner Hand spürt, in der er die Zeitung hat. Hat doch der eine Ochs ein ganzes Blatt erwischt und kaut es genüßlich! „Grad die Seiten mit der Politik!" zürnt der Rudolf und der Rudi meint: „Schau, was für politische Ochsen du hast! Freu dich doch drüber!" Als die Geschichte von den politischen Ochsen des Rudolf die Runde in Oberplan macht, war der Rudolf lange nicht gut auf den Rudi zu sprechen.

Der gefangene Polizist

Eine weitere lustige Geschichte hat uns Ernst Mayer überliefert. Diesmal war der Polizeimann Schopper das Opfer seiner Gewissenhaftigkeit. Auf seinem Rundgang durch den Ort kam er so gegen elf Uhr am Laden des Kaufmanns Anton Prix vorbei. Da bemerkte er, daß zwar alle Fenster ordentlich verschlossen waren, die Tür aber nur angelehnt. Im Verkaufsraum brannte Licht und es hantierte auch jemand drin herum. Weit und breit war aber niemand zu sehen, nur im „Gasthaus zum Böhmerwald" brannte noch Licht. Allein wollte Schopper den Dieb nicht fangen. Was tun? Er nahm die eiserne Vorlegestange, die an einer Seite durch eine Arbe gehalten wurde, drückte die Läden zu und legte die Stange vor. Da er kein Vorhangschloß da hatte, steckte er einen Finge in die Arbe und rief lautstark um Hilfe. Die Gäste des Wirtshauses liefen herbei, aber auch der vermeintliche Dieb wollte auf die Gasse und quetschte Schoppers Finger recht fest zusammen. Es war nämlich der Kaufmann Prix selbst, der im Laden noch etwas zu werkeln hatte und dem Polizisten zu Hilfe kommen wollte. Der arme Finger — ein Opfer gewissenhafter Dienstpflicht!

Störschneider

Besondere Originale waren auch wohl die Störschuster und Störschneider, die mit ihrem Werkzeug von Hof zu Hof wanderten und dort in einer oder zwei Wochen alle anfallenden Arbeiten des Hauses erledigten. Auch in unser Haus kam alljährlich so eine Störschneiderin. Erst war es die Firnschrott Rosa, dann die Lenz Mina. Im Laufe der Zeit gehörten diese Frauen zur Familie. Sie saßen mit uns am Tisch und während sie emsig alte Kleider in neue verzauberten, erzählten sie fleißig Geschichten aus alter Zeit und wußten immer neue Märlein und Sagen. Einer dieser Störschneider war der Firnschrott Sepp. Wie oft war ich mit ihm und seinen Töchtern auf dem Wege nach Melm, wo er uns auf dem Weg seine Märchen erzählte, deren tiefen Sinn ich erst in späteren Jahren entdeckte. Da waren der naive Schneider und der raffinierte Schuster, die beide die Prinzessin zur Frau haben wollten. Aber die Mistkäfer, denen der mitleidige Schneider geholfen hatte, brachten die Schandtaten des Schusters an den Tag, und den Schneider zu seinem verdienten Lohn. Märchen von einer Poesie und Innigkeit, die so aber nur in Mundart richtig wiedergegeben werden können. Beim „Blaschka" in Melm bekamen wir Kinder ein Stück Brot mit dem wir uns auf die Höhe hinauf zurückzogen um uns dort Erdbeeren und Himbeeren zu suchen und unseren Festtagsschmaus zu verzehren. Dort warteten wir auf den Firnschrott-Schneider, um auf dem Heimwg einige mehr seiner Märchen und Geschichten zu erlauschen.

Der Seifensieder und Putiphar

Einen Hauch von Vornehmheit brachte der „Seifensieder" in den Ort. Er hieß eigentlich Stifter, besaß das schönste Haus am Marktplatz mit einem hohen Renaissance-Giebel und gehörte auch zu den privilegierten Bürgern, die einen Fronleichnamsaltar, den vierten, aufstellen durften. In den ersten Jahren des Jahrhunderts schon gab man die Seifensiederei auf, handelte später auch mit Lebensmitteln und Haushaltsartikeln. Der Sohn ging „in die Studie" nach Deutschland und wurde Elektro-Ingenieur. Dann mußte er jedoch das Haus übernehmen und die Landwirtschaft. Er war ein sonderbarer Bauer. Ob er mit dem Ochsenfuhrwerk Mist auf den Acker brachte, mit dem Pflug Furchen zog oder Getreide einfuhr — immer hatte er einen feinen Strohhut auf seinem Kopf und der gestärkte Hemdkragen und die Krawatte durften auch nicht fehlen. Er war ein richtiger „Herrenbauer", der sich von den anderen Bürgern Oberplans abhob.

An eine weitere vornehme Erscheinung erinnere ich mich ebenfalls noch sehr gut. Ob Herr Franz Gabriel den Spitznamen „Putiphar" deshalb erhielt, weil seine Erscheinung so vornehm war, wie die des Haushofmeisters eines Pharao, oder aus einem unerfindlichen anderen Grund, ich weiß es nicht. Herr Gabriel war als Student in Wien zu der Ehre gekommen, Erzieher der Kinder des Kronprinzen zu werden. Er lebte zeitlebens wohl in einer anderen Welt und bewahrte auch dann noch seine Würde, als er durch unglückliche Umstände sein ganzes Vermögen verlor. Von dem großen Reichtum der angesehenen Bürgerfamilie blieb nur das Böhmerwaldwirtshaus im Besitze seiner Schwestern.

Seine Schwester

Eine seiner Schwestern, die Gabriel Maritschl, war weit und breit bekannt als die beste Puppenmacherin der Gegend. Die lebensgroßen Puppen in der Trachtenstube des Böhmerwaldmuseums zeugten von ihrem Können. Sie hätte eine zweite Käthe Kruse sein können, hätte sie ihr Können besser zu vermarkten gewußt. Bescheiden, wie die Böhmerwäldler eben sind, beglückte sie nur die Kinder ihrer Freunde mit ihren wunderschönen Kunstwerken und manches Kind armer Leute. Der Liebling ihrer Schwester, Frau Stifter, war der kleine fünfjährige Seppi vom Pächter ihres Gasthauses. Er durfte in ihrer guten Stube malen und zeichnen nach Herzenslust. Als eines Tages ein Bekannter, ein Professor aus Wien, Frau Stifter besuchte, betrachtete er die Kritzeleien des Kleinen und rief begeistert aus: „Das Kind hat Talent! Das müßte gefördert werden!" Die Eltern des Kleinen lachten über diese Worte. – Bald darauf mußten sie als Bettler ihre Heimat verlassen. Viel Mühe kostete es die ganzen Familie, dem kleinen Seppi das Studium zum Ingenieur zu ermöglichen. Aber immer noch malte, knetete und schnitzte er in seiner Freizeit und ist heute als Künstler nicht nur in seiner niederbayrischen Heimat geschätzt: Josef Paleczek, der kleine Seppi mit dem großen Talent aus dem Böhmerwaldwirtshaus in Oberplan.

Die Millionärin

Eine Persönlichkeit, an die sich sicher nur mehr einige ganz alte Oberplaner erinnern können, von der aber immer wieder sehr viel erzählt wurde, war die Frau Jechl. Von den alten Leuten in Oberplan wurde sie nur „die Millionärin" genannt, was sie wahrscheinlich auch wirklich war, wenn man den Erzählungen der alten Oberplaner Glauben schenken darf. Als sie von Wien nach Oberplan gezogen war, kaufte sie das Haus, in dem später das Museum untergebracht war. Sie baute es nach ihrem Geschmack um, ließ eine große verglaste Veranda errichten und kaufte das ganze Grundstück hinter dem Haus, bis hinauf zur Allee am Gutwasserberg. Dann ließ sie einen Garten anlegen mit exotischen Bäumen, künstlichen Felsen und Grotten. Im Garten weideten zwei wertvolle Pferde, die nur einmal in der Woche arbeiten mußten. Jeden Freitag mußte ein Kutscher mit diesen beiden Pferden Butter aus Ottetstift holen. Dann durften sich die beiden Rößlein wieder nach Herzenslust in dem großen Park tummeln. Wäsche und Kleider trug Frau Jechl nur eine Woche lang, dann verschenkte sie die Sachen an arme Leute. Auch von einem Teller aß sie angeblich nur einmal, bevor sie ihn weiterschenkte. Alle Jahre zu Allerheiligen spendierte sie allen Schulkindern einen „Buliner" (längliche Semmel) und eine Knackwurst vom Lederer Ernstl. Und bevor sie sich zum Essen setzte, mußte erst einmal die Nachbarin kommen und das Essen vorkosten – wahrscheinlich fürchtete sie, jemand wolle sie vergiften. Als Frau Jechl starb, erwarb der Deutsche Böhmerwaldbund das Gebäude und das ganze Grundstück, gegen großen Widerstand ihres tschechischen Schwiegersohnes, um hier das Böhmerwaldmuseum und den Stifterpark zu errichten.

Die letzte Postillion

Der letzte Postillion von Oberplan war der „Lederer Ernstl". Zwar hatte er kein Posthorn, das seine Ankunft anzeigte, aber im Sommer hörte man schon lange bevor er bei der Post eintraf, sein lustiges Peitschenknallen Im Winter wurde der Oberteil der blauen Postkutsche auf ein Schlittengestell montiert und jetzt hörte man die Schellen an den Pferdekummeten schon von weitem. Die Postkutsche fuhr täglich von Oberplan zum Bahnhof in Vorderstift um dort Briefe und Pakete abzuholen. Auch für drei Fahrgäste wäre in der Postkutsche Platz gewesen, der aber selten genutzt wurde. So lud der Lederer Ernstl manch altes Weiblein oder auch mal ein Schulkind zum Aufsitzen ein. Im Herbst 1938 wurde die Postkutsche verächtlich in die Ecke geschoben. „Wir haben Autobusse, das geht viel schneller," meinten die neunmalklugen neuen Beamten im fernen Linz. Aber schon im nächsten Winter mußte die Kutsche wieder aus dem Schuppen geholt werden. Bis nach Krummau mußte nun der „Lederer Ernstl" die Briefe und Pakete bringen, weil in dem strengen Böhmerwaldwinter die Autos zu große Schwierigkeiten hatten. Die zwei Pferde des „Lederer Ernstl" und ihr Herr hatte noch viele andere Aufgaben zu erfüllen: Im Sommer holten sie

Die Postkutsche des „Lederer Ernstl".

Torf aus den Moldauauen. Im Winter die Eisblöcke für die Eiskeller von der Moldau herauf. Sie holten Kies Sand und Kalk für die Bauleute und und brachten die Heu- und Getreidewagen in die Scheunen. Sie durften auch den hochherrschaftlichen Leichenwagen ziehen, von dem noch die Rede sein wird. Die Pferde des „Lederer Ernstl" wurden sehr liebevoll gepflegt und waren sehr gut erzogen. So durfte sich jedes Pferd nach getaner Arbeit selbst die Haferkiste aufmachen und daraus fressen oder alleine auf die „Hintaus" gehen und dort weiden. Die Tore waren mit Lederschlaufen versehen, daß sie die Pferde selbst aufmachen konnten. Ein besonders kluges Tier, die Nelli, kannte den Ton des Feuerhornes ganz genau. Sie rannte ganz alleine zum Feuerwehrhaus und war oft früher da, als der Kommandant. Beim „Lederer" gab es aber auch noch den klugen Bernhardinerhund Barry. Er mußte die Kühe und Schweine von der Viehwaage zum Schlachten heimtreiben und wurde auch zum Fleichliefern eingesetzt, wenn gerade niemand anderes Zeit dafür hatte. Einmal war er mit einem Sack Fleisch und Würsten auf dem Rükken zur Bäckerei Preis in der Bürgerschulgasse unterwegs und eine Menge Hunde, die das frische Fleisch rochen liefen ihm bellend hinterher. Der Lederer Ernst war aber nicht nur als Postkutscher und Roßnarr bekannt, sondern auch als Schauspieler in vielen lustigen Theaterrollen.

Die Post-Hedwig

Die Post-Hedwig gehörte zu Oberplan wie der dicke Kirchturm am oberen Ende des Marktplatzes, der große Park und die behäbigen Bürgerhäuser rund um den Platz. Jeder Oberplaner, der in Gedanken einen Besuch daheim macht, wird auch der Post-Hedwig begegnen.

Ich sehe sie immer vor mir mit ihrem langen gefältetem Rock, der kurzen Jacke mit den Schößchen darüber, einer dunkelgrundigen gemusterten Schürze und dem Kopftuch, unter dem Kinn gebunden.

Ältere Oberplaner erlebten sie noch im Postdienst. Die Post war damals beim „Grünweber" (Gasthof Joachimsthaler). Gegen zehn Uhr trat sie mit der schweren Tasche voll Postsachen aus dem Haus. Beim „Lederer" war ihre erste Station. Sie trat in den Hausflur und stellte ihre Tasche auf die große Wäschemangel, die gleich neben der Haustüre stand. Nachbarn, die Post erwarteten, drängten nun in den Hausflur: „Hedwig, houm ma was?" Geduldig blätterte Hedwig in ihrer Tasche und gab jedem die Post, die für ihn da war. Dann schulterte sie ihre schwere Last und begann ihre Runde durch den Ort.

Sie hatte in ihren letzten Dienstjahren eine leichte Arbeit, im Vergleich zu ihren Anfangsjahren bei der Post. Da war sie Landbriefträgerin gewesen. Montag führte ihre Runde über Vorderhammer, Vorderstift und Hinterstift, Hinterhammer und Vorderglöckelberg nach Glöckelberg. Der direkte Weg von Oberplan nach Glöckelberg betrug acht Kilometer, die Umwege zu den Einzelgehöften nicht gezählt. Am Dienstag war die Endstation Ogfolderhaid in einer Entfernung von etwa zehn Kilometern. Die Dörfer am Weg versorgte sie mit. Mittwoch war das vier Kilometer entfernte Honetschlag an der Reihe; das war schon fast ein Tag zum Ausruhen. Dann begann die Runde von vorne. Die Tasche war auf dem Rückweg nicht etwa leichter geworden; der Landbriefträger mußte nun die Briefe der Kunden zur Post nach Oberplan mitnehmen. Es war ein hartes Stück Brot. Wenn ich an die strengen Winter, die rauhen Stürme und den hohen Schnee denke, frage ich mich, wie das diese zierliche kleine Frau nur schaffen konnte.

Als ich die Post-Hedwig kennen lernte, war ich vier Jahre alt und sie bereits neun Jahre in Pension. Sie bewohnte beim Färber am Marktplatz ein winziges Stübchen. Ich be-

Die Posthedwig (1865–1950).

trachtete sie in den ersten Wochen unserer Bekanntschaft immer etwas mißtrauisch; in den vielen strengen Wintern hatte sie sich auf ihren weiten Wegen ihr Gesicht erfroren und seitdem schillerten ihre Wangen an manchen Stellen blau. Seltsam, unsere Eltern hatten sie gleich bei unserem Einzug im Färberhaus unbewußt verärgert. Sie wollten durch eine quergestellte Badewanne Bettler vom zweiten Eingang unserer Wohnung fernhalten. Hedwig faßte das als Mißtrauen gegen sie auf und trug deshalb ständig eine mürrische Miene zur Schau, wenn sie uns begegnete. Die weggeräumte Badewanne und die Geburt meines Bruders Berti änderte ihr Verhalten schlagartig. Berti wurde ihr Liebling und die Post-Hedwig nach und nach die gute „Großmutter" unserer Familie.

Täglich unterwegs zu sein, war die Post-Hedwig so gewöhnt, daß sie im Ruhestand auch jeden Tag ins Freie mußte. Wenn es nicht gerade in Strömen goß, ging sie im Sommer täglich in den Wald. Als sie an die achzig ging und nun nicht mehr alleine in den Wald gehen wollte, durfte ich sie manchmal begleiten.

Eine ihrer Lieblingswanderungen führte zum Roßberg. Ihre Ausrüstung war, vor allem in der Beerenzeit vielgstaltig. In ihrem großen Rucksack befanden sich mindestens zwei Kannen und zwei „Einschütterln". Auch eine große Flasche, halb gefüllt mit Himbeersirup, steckte darin. Bei „'s Föiwa Hint — aus" gingen wir hinaus, vorbei an Stifters Geburtshaus in den „Anspach". Beim „Behringer-Haisl" legte sie eine kurze Rast ein, füllte die Himbeersirupflasche mit Wasser auf und trank aus der hohlen Hand. „'s bejsti Wossa weit und broat gibt's bon Behringa-Brinnai", belehrte sie mich, wie vor langer Zeit Stifters Großvater seinen kleinen „Weachtei" (Kosename für Adalbert).

Am Roßberg kannte sie, wie in allen anderen Wäldern rings um Oberplan auch die besten Schwarzbeerplätze und die besten Himbeerschläge. Waren Kannen und Töpfchen gefüllt, hielten wir Jause. Himbeersaft und trokkenes Bauernbrot, mitunter auch ein kalter Knödel schmeckten da draußen im Wald köstlich. Als Nachtisch gab es Beeren direkt vom Strauch.

Nun füllten wir noch den großen Rucksack mit Zapfen und kurzen Holzstücken. Manchmal band Frau Hedwig eine Bündel „nockti Stejwala" auf ihren Rucksack. So trug sie ihr Heizmaterial für den ganzen Winter zusammen. Auf dem Heimweg hielt sie mich an, Heilkräuter zu sammeln. Sie kannte alle Kräuter in Hecken und Wiesen und deren Heilkräfte. Und ich lernte sie auch kennen: Kurralein (Feldthymian) gegen Husten, Kümmel für die Küche, Augentrost und Arnika. Daheim sah ich ihr zu, wie sie Hagebutten und Schlehen zu Wein ansetzte und Arnika zu Medizin verarbeitete. Sie verriet meiner Mutter das Rezept für eingemachte Reizger und nahm ihr die Angst vor den Hallimaschen. Sie wußte, wann und wohin man am besten um Haselnüsse ging (dafür hatte sie am Hasenbergl ihre Geheimplätze), und sie wußte auch, wo es die meisten Steinpilze gab. Ein Geheimnis verriet sie aber auch mir nicht. Das waren ihre Preiselbeerplätze. Davon gab es in der näheren Umgebung von Oberplan leider nur wenige.

Freundinnen durfte ich allerdings auf alle diese Wanderungen nicht mitnehmen. Wenn es sich um die Preisgabe ihrer Geheimplätze handelte, hörte ihre Nächstenliebe auch mir gegenüber auf. Aber es kam nie vor, daß sie, wenn sie für meine Brüder die ersten Erdbeeren oder Schwarzbeeren brachte, nicht einen Anteil an die gerade anwesenden anderen Kinder abgegeben hätte. „Kiena derf ma bon Eissn nit zuaschau loss'n, sunst tuat eah 's Herzei weh" (Kinder darf man beim Essen nicht zuschauen lassen, sonst tut ihnen das Herz weh), sagte sie mit innerster Überzeugung. Und danach handelte sie auch bei jeder Gelegenheit.

Nie habe ich von der Post-Hedwig ein Wort gehört, das nicht auch Kinder hätten hören dürfen. Nie hätte sie eine Tratscherei weitergetragen. Aber vieles wußte sie zu erzählen aus alten Tagen: Sagen und Märchen und wahre Begebenheiten von dem schweren Leben im Böhmerwald. Sie kam täglich zu uns, erzählte, und strickte dabei Kniestrümpfe mit Zöpfl- und allerlei Lochmustern; sie strickte Pullover, Handschuhe und Socken für alle, die sie darum baten.

Selten kam sie mit leeren Händen zu uns. Im Sommer brachte sie Wiesenblumensträuße, die das Entzücken jedes Malers gewesen wären, dann war es einmal Tannensirup gegen Husten, eine Flasche abgelagerter Hagebuttenwein oder Schlehenschnaps. Diese Schmankerln hatte sie in verschiedenen Bürgerhäusern gelagert; in ihrem kleinen Keller wäre dafür gar nicht genügend Platz gewesen. Als 1945 die ersten Tschechen die Deutschen aus ihren Häusern jagten, mag wohl mancher gute Tropfen in die Hände der „Sieger" gefallen sein.

Die Post-Hedwig war 80 Jahre alt, als die ersten Oberplaner die Heimat verlassen mußten. Früher einmal hatte sie viele tschechische Freunde in Prag und Budweis gehabt. Deshalb meinte sie, es sei wohl besser, sie könnte in der Heimat bleiben. Einen alten Baum solle man nicht verpflanzen, heißt es in einem Sprichwort. Vielleicht hätte sie auch bleiben dürfen; aber als im Herbst 1946 kaum mehr Deutsche in Oberplan waren, wehrte sie sich nicht, als auch sie die Aufforderung bekam, ihre Sachen zu packen. Es war November 1946, als wir von der Wülzburg bei Weißenburg ein Telegramm erhielten: „Ich bin da! Holt mich bitte!" Meine Eltern hatten eine Woche vorher im fränkischen Marienwallfahrtsort Glosberg eine Dienstwohnung beziehen können. So hatten wir Platz für unsere alte Freundin. Vater setzte sich in den Zug und holte sie zu uns. Vier Jahre lang saß sie nun hier in Glosberg auf unserem Sofa, mit einem Strickzeug in der Hand und verkörperte für uns ein letztes Stück lebendes Oberplan. Fern der Heimat starb sie im Januar 1950.

Maria Konstanzer

OBERPLANER BÜRGERSTOLZ

Weil die Oberplaner Bürger sehr wohlhabend waren, sollten das die Leute aus der Umgebung auch richtig zu sehen bekommen. Bis zum Jahre 1838 konnten alle Hausbesitzer, welche über großen Grundbesitz verfügten oder ein Gewerbe ausübten, die Bürgerrechte erwerben. 50 Gulden, ein Faß Bier und Steuerabgaben zu bestimmten Terminen im Jahr erwirkten die Eintragung als Bürger. Natürlich mußte der Bewerber auch einen guten Leumund haben. Nun wollten die frischgebackenen Bürger ihren Stand auch in der Kleidung dokumentieren. Stolz trugen deshalb ihre Frauen an besonders festlichen Tagen die in Oberösterreich bis hinauf nach Passau übliche Goldhaube und dazu städtisch geschnittene seidene Festkleider. Den Adeligen war das gar nicht recht, und kein Geringerer als Fürst Metternich wetterte damals: „Das Allerbosest ist doch, daß die Buren und ihre Weiber anfangen, köstlichs fremds Tuch, wohl gar Samt und Seide zu tragen und sich zu kleiden, wie die Adelleut." Nun, die Standesunterschiede fielen, und die Goldhaube wurde bald von allen Frauen wieder abgelegt. Sie war aus der Mode gekommen.
Ihren Hang zur Vornehmheit zeigten die Oberplaner aber auch noch anderwärts. Ihr Leichenwagen war etwas ganz Besonderes. Der war nämlich ein Abbild der Leichenwagens aus dem spanischen Hofzeremoniell, das in Wien gepflegt wurde. Da man bestrebt war, alles dem Kaiserhaus nachzumachen, ließ die Gemeinde 1889 auch einen Prunkleichenwagen anfertigen. Der hohe Kutschbock und das Zaumzeug der Pferde war auf das Edelste ausgestattet. Der kastenförmige Aufbau des eigentlichen Wagens trug einen Baldachin mit schwarzen Samtvorhängen, von silbernen Kordeln festgehalten. Im Innern lag die Bahre mit dem Sarg, bedeckt mit einer schwarzen Decke, in die ein goldenes Kreuz eingewebt war. Beim Leichenbegängnis waren die Pferde mit violetten Straußenfedern geschmückt und auch an den vier Enden des Wagendaches waren solche angebracht. Die schwarzen Pferde stellte der Lederer Ernstl zur Verfügung. So wurde in Oberplan jeder Bürger mit einem Prunk beerdigt, wie seinerzeit der unglückliche Thronfolger Erzherzog Rudolf, der in einem ebensolchen Wagen mit großem Zeremoniell zur letzten Ruhe gebettet worden war.
Was hätte wohl der Fürst Metternich dazu gesagt?

Anna Dolzer

ARMUT TUT WEH

Die älteren Oberplaner werden sich noch daran erinnern, daß es zwischen den beiden Kriegen einige sehr arme Menschen im Ort gab, die auf die Hilfe der Gemeinde angewiesen waren. Sie wohnten unentgeltlich im Gemeindehaus, manchmal sogar mehrere Familien in einem Raum. Einnahmen hatten sie keine und auch die Gemeinde konnte ihnen nur eine spärliche Unterstützung gewähren, die diese Menschen gerade nur vor dem Verhungern bewahrte. Viele dieser armen Leute waren froh, wenn sie ab und zu irgendwo als Taglöhner Arbeit fanden und sich dann einmal sattessen konnten. Die meiste Zeit hatten die „Armenhäusler" nichts zu tun. Im Sommer sammelten sie dürre Äste im Gemeindewald als Holzvorrat für den Winter; sie pflückten Schwarzbeeren und Preiselbeeren und verdienten sich damit einige Kronen.
An bestimmten Tagen gingen manche Insassen des Armenhauses in Oberplan und in der Umgebung betteln. Sie hatten ihre bestimmten Häuser. Sie wußten, wo sie nicht nur trockenes Brot bekamen, sondern vielleicht auch einmal etwas Mehl, einen Löffel Schmalz oder Krameln, mitunter auch ein paar Eier. Zur Zeit des Sauschlachtens um die Weihnachtszeit gab es oft auch eine Kanne voll Wurstsuppe und eine fette Blutwurst dazu.
Besonders beliebt waren bei den Armen die „Krapfentage". Ich kann mich noch gut an die Menschen erinnern, die an diesen Tagen in meinem Elternhaus, „bon Dovid'n im Houmma" vorsprachen. Besonders gut erinnere ich mich noch an die Wurm Marie und ihren Mann Karl. Die Leutchen fühlten sich bei uns wohl. Nach einer freundlichen Begrüßung nahm die Frau auf der Ofenbank Platz und stimmte das Lied an: „Es saßen einst zwei Turteltauben auf einem hohen, grünen Ast." Manchmal hatte Karl seinen Werkelkasten mit und spielte darauf seine Melodien vor und die Marie sang eifrig mit Ich hörte der Frau gerne zu. Die beiden waren für jede kleine Gabe dankbar. In jedem Herbst holten Marie und Karl das „Almosen" ab. Das war eine größere Spende an Lebensmitteln, die die wohlhabenderen Bauern alljährlich an die Armen entrichteten.
Auch aus den Nachbarorten Oberplans kamen arme Menschen zu uns betteln. An eine Frau kann ich mich noch besonders gut erinnern. Sie sprach einigemal im Jahr bei uns vor. Kaum hatte sie die Stubentüre geöffnet, sagte sie ihr Sprüchlein auf, das ich bis heute auswendig kann: „Bäurin, i tat enk um wos bitt'n. Mia is uis recht. Mir is a Brot recht, oder a Schäuferl Möhl, oder a Löfferl Schmolz, oder a Bröckerl Fleisch, oder a Oa".
Die Armen waren mit den Gaben meiner Mutter immer zufrieden. Mit vielen „Vergelt's Gott" und Segenswünschen verließen sie die Stube.

Traudl Woldrich
Herma Maul-Faschingbauer

HILFE FÜR DIE ARMEN

Als ich im September 1936 endlich in die Schule gehen durfte, merkte ich, daß es nicht allen Kindern so gut ging, wie mir. Mir hatte die Mutter für die Pause immer zu viel eingepackt, andere Kinder hatten oft gar nichts mit, – die Kinder, die aus den umliegenden Dörfern oft schon einen Schulweg von einer Stunde hinter sich hatten, hatten vielleicht einen kalten Kartoffelknödel oder ein Stück trockenes Brot für die Pause in ihrem Schulranzen. Oft verschenkte ich gedankenlos mein Fettbrot, das ich nicht mehr wollte, aber es war mir nicht bewußt, welche Freude ich wohl manchem beschenkten Kind damit machte. Oft vertauschte ich auch mein Pausebrot gegen einen Knödel – das fand ich interessant, weil Mutter diese schwarzen Knödel nie machte.

Es gab viel Armut damals im Böhmerwald nach dem ersten Weltkrieg. Aber die Hilfbereitschaft der Menschen war groß. Es gab einen Gewerbunterstützungsverein „Selbsthilfe", der den Handwerkern in der Not unter die Arme griff. Die Jugendfürsorge sorgte sich um das Wohl der Kinder armer Leute. In den Wintermonaten versuchten die Mitglieder bei den Geschäftsleuten vor allem Kleidung und Schuhe zu erbitten. Diese gaben mit offenen Händen. Familie Holzer/Kohn gab so reichlich, daß jährlich zehn Kinder eingekleidet werden konnten. Diese Geschäftsleute waren es auch, die alljährlich zu Weihnachten für jede Familie im Armenhaus und auch für jede andere Familie, deren Not bekannt war, einen Striezel backen ließ, den die Nachbarskinder den Bedürftigen brachten. Auch die anderen jüdischen Mitbürger halfen in diesen Jahren, wo sie nur konnten.

Im Winter 1931 wurde vom „Frauenausschuß der Jugend-fürsorge" eine Suppenanstalt errichtet. Die Kinder, die über die Mittagszeit nicht nach Hause gehen konnten, bekamen hier die „Schulsuppe". Es gab abwechselnd Kartoffelsuppe, Erbsensuppe oder Rindsuppe mit Nudeln. Die etwas wohlhabenderen Eltern bezahlten für die armen Kinder mit. Bauern gaben ihren Beitrag in Naturalien. Gekocht wurde diese Suppe von freiwilligen Helferinnen, vor allem von Frauen der Oberplaner Beamten. Die Frau des Steueramtsdirektors Schneider und Fräulein Anna Firnschritt zeichneten für das Kochen der Schulsuppe verantwortlich. Besonders gut schmeckte die Kartoffelsuppe. Deshalb bezahlten auch meine Eltern für mich im Winter diese Schulsuppe, in der Hoffnung, daß ich einige Pfunde zulegen würde. Vergebens! Und an Nudelsuppentagen verschenkte ich die Suppenmarke an andere Kinder. Die gekauften Nudeln in der Nudelsuppe schmeckten meinem verwöhnten Gaumen gar nicht. Aber es gab Kinder, die sich darüber freuten.

So überstanden unsere armen Mitbürger die Notzeiten in der ersten Republik. Erst nach dem Anschluß an das Deutsche Reich, als alle Männer wieder Arbeit bekamen bei Post, Eisenbahn oder im Forst, hatte die Not ein Ende. Viele Familien konnten nun das Armenhaus verlassen und die dort Verbliebenen bekamen dadurch auch eine menschenwürdige Wohnung, die sie nun auch bezahlen konnten. Es war jetzt kein Makel mehr, im „Armenhaus" zu wohnen.

Nur ein Jahr lang währte die Freude über die neue Arbeit der Männer. Dann begann der Krieg und eine neue Not zog ein in die Häuser unserer Familien.

Oberplan-Schulsuppe-Köchinnen:
Von links: Frl. Erna Mayer, Frau Hoffmann, Frau Schinko, Frl. Herrle, Frau Schönauer, Frau Mayer, Frau Schneider, Frau Friedrich, Frau Ladek, Frau Sattler, Frau Wimberger.

Traudl Woldrich

Wovon die Oberplaner
lebten

Viele Oberplaner lebten vom Handwerk und Handel, hatten Lehrlinge und Gesellen und mit einer kleinen Landwirtschaft daneben ein gutes Auskommen. Es gab aber auch viele Beamte und Angestellte im Ort. Viele waren aber auch Bauern, die auf ihren Höfen, da es noch keine Maschinen gab, eine Menge Mitarbeiter brauchten.

Der Bauer und sein Gesinde

Unter Gesinde waren im Böhmerwald Arbeitskräfte zu verstehen, die ein Bauer gegen Lohn hielt, wenn er keine arbeitsfähigen Kinder daheim hatte. Ein Bauer in der Oberplaner Gegend mit einem Besitz von etwa 45 ha brauchte fünf Dienstboten: einen Knecht, einen Mejner (= Ochsenweiser) einen Hütbuben, eine Dirn und eine Kindsdirn. Die Arbeitsteilung war genau geregelt, jeder Dienstbote wußte, was er im Stall, auf den Feldern, beim Dreschen und im Haus zu tun hatte. Es mußte ihm nichts „angeschafft", d. h. angewiesen werden. Der Dienstbotenwechsel geschah zu Lichtmeß (2. Februar). Beim Dingen erhielt der Dienstbote ein „Drau(n)geld", dann erfolgte das „Einstehen". Der umgekehrte Vorgang hieß „Ausstehen". Der Lohn bestand aus einem Geldbetrag und aus Sachwerten (Holzschuhen, Leinwand, Hemden, Arbeitskleidung). Während das Essen meistens gut war, weil sonst ein Bauer wohl keine Dienstboten bekommen hätte, bestand die Unterkunft oft aus einer unheizbaren Kammer, sodaß sich die Dienstboten auch in ihrer freien Zeit immer in der Stube des Bauern aufhalten mußten. Wenn ein Dienstbote heiraten wollte, konnte er von Glück reden, wenn sein Bauer ein „Stübel" frei hatte, in dem er gegen Mitarbeit in der Erntezeit unentgeltlich wohnen konnte. In der freien Zeit versuchten sich die „Inwohner" durch Gelegenheitsarbeiten oder durch Holzschuhschnitzen, Rechenmachen oder Körbeflechten ihr Geld zu verdienen. Viele gingen auch in die „Pötschmühle", die große Papierfabrik bei Krummau, zur Arbeit.

nach Josef Bürger

Die Bergleute

Eine andere Arbeitsmöglichkeit für fleißige gesunde Männer boten die Graphitbergwerke in Stuben und Schwarzbach. Im Jahre 1767 soll es gewesen sein, wo die Brüder Albert und Andres Hofmann auf Stubener Grund rein zufällig den Graphit entdeckten. Beim Ausreißen eines Wacholderstrauches fand sich eine schwarze glänzende Tafel, für die sich vorerst keine Verwendung bot. Doch bald stellte sich heraus, daß sich beim Zermahlen der Tafel eine schmierige Masse ergab, die man gut zum Schmieren von Radachsen und Torangeln verwenden konnte. Da die Nachfrage groß war, begann man mit dem Abgraben dieser schwarzen Masse. Später stellte man einen kundigen Bergmann ein, um auch in die Tiefe der Erde vorzustoßen. Bald wurde diese „Schwarze Erde" bis nach Tirol gehandelt. Als die Stubener in Krummau einen Handelsschein besorgen wollten, wurden die Behörden hellhörig. Ein herrschaftliches Schreiben empfahl dem Dorf, sich im kaiserlichen Bergamt eintragen zu lassen, um sich die Grabrechte zu sichern. Doch die Stubener fanden das überflüssig. Im Jahre 1812 kamen fürstliche Schürfer, dann kaiserliche und schürften auf Stubener Grund. Nun war der Ärger groß. Endlich schlossen sich die Stubener zu einer Grabgemeinschaft zusammen und machten bald reiche Ausbeute. Doch 1842 zerstörte einbrechendes Wasser einen Teil der Anlage. Die Bauern mußten verkaufen. 1843 fiel die Grube an die Herrschaft Schwarzenberg. Als Graphitwerk Schwarzbach-Stuben wurde das Bergwerk bekannt und bot bis Ende des Krieges 1945 den Oberplanern einen guten Arbeitsplatz. Die Bergleute waren ob ihres guten Verdienstes bald sehr angesehen. Sie hatten eine eigene Musikkapelle, die über die Grenzen ihres Dorfes hinaus berühmt war und die auch von den Oberplanern gerne zur Verschönerung ihrer Feste eingeladen wurde.

nach Walter F. Bernkopf

Stuben, ein Bauerndorf mit ehemals eigenem Bergwerk.

52

Die Materialbahn des Graphitbergwerkes Schwarzach-Stuben.

Später versank das Graphitwerk im Moldauer Stausee.

„Die Holzknechtbuam"

Im Forst, als Angestellte des Fürsten Schwarzenberg, fanden viele Männer Arbeit und Brot. Es war eine schwere Arbeit und die Männer mußten sich die ganze Woche über im Walde selbst versorgen, wie es im Liede heißt. Es war schon zu Adalbert Stifters Zeiten so. In „Der beschriebene Tännling" erzählt der Dichter von dem Holzhauer Hanns, der zur schönen Hanna in unglücklicher Liebe entbrannt war und ihr allwöchentlich kostbare Dinge aus seinem Walde mitbrachte.

Ja, das Holz war die Lebensgrundlage der weniger begüterten Böhmerwäldler. Viele neue Dörfer entstanden, als der Fürst entdeckte, daß Holz eine begehrte Handelsware bis hinunter nach Wien und hinauf nach Prag war. Neue Dörfer entstanden, in den aufgelassenen Glashüttenhäusern siedelten nun Holzhauer, ein Kanal wurde angelegt, ein technisches Wunderwerk dieser Zeit, um das Holz auch über den Kamm des Waldes in die Mühl transportieren zu

können. Im Winter zogen starke Männer auf Schlitten das Holz aus den Wäldern zu den Ufern der Moldau, von wo die meterlangen Scheite in die Papierfabriken nach Kienberg und Krummau geschwemmt wurden. Der Fürst ließ eine Eisenbahn bauen und in Salnau einen Riesenkran aufgestellt, damit auch lange Stämme transportiert werden konnten. Vorher wurden diese auf Langholzfuhrwerken zu den Verladebahnhöfen gebracht. Diese Gespanne waren oft zwanzig Meter lang und länger. Ein zweiter Mann mußte die hinteren Kufen um die Kurven lenken. Viele Männer hatten als Fuhrleute ihr Auskommen. Es war ein schöner, aber auch ein gefährlicher Beruf.

Ich denke auch an vielen Inleute, die sich als Holzschuhmacher im Winter ihr Brot verdienten, an den Drechslerbetrieb Luft im Hinterhammer, an die Faßbinder, die „Wäscheschaffel" und Krautfüsser herstellten, an die drei Tischler Lang, Müller und Zach, an den „Botouma-Wogner" und an den „Springer-Wogner" der die erste Werkstatt

Jå dö Hulzknechtbuama

Lebendig ♩ = 88

Hüttenhof bei Oberplan

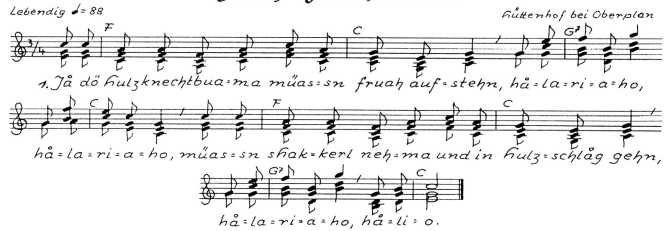

1. Jå dö Hulzknechtbua=ma müas=sn fruah auf=stehn, hå=la=ri=a=ho, hå=la=ri=a=ho, müas=sn shak=kerl neh=ma und in Hulz=schlåg gehn, hå=la=ri=a=ho, hå=li=o.

2. Wånn dö Såg schöi schreit
und dås Hackerl schneit,
hålariaho, hålariaho,
håbm dö Hulzknechtbuama
eahra größte Freud,
hålariaho, hålio.

3. Selba melcha, koucha
tuat da Hulzknechtbua
hålariaho, hålariaho,
fette Spåtzn essn
und an Trunk dazua,
hålariaho, hålio.

4. Wånn da Såmståg kimmt
tuats brav Geld ogebn,
hålariaho, hålariaho,
kånn da Hulzknechtbua
von Wein und Bradl lebn,
hålariaho, hålio.

Aus „Volkslieder a. d. Böhmerwald" von G. Jungbauer. Die Worte wurden von Marie Jungbauer in Hüttenhof bei Oberplan, die Weise von Albert Brosch 1906 aufgezeichnet. Eine fast gleiche Lesart mit anderer Weise und Jodler ist aus der Steiermark bekannt.

Bin i net a lustiger Fuhrmånnsbua

Böhmerwald

1. Bin i net a lus=sti=ger Fuhr=månnsbua, bin i net a lu=sti=ger
2. Fåhr in da Fruah af dö Strås=sn 'naus zwi=schen dö Tån=nen im
3. Wia då dö Vö=gerln schöi sin=ga toan und a dö Bleamerln schöi

Bua? Fåhr Stå=dtl aus Stå=dtl ein, fåhr Stå=dtl aus Stå=dtl ein,
Wåld. Jå wås is dås für a Freud, jå wås is dås für a Freud,
blüahn. Wia då dö Hirsch und dö Reh, wia då dö Hirsch und dö Reh,

schaun mir dö Leut freundli zua, freundli zua, schaun mir dö Leut freundli zua.
wia då dö Pei=tschn schöi knållt, schöi knållt, wia då dö Peitschn schöi knållt.
ü=ber dö Strås=sn stol=ziern, stol=ziern, ü=ber dö Strås=sn stol=ziern.

Im Böhmerwald in einigen Lesarten verbreitet

54

für Rodelschlitten und Skier einrichtete und seine Erzeugnisse bis Budweis und Prag lieferte.

So sorgte der Wald für seine Bewohner. Sie holten sich die Beeren, Schwammer, Zapfen und den begehrten „Käa", ein harziges Kiefernwurzelholz, das gute Anheizspäne gab. Viele Männer wagten sich auch daran, Wurzelstöcke auszugraben, was aber eine äußerst schwere Arbeit war. Nicht umsonst hieß es: „Schtäjk mochan dreimol worm: Bon Ausgrobn, bon Kluibn und bon Hoazn." Doch scheuten die Männer die Schufterei nicht, zumal das Stockholz nichts kostete. Im Gegenteil, der Förster war froh, wenn die Walderde aufgelockert war, bevor neue Bäumchen gesetzt wurden. Dies war wiederum eine Arbeit, bei der sich auch Frauen und Kinder ein Zubrot verdienen konnten. Viele Familien holten sich auch ihre Christbäume aus dem fürstlichen Wald, und das war ja eigentlich nicht erlaubt. Aber die Förster sahen da wohl manchmal weg, um keinen Übeltäter zu erwischen. Die Wäldler lebten mit ihrem Wald und sie liebten ihn und jeden, der das Waldland verlassen mußte, zog es mit all seinem Sehnen wieder dahin zurück.

Traudl Woldrich

Wenn der Flachs blühte

Einmal war ich bei traumhaften Wetter in Oberplan. Die Birken färbten sich langsam gelb, die Buchen und Ahorne standen dazwischen in ihrem warmen Braun und der blaue Himmel spiegelte sich im See — es war atemberaubend schön.

Da wanderten meine Gedanken zurück in meine Kindertage und es war mir, als hätte ich dies alles schon einmal gesehen: Es war Sommer — das Korn auf den Feldern begann zu reifen und der Wind bewegte die Halme – ein wogendes Meer. Und zwischen den gelben Feldern leuchtete es blau und der Wind spielte in den blauen Feldern und sie leuchteten azurfarben wie heute der Moldausee zwischen dem reifenden Korn. Es war der Flachs, der in voller Blüte stand, der das Auge der Schauenden ergötzte.

Flachs, oder wie man ihn im Böhmerwald nannte „Haar", wurde um Oberplan in großen Mengen angebaut. Bevor die Oberplaner das große Flachsbrechhaus bauten, verarbeiteten sie den Flachs in ihren zahlreichen Haarstuben. Die Aufbereitung des Flachses war eine mühsame Arbeit. Wenn die Saat 10 cm hoch war, mußte sie zum erstenmal gejätet werden. In unserer Schulzeit wurde einmal die ganze Klasse zum Flachjäten beim Draxlmüller abgeordnet. Das Draxl-Marei war eine Klassenkameradin von uns, und daß plötzlich während der Hauptarbeit ihr Vater gestorben war, hat uns alle sehr getroffen. Aber wir hatten uns die Arbeit viel leichter vorgestellt. Einen halben Tag gebückt am Acker stehen und jäten! Wie tat uns der Rücken weh. Und wie schmeckte uns nachher die Jause, das gute Bauernbrot mit Topfen und die saure Milch dazu, zu der uns die Draxl-Müllnerin in die große Stube rief. Wenn der Flachs etwa 70 cm hoch war, mußte er noch einmal gejätet werden. Waren die Samenkapseln reif, wurde der Flachs „gerauft". Flachs mähte man nämlich nicht, sondern riß ihn mit der Wurzel aus und legte ihn in Reih und Glied auf den Acker, bis die Samenkapseln trocken waren. Dann wurden die Büschel heimgefahren und „geriffelt", das hieß, die Samenkapseln durch das Ziehen über einen „Riffelkamm" abgestreift. Im Herbst legte man den Flachs noch einmal auf einer Wiese aus. Und das Wetter, mit dem der Bauer bei der Heuernte gar nicht zufrieden gewesen wäre, nämlich den Wechsel zwischen Regen und Sonnenschein, das wünschte er sich jetzt; die Halmwände sollten weich und brüchig werden. Dann wurden die Halme in der „Brechelhaus" gebrochen, die Fasern von den Halmwänden getrennt und getrocknet. Das war eine sehr staubige Arbeit. Als das Flachsbrechhaus in Oberplan gebaut worden war, gab es schon manche Maschinen, die den Brechlerinnen (es waren meist Frauen, die beim Brecheln beschäftigt waren), die Arbeiten erleichtern sollten. Der alte Draxlmüller, der Großvater vom Marei und Bruder von Dr. Anton Wallner hatte ein neues Verfahren zur schnelleren und weniger arbeitsintensiven Aufbereitung des Flachses erfunden, was aber in den letzten Kriegsjahren nicht mehr zum Einsatz kam.

Aus Flachs wurde in Heimarbeit Zwirn gesponnen, der dann je nach Feinheit zum Weben von Strohsäcken, Säcken und „Blaheln", oder zu Bettwäsche und feiner Leinwand für Leibwäsche gesponnen wurde. Spannte der Weber die Kette mit Leinenfäden und wob den Schuß mit Wolle, so entstand der „Turitei", ein ganz fester Stoff aus dem nach dem „Walken" Hosen und Janker genäht wurden und aus den Abfällen Sohlen für die Wollstrümpfe, die in die Holzschuhe angezogen wurden. Unser Leinweber in der Puid in Oberplan webte aber zu unserer Zeit nur

Eine „Haarstube", wo der Flachs von Taglöhnerinnen „gebrechelt" wurde. Es gab eine Menge Spukgeschichten um die Haarstuben, vielleicht auch, weil in kalten Zeiten unliebsame Gäste, Vagabunden und Zigeuner etwa darinnen Unterschlupf suchten und die Kinder von diesen Orten ferngehalten werden sollten.

Das alte Flachsbrechhaus mit seinen Maschinen.

mehr Fleckerlteppiche. Die Spannfäden waren Leinenzwirn, die Kettfäden zerschnittene alte Kleider und Wäsche.

Manches Stück Leinwand ist im Gepäck der Vertriebenen in die neue Heimat gewandert und zeugt hier vom Reichtum und vom Fleiß unserer Eltern und Großeltern.

1995 verbrachte ich einen Sommerurlaub in Brandenburg. Nach 50 Jahren sah ich zum erstenmal wieder ein blühendes Flachsfeld und ich träumte, ich wäre wieder daheim im Böhmerwald.

DAS JAHR ENTLANG

Traudl Woldrich

EIN NEUES JAHR BEGINNT

Am Neujahrstag standen alle Leute ganz früh auf, damit sie von den Neujahrswünschern nicht aus dem Bett gejagt wurden. Die Kinder wollten unbedingt die ersten Neujahrswünscher sein. Sie klopften stürmisch an die Haustüren und riefen ihre Glückwünsche. Überall bekamen sie ein paar Kreuzer, wenn sie ihr Sprüchlein aufsagten:
„I wünsch Ejnk a glücklichs Neisjohr,
s Christkindl mit de krausten Hoar,
an schö deckt'n Tisch,
af jedn Eck a Stückerl Fisch,
in da Mitt a Floschn Wei;
kumman drei Engel und schejngan ei'.
oder:
I wünsch an Herrn a guldani Housn,
daß Dukaten außiglousn,
und da Frau an guldan Rock,
daß er steht wia an Nagerlstock.
I wünsch an Herrn und da Frau
a schneeweiß' Bejtt,
mit roti Röserl ausstejckt,
in da Mitt an Heiligen Geist,
der Herr und Frau in Himmel weist.
Nach der Frühmesse und nach dem Amt wünschten sich die Kirchenbesucher gegenseitig ein gutes Jahr, immer mit dem Zusatz: „Na, fang ma's halt wieder in Gottes Namen an, dann wird's schon wieder recht werden!"
Im Laufe des Tages stellte sich auch jemand aus der weitverzweigten Rauchfangkehrerfamilie Janak zum Glückwünschen ein. Er brachte seinen Kunden einen Kalender, der sie das ganze Jahr an den Rauchfangkehrer erinnern sollte.
Von Neujahr bis Dreikönig (6. Jänner) hatten die Dienstboten ihre „Schlenkertage", das war eine Art Urlaub. In manchen Dörfern der Umgebung dauerten diese Urlaubstage von Weihnachten bis Dreikönig. Oft fand auch jetzt schon der Dienstbotenwechsel statt, nicht wie weithin üblich, erst zu Maria Lichtmeß (2. Feber). Die Tage zwischen Weihnachten und Dreikönige hießen die Rauhnächte. Schwere Arbeit unterließ man da besser, daß einen nicht der wilde Jäger oder Frau Holle dafür bestrafte. Es durfte nicht im Wald gearbeitet werden und auch das Waschen der Wäsche unterließ man besser, wenn man kein Unglück ins Haus holen wollte.

Am 5. Jänner war „die foast Rauhnocht". Am Morgen dieses Tages wurde in der Kirche Wasser, Salz und Kreide geweiht. Dreikönigswasser sollte jede Familie das ganze Jahr im Hause haben. Am Abend schnitt der Hausvater vom Christbaum so viele Zweiglein, als er Getreidesorten auf den Feldern säen wollte. Dann ging die ganze Familie mit Weihwasser und Weihrauch durch das Haus. Die Eltern sprengten und beräucherten jeden Raum vom Keller bis zum Dachboden, Kinder und Dienstboten begleiteten sie betend. Auch in Ställen und Scheunen tat man das gleiche, damit die bösen Geister keine Macht über das Haus und die Bewohner bekämen. Über die Türen wurden drei Kreuze und die Jahreszahl geschrieben und C + M + B , was heißen sollte: „Christus segne dieses Haus", nicht Kaspar, Melchior, Balthasar, wie man im Volke meinte.
Am Tag der „Foast'n Rauhnacht" gab es ein besonders gutes Essen. Dazu gehörte vor allem gebratenes „Houma-Fleisch", wie man den Schinken in der Gegend nannte, Knödel und Sauerkraut, anschließend noch Krapfen und Strauben. Großzügig wurde das Gebäck an bettelnde arme Leute verteilt. Dafür gab es ein lustiges „Heischesprüchlein":

„Heit is die "foast Rauhnocht."
Wer hot's afbrocht?
A olda Bedelmo,
hot a blowi (blaue) Housn o,
is über d' Stiagn affi kroucha,
hot si Ruck und Boa o'broucha.
D' Schüsseln hör i klinga,
Kropfn müassn's eahm bringa.
Kropfn heraus!
Sunst bohr i ejnk a Lou ins Haus!

Mit dem Dreikönigstag ging die Weihnachtszeit zu Ende. In der Kirche gab es noch einmal ein besonders feierliches Hochamt mit Chor und Orchester. In den Häusern wurden die letzten Christbäume abgeleert. Der Hausvater hob sich den Stamm auf, um der Hausfrau daraus ein paar neue Quirle für die Küche zu machen. Und der Winteralltag kehrte wieder in den Häusern ein.
(nach Aufzeichnungen von Maria Polak, genannt „Stiedlin", Hoam)

Stephanie Hödl

Unvergessliche Rauhnacht

Es war am Abend vor dem Fest der Heiligen Drei Könige. Vater hatte nach altem Brauch wie jedes Jahr an die Querbalken der Türrahmen des Hauses mit geweihter weißer Kreide die Großbuchstaben C + M + B und die Jahreszahl 1934 geschrieben, und ich durfte zum ersten Male die Fensterrahmen in der Wohnung mit drei Kreuzen versehen. Diese Zeichen sollten, so hatte meine Mutter mir erzählt, an die Bitte erinnern, das Christuskind möge dieses Haus segnen.

In alten Geschichten, die mir ältere Nachbarskinder als wahr beschworen hatten, wurden diesen Zeichen allerdings eine ganz andere Bedeutung beigemessen. Ihnen wurde die Kraft zugesprochen, in der Nacht vor dem Dreikönigstag, die von alters her als Rauhnacht oder Losnacht bezeichnet wurde, die Menschen vor den Tücken böser Geister schützen zu können. Nur wenn Fenster und Türen in der angegebenen Weise gezeichnet seien, wäre man in dieser besonderen Rauhnacht vor den Angriffen der Hexen und ihrer Kobolde sicher. Die Erzählungen hatten mich so beeindruckt und meine Phantasie so angeregt, daß ich an jenem Abend keinen Schlaf finden konnte. Meine Gedanken kreisten immer wieder um die alten Geschichten und um die drei Kreuze am unteren Rahmen des Fensters meiner Schlafkammer. Solche Zeichen, die ich schon selber schreiben konnte, sollten Kobolde und ihre finsteren Gesellen in der folgenden Rauhnacht verschrecken können? Was würde geschehen, wenn ich die Kreuze entfernte? Würden die bösen Geister wirklich versuchen, mich zu würgen und mich mit ihren gefährlichen, nadelspitzen Krallen bedrohen, wie die Kinder das geschildert hatten? Gab es überhaupt Hexen und Kobolde? Welches Geheimnis verbarg sich hinter den Zeichen an Türen und Fenstern?

Ich mußte es wagen, die Kreuze zu entfernen, sonst würde ich nie erfahren, ob die alten Geschichten wahr sind. So nahm ich all meinen Mut zusammen, den man als Sechsjährige aufzubringen vermag, und kletterte vorsichtig auf die Fensterbank meiner Schlafkammer. Im fahlen Schein des Mondes konnte ich, wenn auch nur undeutlich, die drei weißen Kreuze am Fensterrahmen wahrnehmen, und ihr Anblick ließ mich nicht mehr los. So streckte ich zögernd und zitternd meine rechte Hand aus und verwischte, immer wieder innehaltend, das erste Kreuz. Dann zog ich blitzschnell meine Hand zurück, weil ich fürchtete, irgend etwas nicht Sichtbares könnte mich packen. Würden die zwei verbliebenen Kreuze noch so viel Macht haben, mich schützen zu können? Sollte ich um Hilfe rufen? Da das bläuliche Mondlicht nach wie vor das Fenster spärlich beleuchtete und nichts geschah, spuckte ich auf meine Finger und löschte auch die beiden anderen Kreuze aus. Dann kroch ich, so geschwind ich konnte, in mein Bett zurück und zog die Bettdecke über meinen Kopf, als könnte sie mich von den nun vielleicht wild gewordenen Geistern bewahren. Mir wurde abwechselnd heiß und kalt aus Angst vor dem Schrecklichen, dem ich nun ohne den Schutz der Kreuze ausgeliefert war.

Wie lange ich, von Schaudern und Furcht geplagt, so gelegen habe, bis ich in Träume verfiel, in denen allerlei gräßliche Kobolde ihr Unwesen trieben, vermag ich nicht mehr zu sagen. Als ich am Morgen des Dreikönigstages erwachte, erinnerte mich der verschmierte Fensterrahmen an meinen inneren Kampf am Abend vor der Rauhnacht, und ich war ein wenig stolz, aber auch traurig zugleich. Vielleicht waren die anderen alten Geschichten, die ich so sehr liebte, auch „nur Geschichten"?

Elsbeth Reininger

Beim Schlittenfahren „in da Plou"

Im Böhmerwald hat es meist mehr Schnee herabgeworfen als in anderen Gegenden. Manchen hat der weiße Segen nicht gerade gepaßt, aber den Kindern und den jungen Leuten konnte es nie zu viel werden. Er brachte Abwechslung in die Freizeitgestaltung des Winters mit Schlittschuhlaufen, Skifahren, „Holzschuh-Schliferzen" und dem Schlittenfahren, wie wir daheim das Rodeln nannten. Was gab es da doch für eine Hetz und Gaudi, daheim, „in da Plou", beim Schlittenfahren! Wer von den jungen Leuten wäre nicht dabei gewesen, wenn es galt, nach Feierabend bei hellem Mondschein schlittenfahren zu gehen. Wie sicher und schneidig lenkten doch unsere Burschen die schnellen Schlitten über die frostglatte Bahn. Die Kufeneisen pfiffen über den kreischenden festen Schnee. Ei-

ne Kolonne von Hornschlitten jagten zu Tal, einer hinter dem anderen. Freilich gab es auch manchen Zusammenstoß, daß es nur so stäubte, wenn die Buben und Mädel in die „G'wahtner" (Schneewehen) hineinkugelten und die anderen lachend und spottend vorbeisausten.

Bei der „Blosala Lucka" am Gutwasserberg startete man und hinunter ging's über den „Puidinger Hüwl" in einem Schwung beim Zappl und der Stifter-Villa vorbei, in scharfer Kurve rechts in die Museumsgasse hinein, vorbei an der Kirche und dem „Zuckerbäck", und herunter über den Marktplatz bis in den „Minigraben". Wenn die Schlitten von oben her genügend Schwung hatten, sausten sie weiter bis zum „Plouner Weg" gegen Vorderhammer zu. Nur so gehoben und geschüttelt, geprellt und gestampft hat's einen auf dem schwankenden Schlitten, wenn er über die Ausläufe jagte. Man mußte sich schon tüchtig festhalten, um nicht abgeworfen zu werden. War das ein schneller Schnee. Noch heute spürt man die Stöße gegen das Hinterleder, wenn man nur daran denkt.

Der Schnee krachte und knirschte, wenn wir zum wiederholten Male gemeinsam die gute halbe Stunde zu unserem neuen Start bei der „Lucka" aufstiegen. Der Mond leuchtete silberhell über die schneebedeckten Dächer und die weite Flur. Kein Motorenlärm zerriß die feierliche Ruhe über der „alten Plou", der kleinen Märchenstadt, die wie ein Schmuckkästchen in das phosphorne Licht des Wintermondes getaucht war. Mit gleißenden Diamanten schienen die Dächer übersät zu sein, da die Schneekristalle das Leuchten der Gestirne widerspiegelten. Nur das Juchzen der Buben und das Kirren der Mädchen auf den rasenden Schlitten unterbrach die Stille der Winternacht. Während sich draußen die Jugend tummelte, saßen die „Honoratioren" beim „Matschi", beim „Gassl" oder in einer andern Wirtsstube und genossen ein Glas „Schwarzbacher" oder „Budweiser". Niemanden störte es, wenn die jungen Leute am würdigen Rathaus ungebührlich vorbeisausten. Die Jugend sollte ihren Spaß haben. Man wußte ja, daß die jungen Leute zeitig genug die Schlittenbahn verließen und eine Ruhestörung zu später Stunde vermieden. Dafür sorgte schon die Kälte der Winternacht.

Noch eine letzte Fahrt über die Hügel und durch die vertrauten Straßen, ein letzter Juchzer aus freudigem Herzen, und heim ging es mit frostrotem Gesicht und klammen Fingern in die angenehme Wärme der Stuben, und später, unter den wohlig wärmenden Federbetten in der kalten Kammer, dachte man glücklich an die frohen Stunden des Abends.

Aus war die fröhliche Schlittenfahrt. Aus ist alles, ja alles! Gewaltig wirken die Erlebnisse meiner Jugend in meine alten Tage herein. Ich kann nur sagen: Es war schön in unserem Oberplan!

Mitzi Konstanzer-Mauritz

Im Fosching muass si wos rüahrn!

Zu Silvester begann in Oberplan schon die lustigste Zeit des Jahres. An den Anschlagtafeln hingen die bunten Zettel mit den Einladungen zu den verschiedenen Veranstaltungen. Der Fasching begann mit der Silvesterfeier für die Gemeindebediensteten. Für diese Feier war der Gemeindeamtmann Pechmann verantwortlich. An diesem Abend wurde aber auch oft Theater gespielt, was für alle Oberplaner ein Ereignis war, kannten sie doch die Akteure als angesehene biedere Bürger, die nun in Rollen geschlüpft waren, die ihrem Wesen so gar nicht entsprachen.

Die meisten Bälle und Theateraufführungen fanden im großen Saal des Gasthauses „Zum Grünweber" statt. Der Gastwirt Ignaz Joachimsthaler sorgte mit seiner Frau und den drei Töchtern für gute Bewirtung. Der Saal im Rückgebäude des Gasthauses hatte eine große Tanzfläche mit Parkettboden und eine erhöhte Bühne für die Musikkapellen oder auch für Theateraufführungen. An einer Breitseite des Saales waren mit Holzbalken Nischen abgeteilt, wo die Gäste an gedeckten Tischen sitzen konnten. Über diesen Nischen und gegenüber der Bühne war eine Galerie. Von hier aus konnte man dem Treiben auf dem Tanzboden zusehen. An der anderen Breitseite hingen drei große Spiegel in vergoldeten Rahmen, in denen sich die drei Kristallüster spiegelten, die von der Decke hingen. Die ganze Decke war bemalt mit den Motiven „Wein, Weib und Gesang", mit allegorischen Gestalten und mit Spruchbändern, die die Lust zum Essen und Trinken anregen sollten. Ich war leider noch zu jung, um bei diesem fröhlichen Treiben dabei sein zu dürfen, aber ich schaute mit großem Interesse meiner Mutter zu, wie sie alles für das große Ereignis herrichtete. Ihr blaues Crepe-de-Chine-Kleid, ihre seidenen Florstrümpfe, die langen weißen Handschuhe, die Stöckelschuhe, die weiße Wollstola, im Pfauenmuster gestrickt, das Abendtäschchen und ihren Straß-Schmuck.

Oft ging sie vor dem Ball auch noch zum Friseur, besonders, wenn es sich um den eleganten Feuerwehrball handelte.

Der Bauernball gleich nach Silvester war der lustigste Ball und wurde von der Jugend, auch aus den umliegenden Dörfern, am liebsten besucht. Herr Josef Paleczek aus Melm, der später Pächter des Böhmerwaldwirtshauses war, organisierte diesen Ball des „Bundes der Landwirte". Oft wurden hier auch Einakter gespielt und Volkstänze aufgeführt.

Am Turnerball ging es auch hoch her. Es war ein Maskenball des deutschen Turnerbundes, an dem nur maskierte Besucher eingelassen wurden. Der Organisator, der „Huatara Rudolf", prämierte die schönsten Masken. Beim Ball des Gesangvereines wurden Gesangseinlagen und lustige G'stanzl vorgetragen. Die Handwerker luden zum Gewerbeball, bei dem die örtliche Blasmusik aufspielte, und die Veteranen hatten auch ihre eigene Veranstaltung. Natürlich gab es in jedem Gasthaus einen eigenen Hausball, wo die Gäste von der Wirtin mit den besonderen Gerichten des Hauses verwöhnt wurden.

Der feinste Ball der Saison war der Feuerwehrball am Faschingsonntag. Hier traf sich die gesamte „Haute Volee" des Ortes, galt es doch, bei diesem Anlasse für wohltätige Zwecke zu spenden oder für neue Anschaffungen der Feuerwehr. Im Eintrittspreis war ein „Souper" enthalten, und zum Tanze spielte ein Salonorchester mit Streichern zu Quadrille, Walzer, Schottisch und Polka auf. Das von Herrn Dr. Gattermann und dem Gastwirt Hans Brazda gegründete Salonorchester erspielte an einem Feuerwehrball 650 Kronen für die Opfer des 1931 total abgebrannten Dorfes Pernek. Meistens organisierte Baumeister Mayer diesen Ball und sorgte auch für eine große Tombola. Am Faschingsdienstag zogen Burschen mit ihren Zieh-

Harmonikas von Haus zu Haus und sammelten in Begleitung der „Faschingshudel", einem in Lumpen gekleideten, ausgelassenem Wesen, Krapfen und Schnaps und wurden dabei immer lustiger. Mit dem „Freien Ball" beim Grünweber am Abend des Faschingsdienstages ging Schlag zwölf Uhr nachts die Faschingszeit in Oberplan zu Ende.

Die Veranstalter der Bälle mußten nun noch Bilanz ziehen. Sie trafen sich am Aschermittwoch zum Heringsessen beim Pable-Wirt. Da wurde mit Fastenbier und Kracherln, Heringen und Kartoffelsalat so richtig der Beginn der Fastenzeit gefeiert, bevor nach so vielen Festtagen der Alltag wieder einkehrte in Oberplan.

Traudl Woldrich

FRÖHLICHE FASTENZEIT

Am Aschermittwoch gingen Schulkinder und Erwachsene in die Kirche und ließen sich demütig das Aschenkreuz auflegen. Aber ans Sterben dachten wir Kinder bei den Worten des Pfarrers sicherlich nicht. Wir fanden es sehr lustig, möglichst lange mit dem schwarzen Fleck auf der Stirne herumlaufen zu dürfen.

In der Fastenzeit gab es für uns Kinder recht interessante Dinge zu erleben. Die Zeit des Skilaufens und Schlittenfahrens war auch noch nicht zu Ende, der Schnee lag oft lange bis in den März hinein auf den Wiesen und Hängen. Die Buben durften den Wirten und Fleischern beim Eisbrechen helfen. Jetzt mußten nämlich die Eiskeller mit Eisblöcken gefüllt werden, die das ganze Jahr über verderbliche Waren kühl halten sollten. Tagelang war in der Bahnhofsstraße, die zur Moldau führte, das Schellengeläute der Pferdeschlitten zu hören, die diese kalte Ware geladen hatten.

Wir Mädchen waren nach der Schule und dem Schlittenfahren auch nicht müßig. Am Abend durften wir oft dabei sein, wenn in den Häusern Federn geschlissen wurden. Sollten doch die Mädchen des Hauses einen Berg schöner Federbetten als Aussteuer in die Ehe mitbekommen. Das wäre ja eigentlich eine ziemlich langweilige Arbeit gewesen, wenn nicht die alten Frauen so viele interessante, lustige und gruselige Geschichten gewußt hätten. Sicherlich wurden diese auch erzählt, daß die jungen Leute ihr Kichern und Singen sein ließen, denn jeder unnötige Luftzug mußte vermieden werden, weil sonst die leichten Flaumfedern in alle Richtungen stoben.

Auf Ostern zu

Wenn das Federnschleißen abgeschlossen war, traf man sich reihum in den Stuben zum Stricken oder Häkeln. Beim Reden und Singen ging die Arbeit viel schneller von der Hand. Manchmal setzten sich auch die Männer mit in die Stube und schnitten ihre Kienspäne zurecht oder reparierten in einer Ecke der Stube Rechen und Besen. Manchmal kam auch ein Schneider auf die Stör und erzählte erstaunliche Geschichten, von denen niemand wußte, sind sie Dichtung oder Wahrheit. So verging die Zeit, die Tage wurden länger und wärmer, und die großen Mädchen taten sehr geheimnisvoll, je näher Ostern kam. Sie mußten ja nun endlich ihre „Scheckl" bestellen, die sie ihren Tänzern in das Osterbinkerl binden wollten. Gekratzte Eier gehörten zum Oberplaner Osterfest. Auch der „Göid" und die „Goudin" überreichten ihren Patenkindern solch kunstvoll verzierte Eier, die mit lustigen Sprüchlein versehen waren. „Lieben und geliebt zu werden – ist die schönste Freud auf Erden," stand zum Beispiel auf einem Ei , oder: „Könnt ich nur das Glück genießen – einmal diesen Mund zu küssen".

Manchmal enthielten diese Sprüchlein auch eine versteckte Nachricht, die einmal angenehm, manchmal weniger erfreulich war. „Du bist mir unendlich teuer – aber du hast zu wenig Feuer", oder „Mein Herz zeig ich dir offen hin – du siehst, daß ich die Deine bin", oder aber eine schöne Überraschung: „Schaff dir eine Wiege ein – dieses Jahr kommt Segen drein".

Zu einer Absage genügte es, zwei Eier zu geben. d. h. ein

Paar. Durch die Klanggleichheit von „Paar" und „bar" galt ein Paar für „bar auszuzahlen", d. h., wir sind fertig miteinander. Das Sprüchlein auf den Eiern wäre nun also gar nicht mehr nötig gewesen: „Die Ostern sind gekommen — der Rosenkranz ist aus" und auf dem zweiten Ei: „Ich geb dir ein Paar Scheckl — zum Fenster hinaus".

Über siebzig verschiedene Sprüchlein für die Scheckl gab es in der Oberplaner Gegend um 1920, als die ersten volkskundlichen Aufzeichnungen gemacht wurden, und immer neue kamen im Laufe der Zeit dazu.

So verging die Zeit bis Ostern wie im Flug, und es nahte der Palmsonntag. Der Freitag vor Palmsonntag war der „Schmerzhafte Freitag", das Patronatsfest der Gutwasserkirche. Von nun an wurde wieder jeden Sonntag die Frühmesse am Gutwasserberg gelesen. Am Palmfreitag kamen die ersten Wallfahrer schon zur Frühmesse um sieben Uhr, und um neun Uhr beim feierlichen Hochamt waren es noch mehr. An diesem Freitag war auch der erste große Jahrmarkt in Oberplan, und der ganze Ort war seit den frühen Morgenstunden auf den Beinen. Für die Kinder war dieser Markttag ein ganz besonderes Fest.

Federnschleißen

Winter ist's im Böhmerwald.
Wenn es draußen bitterkalt,
wenn Frau Holle ihre weißen
Betten schüttelt, daß sie reißen,
dann ist Zeit zum Federnschleißen.

Ach, der Gänse Federkleid
sorgt für rege Tätigkeit:
Vor der Mauser Daunen zupfen,
Festtagsbraten gänzlich rupfen,
Federn trocknen dann im Schupfen.

Flederwisch aus Gänseschwingen
eignet sich zu vielen Dingen:
Hilft das Ofenrohr zu putzen,
bringt als Kehrwisch manchen Nutzen,
läßt sich gar zu Pinseln stutzen.

Doch der Hausfrau Stolz und Traum
sind die Daunen und der Flaum,
weiche Federn, fein geschlissen.
Pralle Polster, Zudeck, Kissen
möchte keine Braut vermissen.

Denn ein Drittel seiner Zeit
hat der Mensch dem Bett geweiht.
Schlafend kann er Kraft erwerben,
sorgt im Ehebett für Erben,
will in seiner Bettstatt sterben.

Federn schleißt man nicht allein.
Man lädt Nachbarinnen ein,
die man stets als Helfer findet.
Wenn man sich gemeinsam schindet,
das verpflichtet und verbindet.

Eingehüllt in große Schürzen
alle in die Flaumschlacht stürzen.
Kopftuch fest ums Haar gewunden,
ist man nun für viele Stunden
an den Federnberg gebunden.

Strahlenfahnen diese zarten,
trennt man von dem Schaft, dem harten.
Reißt mit einem Ruck von oben
sie vom Kiel, dem störrisch-groben.
Wer das kann, der ist zu loben!

Weht ein Lüfterl durch den Raum,
wirbelt hoch der feine Flaum.
Wenn da jemand kräftig pustet
oder gar vor Lachen prustet,
bald im Daunenschwall man hustet.

Doch das hindert nicht am Ratschen.
Wer gut rupft, der kann auch tratschen!
's ganze Dorf wird durchgehechelt,
wird bespöttelt und belächelt,
bis man Federn schluckt und röchelt.

Man erzählt von Dorfkomödien,
Ehefreuden und -tragödien.
Man erfährt aus sich'ren Quellen
von Geburten, Todesfällen,
wer mit wem auf Faschingsbällen...

Kindervolk im Eck versteckt,
hört da mit und ist verschreckt
von Mühl-Hiasls Zukunftsblicken,
weißer Schloßfrau, Tischlrücken,
von der Trud und ihren Tücken.

Endlich fertig! — Von den Tischen
schnell noch Staub und Abfall wischen:
Platz für Guglhupf und Flecken,
Malzkaffee und Germteigschnecken!
Greift nur zu und laßt's euch schmecken!

Wärme dringt durch Herz und Magen:
schönster Lohn für Müh und Plagen.
Denn die Arbeit ist vollbracht.
Einigkeit hat stark gemacht!
B'hüt euch Gott und gute Nacht!

(Irmgard Duschek — „Glaube und Heimat")

Mitzi Konstanzer-Mauritz

Markttag in Oberplan

Seit dem Mittelalter durften die Oberplaner sechs große Jahrmärkte abhalten: An Matthias (24.Feber), am Freitag vor Palmsonntag, zu Philipp und Jakob (1.Mai), an Margaretha (Kirchweih), an Michaeli (29.September) und an Thomas (21.Dezember).

Uns Kinder traf es am Markttag hart, am Vormittag noch in der Schule sitzen zu müssen, wo der Lärm des Marktbeginns bereits durch die Fenster drang. Aber voller Erwartung und Vorfreude hielten wir durch. Nachmittags erhielten wir ein „Marktgeld", meist fünfzig Heller oder eine Krone. Dann mischten wir uns ins Gedränge, wo schon von weitem die Stimme des „billigen Jakob" zu hören war: „…und noch ein paar Hosenträger, und noch ein paar Socken, und kostet nicht fünf Kronen, nicht vier Kronen…" Auch tschechische Markthändler waren gerne dabei.

Am nächsten Stand „dischkerierten" Bauern über ihre Arbeit, die Ernte und auch über die Qualität der angebotenen Dreschflegel, Rechen, Sensen, Sicheln und Sägen, prüften die Festigkeit der Stiele oder die Glätte der Sensenblätter mit ihren schweren Händen und ließen den Wetzstein kunstvoll an der Blattschneide entlanglaufen. Für uns waren viel interessanter die vielen Messer, Scheren und Zangen, die da herumlagen. So mancher Bubentraum von einem Klappmesser mit Hirschhorngriff wurde da von einem Onkel oder Paten erfüllt.

Korbflechter, Besen- und Bürstenmacher lagerten ihre Waren am Boden, sodaß man die Flechtmuster gut betrachten konnte. Die Bäuerinnen waren kritische Käuferinnen. Sie wußten genau, daß die Körbe durch verschiedene Dinge unterschiedlich beansprucht wurden und deshalb passende Formen haben mußten. So waren Kartoffelkörbe mit Holzstäben verstärkt, Kornschwingen eng geflochten und bauchig und Kraxen brauchten einen Holzrahmen. Die Geschirrhändler hatten ihre zerbrechlichen Waren auf weißen Tüchern auf dem Boden ausgelegt und man mußte vorsichtig zwischen den Kaffeehäferln mit Namenszug, den Erinnerungstassen mit Sinnsprüchen und den verzierten Tellern und Steingutschüsseln balancieren. Am einfachen Geschirr „für ulli Tog" fanden sich immer kleine Fehler, aber es war billiger und half den Hausfrauen zu sparen. Scherenschleifer und Kesselflicker besserten kleinere Schäden aus und gleich daneben fidelte lustig ein Bärentreiber, um seinen Tanzbären recht aufzumuntern. Die einheimischen Geschäftsleute hatten vor ihren Häusern Stände aufstellen lassen und boten ebenfalls ihre Waren feil. Der Glaser Schön hielt wunderbare Heiligenbilder mit Goldrahmen bereit, der Uhrmacher Tanzer öffnete seine Ladentüren ganz weit. Der Lederer bot Krenwürstl mit Semmeln an, beim Grünweber gab es frisch gezapftes Bier vom Faß. Beim Huterer Capek war großer Betrieb. Mit viel Geduld hielt Frau Capek die Spiegel und strich immer wieder liebevoll mit der Bürste über die ausgestellten Hüte. Mancher Bauer, der einen Hut gekauft

hatte, ging dann „zweistöckig" heim, das heißt, er stülpte einfach den neuen Hut über den alten, damit er ihn nicht tragen mußte oder vielleicht gar irgendwo vergaß. Verliebte Burschen suchten ein Seidentüchl für die Angebetete aus und trafen sich dann im Trubel unbeobachtet mit ihr. Die Mütter suchten Spitzen und Wandschoner mit schönen Sprüchen, die Schneiderinnen einen Barchentrest, Hosengummi, Knöpfe und anderes Nähzeug.

Das Ziel von uns Kindern aber waren die Spielzeugstände. Was gab es da nicht alles zu sehen: Kleine blecherne Musikinstrumente, mit denen man viel Lärm machen konnte, Hampelmänner, Puppen und Glückspaketerle, in denen oft Ringlein oder sonstige Überraschungen verborgen waren und vieles mehr. Die Buben waren besonders an den Kapsel- und Stopselbüchsen interessiert, die so schön knallten, und mit denen man Katzen und Hunde erschrecken konnte. Endlich konnte man all diese Spielsachen, die man bisher nur vom Hörensagen kannte, genau betrachten, sie anfassen und auch vielleicht einmal heimlich ausprobieren. Das kleine Marktgeld hätte ja niemals ausgereicht, um so ein Wunderwerk von Eisenbahn zu kaufen. Für die Mutter waren andere Dinge viel wichtiger: für die Kinder warme „Ullsinander" (Hemd und Hose in einem Stück), Griffelschachteln und Wollsocken. Auch die Großmutter suchte nach nützlichen Dingen: für sich selbst einen Wachsstock, für den Großvater eine „Gattihose" (lange Unterhose) und Tabak oder eine neue Pfeife. Aber manchmal traf man die „Godin" aus dem Nachbarort, und die steckte einem dann heimlich mit einem Augenzwinkern etwas zu.

Zuletzt liefen wir noch zu den Süßwarenständen, wo verführerisch Kokoswürfel und Zuckerstangen, Bärendreck, Lutscher, Fläschchen mit Liebesperlen, Brausepulver, Kokosbusserln, saure Zuckerln, Himbeerkugeln, Karamellen, Gummiuhren, türkischer Honig und gebrannte Mandeln lagen. Viele dieser Köstlichkeiten konnte man nur auf dem Markt bekommen und jeder hoffte, daß seine große Vorliebe auch wieder angeboten und erschwinglich sein würde. Unseren kleineren Geschwistern wollten wir natürlich auch etwas mitbringen.

Am Abend gingen wir dann müde nach Hause und unsere Gedanken waren voll von den seltsamsten Dingen und Menschen, die wir gesehen hatten und voll Erwartung auf das Probieren der Zuckerln und das Einräumen der Grifelschachteln. Mit großer Spannung warteten wir vor allem auf den letzten Markttag am Thomastag, wo es die zu Nikolaus und Krampus ausgestochenen und mit bunten Bildern beklebten Lebkuchen, Orangen und Datteln gab. Die Jahrmärkte in Oberplan blieben in unserer Erinnerung immer ein Anlaß, Neues von der großen Welt außerhalb unseres Ortes zu sehen und das eine oder andere Stück davon auch nach Hause tragen zu können.

(aus „Glaube und Heimat")

Traudl Woldrich

Veilchen, Primeln und Vogerlsalat

„Die Fenster auf, der Lenz ist da!"—Wenn mich Mutter mit diesem Lied weckte und das Fenster des Kinderzimmers aufriß, daß die Sonnenstrahlen über den Spiegel tanzten und daß ich die ersten Stare und Meisen im Hofe pfeifen und singen hörte, dann hielt mich nichts mehr im Bett. Und wenn vielleicht gerade ein Donnerstag oder ein anderer schulfreier Tag war, dann wußte ich, daß Vater nach dem Frühstück sagen würde: „Traudi, wollen wir nicht einmal hinauf zum Gutwasserberg gehen und schauen, ob bei der 'Milbäurin' schon Veilchen blühen?" Dann wanderte ich an der Seite von Vater ganz aufgeregt über den Marktplatz hinauf, an der Kirche vorbei, spitzte vorsichtig um die Ecke, ob Adalbert Stifter noch auf seinem Sockel stehe und konnte es gar nicht erwarten, am Ende der Lindenallee anzukommen. Unterhalb der Felsen, die man die 'Milbäurin' nannte waren die Pflanzbeete der Oberplaner. Hier richteten Frauen schon die Beete für die Aussaat der Kraut- und Rübensamen her, die hier besonders gut keimten und zu gesunden und kräftigen Pflanzen heranwuchsen. An den Rainen spitzten überall Veilchen hervor und bald hatten wir ein Sträußlein für Mutter gepflückt. Dann redete ich so lange auf Vater ein, bis er mich auf den alten Friedhof bei der Gutwasserkirche begleitete, der um diese erste Frühlingszeit in voller Blüte stand. Verwilderte gelbe und rote Schlüsselblumen, so weit das Auge reichte! „Diese Blumen gehören den Verstorbenen, die hier liegen. Die wollen wir nicht pflücken," meinte Vater und so nahm ich mir vor, Mutter am nächsten Sonntag zu dieser Blütenpracht zu führen,

An den Tagen vor Ostern, nahm mich Vater auch noch auf andere Wanderungen mit. „Komm, wir suchen Vogerlsalat!" lud mich Vater ein und wir suchten an den Bachufern um Oberplan nach Feldsalat, der bei uns Vogerlsalat genannt wurde, und nach Brunnenkresse. Manchmal pflückten wir auch frische Brennesseln und die Blätter vom Wiesenknöterich, aus denen die Mutter am Grün-

donnerstag den ersten Spinat machte, der uns immer besonders gut schmeckte. Denn am Gründonnerstag mußte das erste Grünzeug auf den Tisch kommen, das verlangte das Osterbrauchtum im Böhmerwald.

Als ich größer war, entdeckte ich einmal beim Holzsammeln in der „Hoid" einen großen Fleck voller zauberhafter kleiner blauer Blümchen, die ich nie vorher gesehen hatte. Die blaue Blume der Romantik, von der wir immer gesungen hatten? Es waren Bergtroddelblumen, die es nirgends sonst in der Umgebung gab, als in diesem Wald. Sie wurden zu meinen Lieblingsfrühlingsblumen. Heute ist diese Stelle im Stausee versunken und nirgends mehr, als bei der Teufelsmauer in Hohenfurth habe ich diese Blümchen in freier Natur je wieder gesehen.

Wunderschön ist alljährlich mein kleiner Garten im Frühling. Nicht vergleichbar jedoch sind die Freuden über ihn mit der Freude, die ich empfand, wenn ich daheim mit Vater die ersten Veilchen suchte, bei der 'Milbäurin' am Gutwasserberg in Oberplan.

Die geizige Milchbäuerin, die einem Geist kein Gehör schenkte, wurde in Stein verwandelt.

Die heilige Woche

Auf unseren Ausflügen in den ersten Frühlingstagen hielten wir fleißig Ausschau, ob die Palmkätzchen schon aus ihren Knospen geschlüpft waren. Am Palmsonntag sollte nämlich eine große Palmprozession um die Kirche herum stattfinden. Die Burschen aus den Dörfern hatten an langen Stangen große Palmbuschen befestigt, mit denen sie nun in die Kirche kamen. Für die hohen Herren von der Gemeindeverwaltung und der Bürgerschaft hatte der Mesner meterlange Palmzweige bereitgestellt. Wir Kinder durften auch mit der Prozession gehen und jeder hatte seinen Kätzchenbuschen dabei. Aber uns dauerte das Hochamt an diesem Tage viel zu lang. Als es endlich zu Ende war, strebten wir schnell heimzu und steckten ein Zweiglein hinter das Kruzifix und eines an den Weihwasserkessel. Die geweihten Zweiglein sollten das Haus das ganze Jahr vor Unwetterschaden bewahren. Dann liefen wir mit unseren Zweigen in den Garten und pflanzten sie in die Gemüsebeete, genauso, wie die Bauern solche auf ihre Felder brachten, um sie vor Hagelschlag zu schützen.

Sepp Skalitzky: Palmsonntag

Hasel und Kranwit und Schlehdorn und Weide,
neunerlei Hölzer und neunerlei Kraut,
wehende Bänder und Schleifen aus Seide:
Palmbesen wandeln durch Orgellaut.

Wunderlich wogen die baumhohen Stecken,
drauf beben die Buschen, ein Vorfrühlingshain,
wachsen empor bis nah an die Decken,
gefährden Gottvater den Heiligenschein.

Geweiht sind die Palmen; die Buben drücken
durchs viel zu geduckte Kirchtor hinaus,
bedrängen mit ihren Besen den Rücken
der Mädchen — und wollen noch lang nicht nach Haus.

Draußen, nach uraltem Brauche und Rechte,
schlagen sie kräftig mit Stange und Palm,
segnen mit Streichen auch Bauern und Knechte,
segnen die Erde samt Körnlein und Halm.

Ein sanfter, ein samtener Osterwind fächelt,
der letzte Aufschrei des Winters verhallt.
Und hosianna! Der Heiland lächelt
den Palmbuben zu im Böhmerwald.

Während die Mädchen in diesen Tagen den Müttern beim Frühjahrsputz helfen mußten, hatten die Buben noch viel wichtigeres zu tun. Sie holten ihre Ratschen und Klappern vom Boden und schauten, ob sie noch funktionstüchtig waren. Ab Gründonnerstag mußten sie ja dafür sorgen, daß die Leute auch rechtzeitig in die Kirche kamen, denn die Glocken waren ja alle nach „Rom geflogen" und würden erst am Karsamstag wieder zurückkehren.

Franz Haas: D' Ratschnbuam

Wenn d'Glockn schweign toan oubn am Turm,
Do kimmt de Zeit für d'Ratschnbuam.
Vo Haus zu Haus zuign s' i da Schoar,
Sog'n fromme Sprüchl af im Chor.

Scho am Korfreitog in da Früah
Hört ma a Gschwörglat vor da Tür.
Und mit oan Schlog, do setzn s'ei
In jeda Tonoart grob und fei.

Koa Oaschicht is de Buam net z'weit,
Drum sands eah a recht donkboar, d' Leit.
G'fabte Oia gebn s' eah grod gnua
Und a poar Kreiza no dazua.

Am Koarsomstog so um drei
Is s' Ratschngeh für d'Buam vorbei;
a jeda trogt bescheid'n
Sein Huat voll Oia hoam mit Freid'n.

„In da Plou" erinnerte der Mesner oben bei der Kirche mit einer Mordstrumm Ratschen die Gläubigen an die Gebetzeiten. Die Ratschenbuben zogen zusätzlich in mehreren Gruppen von Haus zu Haus. Da gab es die Ratscher vom Markt, die sich „beim Gassl" sammelten, dann die „Ansbachler Buam", die „Pichlerner Straßler" und die „Minigrabler". Jede Gruppe hatte einen „Vorbeter", der zu Beginn der Einsätze gewählt worden war und dieses Amt nur einmal ausüben durfte.
„Wir ratschen, wir ratschen den Englischen Gruß, den jeder katholische Christ beten muß", so tönte es in allen Gassen und Dörfern. Ja, auch die Dörfer hatten ihre Ratschenbuben, die die Bewohner an die Gebetzeiten erinnerten, schwieg doch auch das Glöcklein von der Dorfkapelle, weil es sich auch auf die Reise nach Rom gemacht hatte.
Beim „Tod Christi" am Karfreitag um drei Uhr nachmittag verwendete man nur die Kleppern. Man sammelte dabei auch die Klepperläuter-Eier. Was die Buben dabei an Eiern, Süßigkeiten oder Geld als Lohn einnahmen, wurde dann am „Weißschmiedbergl" gerecht verteilt.

Das Auferstehungsamt am Karsamtag früh war nicht sehr gut besucht. Es wurde damals noch alles lateinisch gebetet und die Feier dauerte über drei Stunden. Am Nachmittag gingen die Familien zum „Heiligen Grab", das von Feuerwehr, Veteranen, und Ministranten den ganzen Tag bewacht wurde. Man zog auf diesem Gang auch schon die neuen Osterkleider an. Die Damen führten ihre neuen Strohhüte aus, und manchmal machten diese noch mit dem letzten Schneeschauer Bekanntschaft.
Die Auferstehungsfeier dagegen, die bei Einbruch der Dunkelheit begann, war ein großes Fest. In allen Fenstern der Häuser am Marktplatz waren Kerzenpyramiden aufgestellt. Die große Prozession, bei der der Dechant unter dem rotseidenen Himmel die schwere, goldene Monstranz mit dem Leib Christi trug, bewegte sich um den ganzen Marktplatz. Alle waren ausgerückt: Die Gemein-

deverwaltung, die Mitglieder der Vereine in ihren bunten Uniformen und ein endloser Zug von Betern.

Nach der Auferstehungsfeier holten sich die Burschen von ihrem Mädchen die Scheckl. Wer im Fasching viel getanzt hatte, hatte das Recht, sich von jeder Tänzerin gekratzte Eier zu holen. Aber wehe, es war eine gerade Zahl. Das hieß in der Oberplaner Gegend: „Ich bin fertig mit dir. Du bist boar auszohlt!"

Der Ostersonntag war der größte Feiertag der Kirche, mit einem feierlichen Hochamt mit Chor und Instrumenten. Adalbert Stifter erzählt einmal, daß so ein Ostersonntag in der Kirche zu seinen ersten Erinnerungen gehört: „.... es war ein Glanz, es war ein Gewühl, es war unten.... dann war etwas anderes, das sanft und lindernd durch mein Inneres ging. Das Merkmal ist: Es waren Klänge".

Am Ostermontag, dem „Emmaustag" ging man „ebenaus" spazieren, nach Schwarzbach etwa, oder nach Salnau. Vor dem zweiten Weltkrieg fand öfters einmal ein großes Osterreiten statt, wobei die Bauern stolz ihre kostbaren Rösser vorführten.

Und dann waren die Festtage vorüber und es begann die Arbeit auf Äckern und Wiesen, die nicht viel Zeit zum Feiern ließ. Und für uns Kinder begann wieder der Alltag in der Schule.

Als 1939 der Krieg ausbrach und alle Fenster verdunkelt werden mußten, war es auch mit der festlichen Auferstehungsfeier vorbei, schon lange, bevor uns die Heimat genommen wurde.

Osterreiten in Oberplan.

Waschtag im Böhmerwald

Würde man unter den Frauen über 65 Jahren eine Umfrage darüber machen, was sie wohl als beste Erfindung unserer Neuzeit betrachten, wäre das wohl für manche Leute eine Überraschung. Es hieße sicher mit großer Mehrheit: Die Waschmaschine. Für alle, die einen Waschtag, wie er noch bis lange nach Kriegsende allgemein üblich war, in Erinnerung haben, ist die Waschmaschine wirklich die Überwindung eines alle vierzehn Tage wiederkehrenden Alptraumes geworden.

Es begann mit einem Bad am Samstagabend, oft in der Waschküche in einem hölzerne Waschtrog oder vielleicht gar schon in einer Zinkbadewanne. Oft war die einzige Wasserstelle eine Pumpe im Hof. Die Frauen und die größeren Kinder schleppten in Eimern Wasser in die Waschküche und füllten damit den großen Kessel. Dann holte man Holz aus dem Schuppen, und während unter dem Kessel schon ein lustiges Feuer loderte, füllten die Kinder alle vorhandenen Gefäße, Eimer, Bottiche und Wannen mit Wasser.

Dann begann das große Badefest. Zuerst durften die Kinder in die Badewanne steigen, wenn sie fertig waren, nacheinander die Erwachsenen. Aus dem Kessel schöpfte jeder so viel heißes Wasser zu, bis das Wasser in der Wanne die richtige Temperatur hatte. Wer als letzter badete, hatte somit das meiste Wasser in der Wanne. Wer vielleicht jetzt sagt. „Igitt, wie unappetitlich!", der möge doch an die vielen Menschen denken, die sich heutzutage in einem Schwimmbad tummeln.

Wenn alle gebadet hatten, schüttete die Hausfrau Einweichmittel in das Badewasser und weichte die weiße Kochwäsche ein. Bis Montag, dem Waschtag, hatte sich schon der gröbste Schmutz gelöst.

Sonntag kochte die Hausfrau doppelte Portionen Essen, denn am Waschtag war für das Kochen keine Zeit. Am nächsten Tag waren die Frauen der Familie schon bald auf den Beinen. Viele Hausfrauen nahmen sich eine Waschfrau, weil die Arbeit alleine meist nicht zu bewältigen war. Der Waschkessel wurde wieder mit Wasser gefüllt und angeheizt. Lange dauerte es, bis die Lauge kochte. Bis es so weit war, wanden die Wäscherinnen die eingeweichte Wä-

Der Bleichplatz beim Waschhäusl im Anspach mag früher wohl zum Bleichen der frischgewebten Leinwand angelegt worden sein. Heute finden wir dort Teiche, auf denen sich Gänse und Enten tummeln.

sche aus und bearbeiteten sie mit Bürste und Rumpel. Unterdessen mußte die Buntwäsche in der Badewanne vorweichen.

Wenn die Lauge im Kessel kochte, legte die Wäscherin die vorgewaschene weiße Wäsche in den Kessel mit heißer Lauge und diese wurde unter häufigem Rühren lange ausgekocht. An Pause war nicht zu denken: Jetzt wurde die Buntwäsche auf der Rumpel bearbeitet oder richtig durchgebürstet.

Waren die Frauen mit dieser Arbeit fertig, hörte man mit dem Heizen auf. Jedes einzelne Wäschestück wurde mit einem großen Holzlöffel aus dem Kessel geholt und in den Waschtrog geworfen. Nocheinmal rumpelte die Hausfrau die Wäsche durch, bevor sie sie in eine Wanne mit kaltem Wasser warf. Das Wasser im Kessel war nun so weit abgekühlt, daß man die Buntwäsche hineinlegen konnte, um sie später wie die Weißwäsche zu bearbeiten.

Mittlerweile war es Mittag geworden. Die Familie wollte ihr Essen haben. Aber nur kurz war die Pause, dann ging die Arbeit in der Waschküche weiter. Die Wäsche wurde nun ausgewunden und nach Weiß- und Buntwäsche getrennt in zwei Wannen gelegt. Nun verluden die Frauen diese beiden Wannen mit Wäsche auf ein Wägelchen oder einen „Tragatsch" und fuhren damit zum „Waschhaus" im Anspach. Das Waschhaus war eine kleine Hütte, in der sich rechts und links an den Holzwänden je zwei rechteckige steinerne „Wassergrande" befanden, in die ununterbrochen eiskaltes klares Quellwasser zufloß. Hier wurde

die Wäsche so lange „g'schwoabt", bis alle Laugenreste herausgespült waren. Die Buntwäsche wurde gut ausgewrungen und in die Wanne am Tragatsch gelegt. Sie sollte daheim gleich auf die Leine gehängt werden. Die weiße Wäsche legten die Wäscherinnen schön breit auf der Wiese neben dem Waschhaus aus und übergossen sie mit klarem Wasser, bevor sie heimgingen zur Jause. Die Kinder mußten jetzt bei der Wäsche bleiben, um sie immer, wenn sie trocken war, wieder mit klarem Wasser zu übergießen. Dieses „Bleichen" ersetzte den Weißmacher, ganz ohne Chemie. Manchmal lag die Wäsche auch über Nacht auf der Bleiche. Zuletzt wurde die Wäsche im Waschhaus noch einmal gut durchgespült und im Garten aufgehängt. Das Bügeln mit dem auf dem Küchenherd erhitzten Bügeleisen beschäftigte die Hausfrau einen weiteren Tag.

Ich erinnere mich an die letzten Kriegsjahre, wo es kaum mehr Seife und Waschpulver gab, daß die Mutter aus Buchenasche und Rinderdarmfett erst eine Lauge kochen mußte, bevor sie sich an das Wäschewaschen machen konnte.

Vielleicht können sich die jungen Frauen nun vorstellen, warum ihre Mütter und Großmütter so glücklich über die Erfindung der Waschmaschine waren. Und vielleicht sind so auch die, wie es manchmal scheint, abergläubischen Sprüche der alten Leute zu verstehen, die da hießen: „Waschen in den zwölf heiligen Nächten (24. Dezember bis 6. Januar) bringt Krankheit und Tod über die Familie.

Anna Dolzer
Josef Dichtl

Von Bärentreibern, Rastelbindern und anderem fahrenden Volk

Zwischen den beiden Kriegen gab es häufig seltsame Besucher in den Böhmerwaldorten, fremdartige Gesellen, die hier in den entlegenen Gegenden ein paar Kronen zu verdienen versuchten.

Da schallte plötzlich der Ruf durch das Dorf: „Paßt auf, die Bärentreiber kommen!" Schweres Tapsen und Kettengeklirr war zu hören. Wir jungen Leute liefen aufgeregt in den Hof. Was gab es da doch für die neugierige Kinderaugen zu staunen! Ein fremder Mann führte einen großen Bären an einer Kette hinter sich her, seine sonderbar gekleidete Frau hatte ein Äffchen bei sich, das durch eine lange Schnur gehindert wurde, allerlei Schabernack zu treiben. Wenn der Bärentreiber rief: „Marianka! Schön tanzen!" dann hüpfte es in einem großen Getreidesieb herum und drehte sich im Kreise. Der zottige Bär stellte sich auf die Hinterbeine und tappte, mit dem Kopfe wackelnd, hin und her. Das war sehr lustig anzusehen. Die Hausbewohner und Nachbarn sammelten sich in der Runde und applaudierten begeistert. Sie hatten auch für Menschen und Tiere eine kleine Wegzehrung bereit, und auch einige Silbermünzen konnten die Besucher mitnehmen. Dann wanderten sie in das nächste Dorf weiter. Der Bärenführer und seine Frau kamen aus der Slowakei, wo es damals noch sehr viele Bären und andere wilde Tiere gab.

Aus Österreich und Bayern kamen die Gänsetreiber. Im August und September kauften sie im „Böhmischen" ein und trieben ihre Gänse, deren Geschrei man schon aus großen Entfernungen vernahm, der Grenze zu. Auf den abgeernteten Haferfeldern durften sie weiden. Die Bäuerinnen sperrten in dieser Zeit ihre eigenen Gänse in den Stall, damit sie sich nicht mit den anderen Tieren auf die Reise machten.

Manchmal kam auch der „Guckkastenmann". Er hatte eine Butte auf dem Buckel, die hatte ein Fenster und durch dieses konnte man Bilder von interessanten Menschen der Zeit sehen, den Andreas Hofer zum Beispiel, oder besondere Vögel und andere Tiere aus aller Welt.

Auch Handwerksgesellen kamen während ihrer dreijährigen Wanderzeit in die Böhmerwalddörfer, oft auch um Almosen bettelnd. Auf dem Buckel trugen sie ein Bündel, dem Schuhe und Bürste aufgeschnallt waren. Manchmal baten sie auch um Arbeit und blieben einige Tage auf den Höfen.

Einmal, oder auch mehrmals im Jahr kam der Pfannenflicker. Die alten Blech= und Aluminiumtöpfe oder Pfannen, die ein Loch hatten, wurden vom Pfannenflicker repariert. Ein rundes Aluminiumplättchen einfach auf das Loch gelötet, und das Geschirr konnte weiter verwendet werden. Die Pfannenflicker beherrschten aber auch noch andere Künste. Sie boten große irdene Töpfe und Schüsseln an, die sich gut zur Aufbewahrung von Milch und Rahm (Schmejdi) eigneten. Diese Tongefäße umwanden sie mit einem feinen Drahtgeflecht, damit das Geschirr nicht so leicht in Brüche ging. Sie fertigten aber auch Mausefallen aus Maschendraht an und hießen deshalb bei uns auch oft die Rastelbinder. Ihre Heimat war Kroatien und Bosnien (Krowot-Bosniak). Ein Kinderspruch hieß: Frühling, Sommer, Herbst und Winter, kommt der kleine Rastelbinder". Die Rastelbinder hatten nicht nur gute Einfälle, sie boten auch immer noch verschiedene Kleinwaren feil. Diese trugen sie in einer kleinen Kiste, einem „Bauchladen" mit sich herum und priesen sie laut und mit vielen Gesten zum Kauf an, z. B. Hosengummi, Schuhbänder, Hemdenknöpfe und anderen Krimskrams.

Aus der Slowakei und aus Ungarn kamen alljährlich die Gewürzhündler, „Sam-Männer" oder „Sam-Weiber" genannt. Die Männer trugen zu ihren schwarzen Kordhosen schwarze Stiefel und als Kopfbedeckung ein schwarzes Käppi. Die Frauen hatten weite buschige knielange Röcke, die eigentlich aus lauter Schürzen bestanden, die in verschiedenen Lagen umgebunden waren. Über den Rücken hatten sie blaue Tücher gebunden, darin sich eine Menge kleiner Säcklein mit verschiednen Gewürzen befanden. Diese Gewürzhändler roch man schon von weitem.

„Schnell, räumt auf und sperrt alles zu!" tönte es von einem Haus zum anderen, wenn die kleinen Planwagen der Zigeuner in Sicht waren. Die Mitglieder dieses Wandervolkes waren gefürchtet, denn sie nahmen mit, was sie gerade brauchen konnten. Sie bettelten in den Häusern um Essen und Geld und oft auch um ein Nachtlager, was ihnen nicht gerne gegeben, aber selten verweigert wurde. Einmal fehlten nach einem Besuch von Zigeunern die zwei neuen Pferdedecken, die auf einem Wagen in unserem Hof gelegen waren. Die Gendarmen fanden sie auf dem Plachenwagen der Zigeuner, die von uns Essen und Heu für ihre Pferde bekommen hatten.

Die Frauen der Zigeuner wollten sich oft mit Wahrsagen gutes Geld verdienen. Sie hatten auch eine Menge geheimnisvoller Rezepte, mit denen sie die Leute von allerlei Krankheiten heilen wollten. Manchmal gelang es ihnen wirklich, Kranke durch ihre Mittel gesund zu machen und die Leute dachten in Dankbarkeit an sie. Trotzdem sah man sie lieber gehen als kommen. Zu viele Geheimnisse umgaben sie und zu fremd war ihr Wesen den ehrlichen biederen Böhmerwäldlern.

Oft zogen auch Messer- und Scherenschleifer durch die Lande und boten ihre Hilfe an. Im Sommer und im Herbst brachten tschechische Bäuerinnen Äpfel, Birnen und Zwetschken in die obstarmen Dörfer des Böhmerwaldes und wogen sie auf ihrer Handwaage ab. Andere Frauen boten Süßholz an, wieder andere „Umgeher" verkauften Bettwäsche, Kleider und Anzugstoffe. Einmal kamen auf unseren Hof sogar Japaner und hatten gestickte Decken und Kissen in ihrem Angebot.

So kam die große weite Welt in den abgeschiedenen Böhmerwald, und weil das oft sehr arme Leute waren, die hier ein paar Kronen verdienen wollten, hatten die Waldler gar keine so große Sehnsucht, diese große weite Welt auch einmal kennen zu lernen. Was man brauchte gab es auf dem Jahrmarkt, und daheim hatte man sein bescheidenes Auskommen. Was sollte man da in der großen weiten Welt?

FERIENZEIT

An Peter und Paul, dem 29. Juni, begannen die großen Ferien. Urlaubsreisen konnte sich damals niemand im Ort leisten. Was wurde ich beneidet, daß ich mit Eltern und Bruder eine Woche nach Winterberg zu Großvater fahren durfte!. Einmal war ich sogar in Gablonz bei dem anderen Großvater und einmal in Wien bei einer Tante. Ich galt fast schon als eine Weltreisende.

Allerdings waren damals schon viele „Sommerfrischler" in Oberplan: Professoren aus Prag, Wien und Graz, die hier Verwandte hatten und ihre Freunde mitbrachten. Diese wohnten „beim Gassl", „beim Grünweber", im „Hotel Müller" oder beim Bahnhofsgastwirt in Vorderstift. So kam die große Welt in den kleinen Ort, um zu sehen, wo Adalbert Stifter seine Jugend verbracht hatte. Um die Jahrhundertwende hatte sogar Peter Rosegger aus der fernen Steiermark dem großen Dichter seine Aufwartung gemacht.

Langweilig war es uns Kindern in der Ferienzeit bestimmt nicht. Fast alle Oberplaner hatten eine kleine Landwirtschaft und da wurden alle Hände gebraucht. Im Juli begann die Heuernte und dabei mußten auch schon die Kinder mithelfen. Es war lustig, am Abend ein Wettspringen über die Heuschober zu machen, oder daheim beim Abladen zu helfen. Anschließend gab es eine gute Jause, feines Bauernbrot mit Topfen und Buttermilch oder saure Milch.

Hatte es einmal um diese Zeit ordentlich geregnet, weckte mich Vater schon sehr früh. „Komm, wir wollen in den ‚Stifter Wald' gehen und sehen, ob es schon Schwammer gibt." Da war ich gleich dabei, denn ich liebte die frühen Morgenstunden, wenn in allen Wipfeln die Vögel zwitscherten und jubilierten, die Sonnenstrahlen zwischen den Bäumen sichtbar wurden und die letzten Regentropfen wie Diamanten in der Sonne glitzerten. Manchmal, wenn die nassen Gräser meine Beine kitzelten, stieß ich einen Schrei aus – meinte ich doch, eine Schlange gesehen zu haben, die an meinen Beinen vorbeigehuscht sei. Dann lachte mich Vater aus, zeigte mir ein kleines Käferlein, das sich an einem Halm oder Zweig festhielt oder lenkte mich damit ab, daß er mir erzählte, daß es möglich wäre, zu verstehen, was die Vöglein singen, wenn man nur richtig hinhörte. Und wirklich – verkündete der Buchfink nicht lautstark „Ich-ich-ich-ich lern dir's Buchstabieren?". Dann deutete Vater unter eine Fichte und sagte: „Dort stehen drei Herrenpilze. Siehst du sie?" ich sah nichts und glaubte ihm erst, als er wirklich unter dem Baum drei kleine kerngesunde Steinpilze hervorholte. Ich hatte selten das Glück einen Steinpilz zu finden, aber gab es nicht Eierschwammerln in Mengen? Da war der Korb bald voll. Vater aber nahm außer den Steinpilzen nur noch Reizger, Zigeuner, Birkenpilze und Parasolpilze mit. Die anderen waren ihm nicht vornehm genug, er ließ sie für die stehen, die nach uns kämen. Mutter hatte eine Vielzahl guter Rezepte für unsere Schwammer, obwohl sie nie davon aß. Die Soße, ja, die liebte auch sie – aber die glitschigen Schwammer? Nein, nein, nein!

An manchen Ferientagen zogen wir schon am Vormittag mit einer Kanne los und holten Schwarzbeeren oder Himbeeren. Meistens waren wir eine ganze Schar Mädchen, denn jede Mutter war froh, wenn sie mit den Beeren ihren Küchenzettel verbessern, oder Marmelade und Saftvorräte für den Winter schaffen konnte.

Wenn meine Eltern dabei waren, entdeckte Mutter manchmal an einem Baum einen Harztropfen, zwei bis drei Zentimeter lang, nicht mehr weich und flüssig, auch nicht zu hart, den sie mit dem Finger ablöste: „Ich hab ein Beißpech gefunden!" rief sie uns zu und alle gingen nun auf Suche, nach solchen Harztropfen. Wußten wir doch, daß dieses Harz durch Kauen zu einer herrlich weichen Masse wurde, die köstlich nach Fichtenharz schmeckte. Der Kaugummi war also keine Erfindung der Amerikaner. Es kannten ihn schon die Böhmerwäldler.

Im Krieg bekamen wir Schüler über die Ferien Hausaufgaben: Wir sollten Heilkräuter sammeln: 100 g Erdbeerblätter, 50 g Heidelbeerblätter, 100 g Gänsefingerkraut und vieles andere mehr. Alles sollte getrocknet abgegeben werden. 100 g getrocknete Brombeerblätter! Das war eine ganze Menge! Aber eifrig, wie wir waren, wollten wir ja etwas für die Verwundeten und Kranken tun. Und so sammelten wir den Tee, für die Verwundeten – aber auch uns zum Nutzen. Lernten wir doch auf diese Weise die Heilkräuter kennen, von denen es auf unseren Wiesen und in unseren Wäldern eine Menge gab und wir lernten auch gleich dabei, daß man mit Augentrost entzündeten Augen Linderung verschaffen kann und die Kurralein (= Feldthymian) genauso wie Spitzwegerich und Huflattich gegen Husten gut sei. Was wußten doch die alten Frauen noch für gute Hausmittel bei allerlei Krankheiten! Den Fichtenspitzensirup vertraue ich heute bei Husten noch mehr, als dem teuersten Hustensaft. Nebenbei lernten wir dabei auch unsere Heimat kennen. Gab es doch das schönste Gänsefingerkraut im „Gänsdörfel" Melm, Brombeerblätter nur auf dem Weg nach Althütten, während Katzenpfötchen auf dem Sauberg zwischen Fichte und Buche wuchsen.

Richtige Ferien waren es für uns Kinder dann, wenn wir an den wenigen arbeitsfreien und auch warmen Tagen zum Baden in die „Wulda" gehen konnten.

Mitzi Konstanzer-Mauritz erzählt:

Kindertage an der Moldau

„Wenn es im Sommer sehr heiß war, gleich nach der Schule am Nachmittag oder in den Ferien, bedurfte es keiner Verabredung unter uns Kindern - nach dem Mittagessen waren wir alle unterwegs zur Moldau. In der sicheren Erwartung von Vergnügen und Spaß liefen wir in Richtung neues Forsthaus an die Moldauwiesen. Auf halbem Wege etwa standen zwei alte Bäume, unter die man bei Regen flüchtete und die den Heugern bei Gewittern Schutz boten. „Vor Eichen sollst du weichen, Buchen sollst du suchen . . ." nur solche können es gewesen sein.

Weiter ging es einen schmalen Wiesenpfad entlang auf weichem schwarzen Moorboden, der warm und feucht war und zwischen den Zehen „sufzgerte". Das tat den bloßen Füßen gut. In der Sommerwärme legten wir uns auch gelegentlich hin, um zu rasten, den Grillen zu lauschen, den Bienen und Schmetterlingen zuzuschauen und die Heuschrecken und „Wuissen"(Wespen) zu necken. Die „Kurailn" und der wilde Kümmel rochen scharf und gut. Beim Weiterlaufen spürten wir so manche Wurzel unter den nackten Fußsohlen. Je mehr die Sonne stach, umso schneller liefen wir in das Heidewäldchen hinein, das wir noch passieren mußten.

Plötzlich bekamen wir Angst. Warum war alles so still? Nur die Krähen krächzten laut, die Baumwipfel rauschten unheimlich, und in den Himbeerschlägen raschelte es. Es waren aber die Buben, die uns auflauerten und uns auch einmal mit einer gefangenen Kreuzotter oder Blindschleiche erschreckten, die sie am Schwanz festhielten oder mit einer Astgabel in der Luft wirbelten.

Bald war die Moldau erreicht. Man hörte schon das Kindergeschrei. Unsere Badeplätze waren in einer Schleife der Moldau angelegt. Es gab das Kinderbad, das Damenbad und das Herrenbad. Bei letzterem standen zwei hölzerne Ankleidekabinen und es lag an einer größeren Strömung im tieferen Wasser. Von hier aus schwammen wir mit dem Strom bis zum „Eisernene Stoa" und gegen den Strom zurück. Danach war es uns oft so kalt, daß wir uns ein Feuer anmachen mußten, um uns daran zu wärmen, bis wir „Wagenradl" vorne an den Beinen hatten, das waren rote Kreise auf der Haut.

Im Kinderbad war immer ein großes Geschrei, weil die stärkeren Kinder die schwächeren oder wasserscheuen gern ins Wasser schubsten oder bespritzten. Und das Moldauwasser war meistens sehr kalt. Im Wasser konnte man gut „hundstatscheln" oder „toter Mann" spielen, „Schifferl schwimmen" oder auf zwei Scheitern Floß fahren. Diese Scheite, die sich bei der großen Scheiterschwemme im Frühjahr im Uferschilf verfangen hatten, waren herrliche Spielgeräte. Wir liefen fast einen Kilometer flußaufwärts und ließen uns dann von den Scheiten flußabwärts treiben bis zur Furt hinter den Badeplätze. Dann schickten wir sie alleine auf Reisen.

Hier bei der breiten Furt konnten die Pferdewagen im flachen Wasser über Kieselgeröll an das andere Ufer in die Torfauen fahren. Dahinter verlief die Bahnlinie von Schwarzbach nach Oberplan. Oft liefen wir dahin, um mit einem Ohr auf dem Gleis das Nahen eines Zuges zu hören, oder wir legten gar eine Kupfermünze auf ein Gleis, um zu sehen, wie sie plattgedrückt wurde. Die Eisenbahnböschung war ein besonders interessanter Raum. Maulwürfe, Mäuse und Eidechsen hatten hier ihre Behausung und wir hatten Freude daran, sie zu beobachten.

Gegen Abend, wenn die Sonne schon über dem Plöckenstein stand, kehrten wir zur Moldau zurück, zogen uns rasch an und eilten heimzu.

Hilde Hanske-Stuben

Das Torfstechen in der Erinnerung eines Kindes

Als Kinder freuten wir uns auf das Torfstechen. Das war die Zeit zwischen „Heigat" (Heuernte) und „Arn" (Getreideernte). Wir durften am Nachmittag den Arbeitern in der Torfau eine große Kanne Bohnenkaffee bringen. Natürlich freuten wir uns auch auf das Trinken, denn Bohnenkaffee war damals noch selten. Was gab es da doch alles zu sehen und zu entdecken! Rauschbeeren, Moosbeeren und Preiselbeeren lockten zum Naschen. Das Wollgras wehte im Winde und Eidechsen und Blindschleichen huschten zwischen den Gräsern hin und her. Auch Kreuzottern gab es, vor denen ich mich immer gefürchtet hatte. Hier in der Torfau waren sie braun. Wenn ich an sie denke, packt mich heute noch die Angst. In den Auen hat noch der Auerhahn gebalzt, und die Wachteln und Perlhühner gaben sich ein Stelldichein.

Die Arbeit der Männer im Moor war schwer. Zuerst mußte „abgeräumt" werden. Der harte „Pürstling" wurde gemäht und zum Einstreuen für das Vieh heimgefahren. Die obere Schicht des moosigen Grases und der lockere Torf wurden zur Seite geräumt. Etwa in eineinhalb Meter Tiefe stießen die Männer auf den richtigen Torf. Jetzt war es wichtig, daß die Messer eine scharfe Schneid hatten. Es mußten große Ziegel herausgestochen werden und das war eine harte Männerarbeit, schwerer als jede andere Arbeit auf ei-

nem Bauernhof. Je tiefer die Torfstecher kamen, desto feuchter war der Boden. Zuletzt standen sie bis über die Knöchel in einer braunen dicken Suppe.

Die Frauen luden die Ziegel auf einen „Tragatsch" und fuhren sie zum Trocknen an den Rand des Moores. Am nächsten Tag wurden die Ziegel zu kleinen Häuschen „aufgekastelt", damit sie schön trocken wurden. Dabei, und auch beim Umschichten nach einigen Tagen mußten auch wir Kinder fleißig mithelfen.

Bevor der Winter kam, holten die Knechte den Torf mit dem Mistwagen nach Hause. Die Kachelöfen in den Bauernhäusern wurden den ganzen Winter mit Torf geheizt. Nur wenn Fleisch zum Räuchern im Kamin hing, heizte man mit Buchenholz und Zweigen vom Wacholderstrauch.

Bei uns in Stuben hatte fast jeder Bauer einen Torfstich. Der größte Teil der Torfauen jedoch gehörte dem Fürsten Schwarzenberg. Er holte sich seine Torfstecher bis aus Österreich und Bayern her. Als das Graphitwerk immer mehr Brennmaterial benötigte, entdeckte man den Torf als wertvollen billigen Heizstoff. Deshalb wurde eine etwa zwölf Kilometer lange Schmalspurbahn von den Torfauen zum Graphitwerk in Schwarzbach-Stuben verlegt.

Heute sind die Torfauen im Moldaustausee versunken, mit ihnen das Wollgras und die Preiselbeern, die Kreuzottern und die Eidechsen das Schwimmbad in der Moldau bei Oberplan und alle Plätze dieser Kindheitserinnerungen.

Traudl Woldrich

„Kirta" und Jakobifest.

Am 13. Juli feierten die Oberplaner ihre Margarethen-Kirchweih. Da kamen Verwandte und Freunde und es wurde richtig aufgekocht. Leider war in unserer Kinderzeit schon Krieg, die Festessen fielen etwas magerer aus. Trotzdem machten die Leute an diesem Wochenende eine längere Arbeitspause. Später, am „Jakobi-Sonntag", dem Sonntag nach dem 26. Juli, war am Dreisessel ein großes Fest mit Tanz und Musik. Da kamen die jungen Leute aus Böhmen, Bayern und Österreich auf dem Berg zusammen und es ging richtig zünftig zu. Es wurde trotz des weiten Anmarsches fleißig getanzt. Schon vor hundert und

noch mehr Jahren hatten sich hier auf dem Berg die Hirten getroffen. Alte Leute erzählten, daß früher hier ein „Dreiländerspiel" aufgeführt worden wäre. Die „Bavaria", die „Austria" und die „Bohemia" saßen dabei in den königlichen Gewändern ihres Landes auf den steinernen Sesseln. Heute findet das Jakobifest immer noch statt und alle zwei Jahre ist hier ein großes Heimattreffen der vertriebenen Böhmerwäldler.

Nach der Erntezeit im August machten die Oberplaner gerne Ausflüge in die Umgebung, zur Ruine Wittinghausen etwa oder auf den Oberwald, auf den Bärnstein, den Hochficht oder einfach hinauf auf die Sängerhöh', oder zum Langenbrucker Teich zum Baden. Und wenn im September die Ferien zu Ende waren, freuten sich die Kinder schon wieder auf die Schule.

Franz Norbert Praxl

LAUSBUBENERINNERUNGEN AN OBERPLAN

Das kitzlige Muli

Beim Fridolin, dem Huf- und Wagenschmied im Anspacher Viertel waren täglich einige Rösser zu beschlagen. Große Wagenräder in den verschiedensten Dimensionen, vom Wagner gebracht, waren oft im Wege und warteten geduldig auf ihre Vollendung. In der Schmiede war es immer stockfinster und nur beim rhythmischen Hämmern auf das glühendes Eisen sahen wir die Funken sprühen, die die Dunkelheit aufhellten.

Der alte Meister war ein „Tuwok-Beißer", ein Vorfahre der heutigen Kaugummi-Fans, und wenn du nicht rechtzeitig aus dem Wege gingst, bekamst du eine unangenehme Ladung Kautabak auf deine nackten Füße gespuckt.

Einmal war etwas ganz Exotisches im offenen Verschlag vor der Schmiede angebunden: Ein M u l i. Ein Zwischending, eine Gemeinschaftsproduktion von einem Pferdehengst und einer Eselstute, das war ein M a u l e s e l. Aber dort stand ein M a u l t i e r, eine Kreuzung zwischen Eselhengst und Pferdestute, pferdeähnlich, größer und stärker als ein Maulesel. „Ist nur beschränkt fortpflanzungsfähig, ein gutes Last- und Zugtier auf schwierigen Pfaden", so hatten wir bei Fachlehrer Feil in der Schule gelernt. Nun, schwierige Pfade gab es auch bei uns, vor allem nach einem Landregen und so stand also das Maultier bei unserem Fridolin.

Wir Buben, wie immer neugierig, was mit dem Tier geschehen solle, waren natürlich wieder einmal zur Stelle. Es nützte auch nichts, daß uns der Schmied immer wieder „fortstamperte" — wir waren gleich wieder da.

Das „Viech" sollte also beschlagen werden. Aber wie sich sehr bald herausstellte, war dieses exotische Wesen äußerst kitzlig. Mit allen Vieren schlug es gleichzeitig in die Luft und nach allen Seiten aus, schrie in höchsten Tönen und biß nach allen Seiten. Das war das richtige Herumgeraufe

nach unserem Geschmack. Beim ersten Tobsuchts-Ausbruch des Mulis flüchteten wir Kinder zwar in alle Himmelsrichtungen, denn eigentlich waren wir richtige Hosenscheißer, immer auf dem Sprung, drohenden Gefahren zu entfliehen. Aber die Neugierde war stärker. Und was sahen wir da? Die schwitzenden Schmiedegesellen hatten dem Muli mit viel Mühe die beiden Vorderbeine und die beiden Hinterbeine zusammengebunden, dann schoben sie einen Wiesbaum zwischen Vorderbeine und Hinterbeine und hängten das Tier mit dem Bauch nach oben an zwei Balken auf. War das eine mutige und zeitraubende Prozedur. Und kann so ein Esel laut schreien! Nie würde man das vermuten. Jetzt mußten die Schmiedegesellen zuerst die Hufeisen kalt anmessen, dann glühend heiß auf die vorher geschnittenen und gehobelten Hufe nageln. Dafür wurde sicher der übliche Preis kräftig erhöht, mußte doch das Beschlagen in einer ungewohnten Stellung ausgeführt werden.

So ein Ereignis habe ich mein Lebtag nicht mehr beobachten können. Die Oberplaner waren eben schon immer „up to date" im technischen Bereich.

Truhen auf dem Dachboden

Wir Kinder hatten in Oberplan noch viel Platz und Bewegungsfreiheit. Der Sammelpunkt für uns Freunde war nach der Schule meistens bei uns. Da gab es vom Heuboden herunter tolle Rutschbahnen und jeden Tag fanden wir neue Dinge, die ein Bubenherz höher schlagen ließen. Die Schulaufgaben gerieten da sehr häufig in Vergessenheit.

Eines Tages entdeckten wir auf dem Dachboden eine verschlossene Truhe. Die notwendige Kraft zum Öffnen hatten wir aufgebracht, — aber was sahen die neugierigen Kinderaugen? Hafer, nichts als Hafer. — Die Truhe war an der

70

Innenseite mit Weißblech ausgeschlagen, wahrscheinlich, um die Mäuse am Naschen zu hindern, sonst hätte womöglich zu guter Letzt die tägliche Ration für die Rösser gekürzt werden müssen.

Wir spielten mit dem Hafer und einer von uns griff etwas tiefer in die Truhe und zog – o Wunder! eine große Birne heraus, Die war durch das lange Liegen richtig vollreif und hat uns köstlich geschmeckt. Wir wurden mucksmäuschenstill – jeder wühlte sich nun bis zu den Ellbogen in die Haferkiste und stopfte sich alle Taschen voll dieser herrlichen Schätze. Sicherlich blieben noch genügend Früchte in der Kiste, sonst hätte die Mutter den Diebstahl wohl gemerkt.

Der Fund stachelte uns an, noch weiter auf Schatzsuche zu gehen. Am anderen Dachboden fanden wir eine Truhe mit den tollsten Sachen: Damenhüte, so groß wie Wagenräder, fein säuberlich in einer Hutschachtel aufbewahrt, abgelegte Ballkleider, Faschingskostüme, Masken und Schuhe, auch echte Kastagnetten, die einer spanischen Tänzerin im Grünweber-Saal unentbehrlich gewesen wären. Auch eine Verkleidung für den Krampus fanden wir, und die Angst vor ihm war nun wesentlich geringer geworden – aber so ganz sicher war man ja vor dem Krampus nie. Wochenlang konnten wir uns nun auf den Dachboden zurückziehen und mit diesen Schätzen spielen.

In einer Truhe fanden wir die komplette Werkzeugausrüstung für einen Schuhmacher, die unserem Onkel Sepp, der dieses Handwerk ausgeübt hatte, gehörte. Auch sie probierten wir an langen Regentagen aus und freuten uns über unser Fortschritte.

Selbstversorger

Wir Oberplaner Bürger waren zum großen Teil „Selbstversorger". Die tägliche Nahrung für die Familie wurde in Eigenregie erzeugt. Zwei bis vier Kühe im Stall sorgten für Milch, Butter, Butterschmalz, Quark und Käse, die Hühner für die Eier. Weizen und Roggen wurde nach dem Drusch in die Hammermühle gebracht und nach vereinbarter Frist wurden das Mehl und die Kleie wieder abgeholt. Die Schweine im Stall sorgten für Fleisch, Speck, Würste und Schweinefett. Das Schweinefleisch wurde in der eigenen Selch haltbar gemacht. Gänse und Enten gaben Braten und Federn. Äpfel und Birnen hatten wir im

Garten, Schwarzbeeren, Himbeeren und Preiselbeeren holten wir aus dem Wald und die verschiedensten „Schwammer" auch, und dafür waren wir Kinder zuständig. So kam man durch den Winter, vor allem aber mit Erdäpfeln und Sauerkraut und was die Mutter daraus zauberte. Meinem heiklen Gaumen hat das alles nicht besonders geschmeckt. Die Mehlspeisen, und vor allem die Buchteln von der Nachbarin hatten mir's immer angetan, vor allem, wenn sie mit Mohn gefüllt waren. Das ging sogar so weit, daß ich die Reste des Bienenwachses, das ich in Großvaters Bienenhaus fand, in erhitztem flüssigen Zustand in leere Schuhschachteln laufen ließ und so portionsweise dem Janak Franz zum Skiwachsen verscherbelte, nur um so an noch mehr der begehrten Buchteln zu kommen. Ja, wo anders schmeckt es einem Kind halt immer besser, als daheim.

Die erste Virginia und die letzte

Ein guter Nachbar, der Opa Streinz mit einem goldenen Flinserl im Ohr, kam oft, wenn nicht täglich, zu uns herüber um mit dem Großvater zu „dischkeriern". Opa Streinz war ein leidenschaftlicher Pfeifenraucher und ich Stopsel beobachtete die beiden Alten im Ausgedinge mit Argusaugen. Unser Großvater, mit Holzschuhen vor der Eingangstür auf der Holzbank sitzend, nahm eine seiner geliebten Virginia aus der Schachtel, zog den langen dünnen Strohhalm heraus, und zündete sich mit einem Zündholz seinen Genußstengel an. Ich zog im Geiste mit. Opa Streinz stopfte sich seine Pfeife, die er dabei im Mundwinkel hängen ließ, mit dem Tabak aus einem kleinen ledernen Tabaksbeutel, fein bedächtig, damit ja nichts verloren ging. Dann packte er seinen Tabakbeutel säuberlich zusammen, zündete gemütlich seine Pfeife an und dann ging's mit dem Paffen „auf Teufel komm raus", los.

Sie saßen beide so zufrieden da, und ich wünschte nichts sehnlicher, als es ihnen gleich zu tun. Deshalb versuchte ich einmal eine Virginia von meinem Großvater. Ich zog den Strohhalm heraus, zündete die Zigarre an und machte einen tiefen Zug. Aber außer einem plötzlichem Hustenanfall, bei dem ich meinte, mein letztes Stündlein hätte geschlagen (in die Hose ging's Gott sei Dank nicht), brachte ich nichts Erstrebenswertes zustande und bin daher heute noch ein Nichtraucher.

Traudl Woldrich

ONKEL PEPI UND DER LÄMMERBOCK

Tante Gretl und Onkel Pepi waren für mich in meiner Kindheit Menschen aus einer anderen Welt. Sie wohnten in Wien, verwöhnten mich mit herrlichen Spielsachen und waren immer guter Laune.

Als uns die beiden das erste Mal in Oberplan besuchten, wohnten wir beim Färber. Zum ersten Stock führte von der Straßenseite her eine steile schmale Treppe. War man im ersten Stock angekommen, war hier ein etwa rechtecki-

ges Podest, links führte eine Tür zum Vorraum unserer Wohnung, die, wenn man sie aufmachte, die Treppe zur Hofseite verschloß. Die Treppe zur Hofseite war ebenso schmal und steil wie die Vordertreppe.

In den Stallungen des Hausherrn war alles zu finden, was zu einem ordentlichen Bauernhof gehörte: Pferde, Kühe, Ochsen, Schweine, Hühner und Gänse. Damals, als uns die Wiener Verwandtschaft besuchte, gab es hier auch noch einige Schafe, die meist auf der „Hint-aus" weideten. Und damit sich die Schafe nicht einsam fühlten, war auch ein „Lämmerbock" dabei.

Onkel Pepi war ein tapferer Mann. Schließlich arbeitete er ja als Metzger in einem Wiener Schlachthof und Angst vor Tieren war ihm natürlich fremd. Wenn ihm allerdings eine Kuh ihren Schwanz ins Gesicht schlenkerte, war er schon ein bißchen sauer.

Trotzdem bummelte er gerne durch die Stallungen, über den langen Hof, am Misthaufen, dem Holzschuppen und dem Gemüsegarten vorbei, spielte hinten am Holzplatz mit uns Kindern Verstecken, half uns, Burgen in den Sandhaufen zu bauen und warf auch gerne einen Blick hinaus auf die Hint-aus, die wir Kinder mieden, seit sie das Reich der Schafe war. Der Lämmerbock schaute uns nämlich immer recht verwegen an, sodaß wir großen Respekt vor ihm bekamen. „Feiglinge!" schalt Onkel Pepi. „Wer wird denn vor einem Lämmerbock Angst haben." Lachte da der Bock? Mäh! Er schüttelte sich und trabte davon. – Meistens jedenfalls.

Einmal war es anders –

Wir saßen alle in der Küche und warteten mit der Jause auf Onkel Pepi. Es war ein heißer Sommertag. Nichts unterbrach die Stille im Haus, als etwa das Brummen einer Hummel oder das Gezwitscher der Spatzen auf der Straße. Da – plötzlich ein Gepolter auf der Treppe, ein Scheppern der Glastüre im Vorraum – die Küchentüre wird aufgerissen und herein stürmt Onkel Pepi, in einer Aufregung, die so gar nicht zu ihm paßt. Vollkommen außer Atem sinkt er auf einen Stuhl. „Sau-Bock, damischer!" Gleichsam als Antwort ertönt von draußen ein zorniges „Mäh"! Etwas trampelt draußen, es scheppert die Glastüre. „Mäh! Mäh!"

tönt es draußen wieder, diesmal mehr erstaunt als zornig. Jetzt wurde es im Haus lebendig. Wir drängten uns alle in dem kleinen Vorraum vor der Küche zusammen, schauten durch die Scheiben der Glastüre. Da stand unser gefürchteter Lämmerbock, drehte sich um seine eigene Achse und mähte immer kläglicher, so als wollte er sagen: „Wohin habt ihr mich denn gelockt? Wie komme ich denn da wieder fort?" Herr Studener, der Knecht, packte ihn bei den Hörnern und führte ihn Stufe für Stufe die steile Treppe hinunter, was sich der Bock willenlos gefallen ließ. Ganz zahm war er jetzt wieder geworden.

Auch Onkel Pepi saß ganz zahm und erleichtert da. Wir wollten nun natürlich von ihm wissen, wie es zu dem ungewöhnlichen Ausflug des Bockes Hansi gekommen war. Onkel Pepi erzählte:

„I wollt amol sehn, ob der Bock wirkli so wuid is, wia ös immer sogt's. I bin ans Gatter gonga und wollt'n locken. Er kimmt net. Bringst eahm a Gros, denk i. Er kimmt ullweil no net. I machs Gatter auf und will na streicheln. Do kimmt er af oamoi herg'schossn, schaut mi gonz wuid o, wißt's, so von unten herauf. Da denk i mir: ‚Der G'scheita gibt noch', nimm meine Baa in d'Händ und renn um mei Lebn. Er hinter mir drein. I schlog d'Stodltür zua, aber er bringt's wirkli und wohrhofti af. Ich denk, die Stiagn is mei Rettung. Er nix wia noch. Grad bin i no zur Glostür reing'wischt. Wär die anders rum afgonga, hätt er mi dawischt, so a Saubock, so a damischer!"

Leider reagierten seine Zuhörer gar nicht dem Ernst der Lage angemessen. Statt Mitleid erntete Onkel Pepi nur schallendes Gelächter. Es war nur „a klaans Stückerl", das er um sein Leben gerannt war, aber ich glaube, daß er noch oft daran gedacht hat, daß das Landleben auch seine Gefahren in sich birgt. Vor wild gewordenen Lämmerböcken war er in Wien jedenfalls sicher.

Traudl Woldrich

Ein heisser Sommertag 1938

Im August, als die Heuernte vorüber war, wartete auf uns Kinder wieder einmal das wichtigste Ereignis aller Ferien: Der Färber lud zu einer „Landpartie". Eigentlich begann alles schon am Samstag vorher. Der Knecht hatte Max und Moritz, die beiden Braunen gestriegelt und gebürstet, daß sie nur so glänzten. Auf dem größten Leiterwagen hatte er Bretter befestigt, auf denen die Gäste gut sitzen konnten. Dann wurde der ganze Wagen mit Blumen und Girlanden geschmückt. Die Frauen strichen Brote, richteten Salate und packten Riesenkörbe für die Jause zusammen. Die größte Sorge der Kinder aber war: Hoffentlich ist morgen das Wetter schön!

An diesem Augustsonntag des Jahres 1938 strahlte die Sonne von einem wolkenlosen Himmel, als wir ganz früh am Morgen zu unserem Ausflug zum Plöckensteiner See aufbrachen. Die Lerchen jubilierten gegen den Himmel, die Sonne schien auf die Tautropfen und verwandelte den

Böhmerwald in eine Landschaft voller Diamanten und wir sangen mit den Vögeln um die Wette.

Die politische Wetterlage war in diesen Sommertagen eher schwül und gewittrig. Seit dem Mai hatte sich die tschechische Bevölkerung im Ort verdreifacht. Die als gern gesehene Sommergäste empfangen worden waren, entpuppten sich im Laufe der Zeit als Geheimpolizisten, die ihre Augen und Ohren überall hatten.

Aber auf diesem Ausflug hatten auch alle Erwachsenen die politischen Sorgen vergessen. Nur die Kinder stritten sich darum, wer vorne auf dem Kutschbock sitzen und die Zügel halten durfte. Die Zeit verging wie im Fluge. Pernek und Salnau hatten wir bald hinter uns gelassen. Hinter Hirschbergen wurde der Weg steiler, die Erwachsenen stiegen ab. Jetzt wollten auch die Kinder nichts mehr vom Fahren wissen. Die Steine links und rechts des Weges luden zum Klettern ein, die Heidelbeeren zum Naschen, der sportliche Ehrgeiz zur Erhöhung des Tempos. Bald waren wir dem Wagen weit voraus, auf dem nur mehr die Färberin, ihres kranken Fußes wegen, saß.

Versteckt stand das Seewirtshaus zwischen den hohen Tannen und spiegelte sich in der glatten Oberfläche des Sees. Die alten Leute erzählten uns schaurigschöne Geschichten und Sagen, die sich hier zugetragen hätten: von den sprechenden Fischen, den drei Königen auf dem Berg und den schönen Jungfrauen, die im großen Krieg von Wittinghausen hierher geflüchtet waren.

Aber dann bekamen wir Hunger. Die Jause wurde ausgepackt und kräftig zugegriffen. So gestärkt machten wir uns auf den Weg zum Stifterdenkmal. Nur die alten Leute blieben zurück. Wir begegneten vielen Wanderern. Fröhliche Grüße flogen hin und her. Manchmal wurden sie nicht erwidert. Verstanden die tschechischen Wanderer unser „Grüß Gott" nicht?

Nach einer Stunde etwa erreichten wir unser Ziel, das Stifter-Denkmal in der Seewand. Tief unten lag der grüne See. Ganz winzig erkannten wir die Menschen beim Seewirtshaus. Sonst überall Wald, wie weit man auch blickte. Ganz in der Ferne ein kleiner Ort. „Schaut's hie, durt is d'Plou!" sagte jemand. Einer begann zu singen: „Wenn ich der Heimat grüne Auen …" Ich hatte das Lied nie vorher gehört. Es endete mit der Zeile: „Du, lieber Gott, mein Bitt' erschallt, erhalt uns deutsch den Böhmerwald!". Ich verstand nicht, warum plötzlich einige Frauen weinten und die wenigen Männer, die dabei waren, so harte Gesichter bekamen. Später erst erfuhr ich, daß dieses Lied das Bundeslied des 1885 gegründeten Böhmerwaldbundes war. „Gemma umi zun Turm!" schlug einer vor. Wir gingen auf dem Weg ein Stück weiter. Hier standen zwei Aussichtstürme: ein niedriger und etwas weiter weg ein sehr hoher. „Steig'n ma affi?" fragte einer der Buben. „Na, der groiß Turm is im Reich, do derff ma net umi. Do is d' Grejnz". Ich suchte eine Grenze—sah keine. Der Wald, die Blumen, die Beeren, alles sah hier und dort gleich aus. Einer mahnte zum Aufbruch. Die Erwachsenen unterhielten sich leise, wir Kinder suchten Beeren und Beißpech und waren fröhlich und guter Dinge. Beim Seewirtshaus fanden wir unseren Wagen und die alten Frauen vor. Wir stärkten uns nochmal aus dem Jausenkorb, dann brachen wir zu Fuß auf bis Hirschbergen, denn über die Wege des „Steinernen Meeres" war es auch bergab für die Pferde eine Plage. In Hirschbergen saßen wir alle auf. Max und Moritz fielen in leichten Trab. Wir sangen und waren guter Dinge und am späten Nachmittag näherten wir uns Oberplan.

In Pichlern kamen uns zwei Fußgänger entgegen, einer davon war mein Vater. Selten war es, daß er einen Sonntagsausflug nicht mitgemacht hatte. Ich wollte gleich meine Erlebnisse erzählen aber er winkte ab. Zu den Erwachsenen gewandt fuhr er fort: „Heit hobt's wos vasamt! Heit is da Teifl lous g'wejn i da Plou. Paßt's af und toat's liawa nit singa. D'Behm sand gounz wuissi" (aufgebracht wie ein Wespenschwarm).

Was war passiert? Es war ein heißer Sonntag gewesen, vom Wetter her und von der politischen Lage. Da war eine Gruppe Tschechen im Wirthaus zum Böhmerwald aufgetaucht. Noch nie waren Tschechen hier eingekehrt, es war das Gasthaus, wo sich die Bauern trafen, die der christlichen Partei „Bund der Landwirte" angehörten. Tschechen verkehrten meistens in den „Beamtengasthäusern". Nun, sicherlich hatten an diesem heißen Tag alle etwas über den Durst getrunken. Als einer der Gäste unter den Tschechen

den Geheimpolizisten Burian entdeckte, der sich im besonderen Eifer gegen die Deutschen gefiel, stimmte er an: „Mei Muatterl wor a Weanerin....". Burian, der nicht gerne an seine Wiener Mutter erinnert wurde, kochte.

An einem Tisch bei den Bauern saß der „Kroumas", ein Arbeiter in der landwirtschaftlichen Genossenschaft. Im hatten die anderen wohl auch schon zu viel Bier gezalt. Er sprang plötzlich auf, streckte die rechte mit einem Bierkrug aus und rief laut und vernehmlich: „Heil H…!" Das war der Funke, der ins Pulverfaß sprang. Die Polizisten am anderen Tisch sprangen auf: „Sie sind verhaftet! Kommen Sie mit!" „Wos hobt's dejnn,? Wos houn i dejnn tou?" fragte ganz verwundert der Kroumas. „Was haben Sie eben gerufen? Sie sind verhaftet!" „Wos i gschrian hou? Drei Liter hou i g'schrian. I wia dou nou drei Liter Bier für meini Spezl b'stölln derfa? Mounna, wos houn i g'sogt?" Jetzt erwachten die Bauern aus der Erstarrung. „Freili, drei Liter hot er g'schrian," bestätigten sie einstimmig. Aber es schützte nur sie vor der befürchteten Verhaftung. Der Kroumas wurde abgeführt in die Arrestzelle des Gerichtsgebäudes gegenüber.

Schlagartig leerte sich nun die Wirtsstube und der besorgte Wirt war allein. Der Tumult könnte auch für ihn böse Folgen haben. Nach etwa einer halben Stunde ließen ihn Geschrei und Gejohle aufhorchen. Er ging vor die Haustüre und was er da zu sehen bekam, ließ ihm das Blut in den Adern erstarren: Alle waren sie wieder da, seine Gäste und jeder hatte noch einen oder zwei andere Männer mitgebracht. Bewaffnet waren sie auch: mit Dreschflegeln, Mistgabeln, Sensen und Prügeln. Und dann erschallte es im Chor: „Wir wollen den R… heraus! Wir wollen den R… heraus!" R… war der bürgerliche Name des Gefangenen. Schon flogen Steine durch die Fenster des Amtsgerichtsgebäudes, polterten Dreschflegel an die massive Tür. Einige beherzte Männer wollten die Menge beschwichtigen, zur Vernunft bringen — vergebens.

Die Tschechen hielten die Stellung im Gerichtsgebäude nicht lange. Bald öffnete sich das Tor einen Spalt und der Gefangene wurde herausgeschoben. Zwei Männer hoben den Freigelassenen auf ihre Schultern und brachten ihn wie eine Siegestrophäe im Triumphzug in seine Wohnung und er war zum Helden vieler Stammtischgeschichten geworden.

Man würde heute noch über die Geschichte lachen, wenn sie nicht nach sieben Jahren ein grausames Ende genommen hätte. 1945 wurde der Held des damaligen Julisonntags zu einer langjährigen Gefängnisstrafe verurteilt und starb später an den Folgen der Haft.

Warum ich diese Geschichte, die ich von meinem Vater und dem Böhmerwaldwirt erzählt bekam, hier wiedergebe? Es hat mehrere Gründe:

1. Provokationen führen nie zur Verständigung!
2. Wer sich unterdrückt fühlt, wehrt sich. immer noch besser, wenn er es in Worten und Liedern tut, statt mit Gewalt.
3. Haß macht humorlos.
4. Alkohol ist ein gefährlicher Ratgeber.

Ich habe die Ereignisse diese Sommertages nie vergessen, diesen herrlichen Ausflug und den Wirbel in Oberplan. Und immer habe ich mir die oben genannten Gedanken vor Augen geführt, wenn ich mit Mitmenschen Probleme hatte. Ich bin ganz gut dabei gefahren.

Traudl Woldrich

Ein Kind erlebt grosse Politik

Im Sommer 1938 herrschte große Unruhe in Oberplan. Es waren so viele Fremde da, in der Umgebung wurden sonderbare Häuser gebaut. „Das sind Bunker für Soldaten" sagte Vater. „Hoffentlich werden sie nicht gebraucht", meinte die Mutter. „Warum nicht?" „Die braucht man nur im Krieg," gab die Mutter sorgenvoll zur Antwort. Krieg? Was war das wohl? Müßten wir dann vielleicht auch aus der Heimat weg, wie der rothaarige Hansi Ilg aus dem Nachbarhaus, der mit seiner Mutter aus Spanien geflohen war, wo auch Krieg war? Die Erwachsenen flüsterten nun sehr viel miteinander und redeten über Dinge, die wir nicht verstanden. Eines Tages im August kam Vater heim. „Morgen kommt die englische Delegation mit Herrn Runciman nach Oberplan. Der Gemeinderat soll ihn empfangen". Aber was kümmerte ein achtjähriges Kind ein Herr Runciman aus England? Als Vater am nächsten Tag spät abends heimkam, wollte Mutter wissen, was los war. „Der Lord wollte unbedingt auf den Friedhof gehen. Er ging durch alle Gräberreihen und seine Begleiter notierten eifrig, was er diktierte. Dann fragte er, ob es noch einen anderen Friedhof im Ort gäbe. Da gingen wir also noch zum alten Friedhof bei er Gutwasserkapelle. ‚Da sind ja nur deutsche Namen' stellten die Engländer fest. Seltsam war das!" berichtete Vater. Die Aufregung im Ort stieg immer mehr. Im September hatte die Schule wieder begonnen, aber bald fehlten immer mehr Kinder, vor allem die aus den Dörfern. Gegen Ende September waren wir einmal nur zu fünft in der Schule. Viele Männer, so auch der Bürgermeister waren zum Militär eingezogen worden. Manche hatten sich über die Grenze abgesetzt. Sie wollten nicht auf deutsche Brüder schießen, hieß es. Mein Vater war eines Tages auch verschwunden, nachdem in eine Militärstreife zum Gemeindeamt bringen wollte. „Ja, haben Sie ihn nicht getroffen?" fragte die Mutter die Soldaten. „Er ist doch eben hinaufgegangen zum Rathaus. Oder vielleicht ist er auch in der Schule." Ich war ganz starr. Wußte doch Mutter sicher, daß Vater im Garten war. Warum log sie?

Viel später erfuhr ich, daß man damals alle Lehrer in Gewahrsam nehmen wollte und daß sich deshalb alle versteckten, oder über die Grenze geflohen waren. Eines Tages gab es eine wahre „Wallfahrt" von Tschechen in unserer Straße. Alle Soldaten und Gendarmen und auch die Postbeamten mit ihren Familien strebten mit großen Koffern dem Bahnhof zu. Vater war plötzlich wieder da und ich erfuhr, daß er sich beim Nachbarn am Heuboden versteckt gehalten hatte, und die geflohenen Männer kamen mit Jubelrufen und mit Fahnen schwingend von der Grenze hermarschiert. Dann kamen in Autos Soldaten in deutschen Uniformen und die Leute auf der Straße weinten und jubelten. „Warum weinen die Leute?" fragte ich. „Weil sie sich freuen, daß die Tschechen fort sind," antwortete die Mutter. „Und weil sie hoffen, daß sie nun alle Arbeit bekommen werden." Aber das alles verstand ich nicht. Wir Kinder freuten uns, daß wir von den Soldaten Schokolade bekamen und andere unbekannte Leckereien und daß wir zusätzlich noch ein paar Ferientage hatten, weil die Soldaten in der Schule einquartiert waren. Daß Vater zwei Monate kein Geld bekam und Mutter nur das kochen konnte, was im Garten und auf dem Kartoffelacker wuchs, erfuhr ich erst viel später.

Dann zogen die Soldaten ab und der Alltag kehrte wieder ein. Eines frühen Morgens hörten wir lautes Geschrei vor unseren Fenstern: „Herr Fachlehrer, schnell, schnell! Schauen Sie! Kommen Sie heraus!" „Um Gottes Willen! Was ist denn passiert?" Vater stürzte in den Hof, das schlimmste Unglück befürchtend. Einige Schüler fuchtelten ganz aufgeregt in der Luft herum. „Schauen Sie! Der Zeppelin! Der Zeppelin!" Und wirklich! In majestätischer Ruhe schwebte das Luftschiff „Hindenburg" in geringer Höhe über das Moldautal. Nie werde ich diesen Herbstmorgen vergessen, an dem diese silberne Zigarre über unserem Haus stand. Was für ein Tag im Leben eines Kindes!

Elsbeth Reininger

Michaeli-Morkt i da Plou

(Erinnerung an die Zeit zwischen den beiden Kriegen)

Wenn der Herbstwind über die Stoppelfelder strich und die Ernte in den Scheunen war, freute sich jeder Plouna auf die Kirchweih. Vorher aber, am 29. September fand des Jahres größter Markt statt, der Michaeli-Markt.
Da war was los in der „Plou"! Der große Marktplatz war an beiden Seiten gesäumt mit Ständen und Buden. Bis von Bayern herein, von Österreich herüber und aus dem Böhmischen heraus kamen die Geschäftsleute, um ihre Waren feilzubieten. In allen Gasthäusern und auch in den Bür-

gerhäusern waren Leut', Rösser und Plachenwagen untergebracht. Aus allen Ortschaften rund um d'Plou herum kam man herbei, um wohlfei' einzukaufen, die Neugierde zu stillen und sich zu ergötzen an der schönen War', den lustigen Marktschreiern, Zauberkünstlern, Wahrsagern, Werkelleuten und dergleichen sonderbaren Gästen mehr. Auf der Sparkassenseite waren die Ständ' für die Schuhmacher, Holzschuhschnitzer, Huadara (Hutmacher) und Weber aufgestellt. Die Geschirrleut' und Töpfer hatten auf der oberen Seite bei der Kirche Schüsseln und Krüge, Reindl und Häferln malerisch am Boden ausgebreitet. Gegenüber hatten die Herlingers ihren Stand mit allerlei Tüchern, Schürzen und Pfoad'n für groß und klein stehen. Tauf- und Firmgodinnen betrachteten die schönen Geschenkartikel bei den Uhren- und Schmuckhändlern. Das Kleider- und Schuhputzzeug handelten sich die neuen Rekruten mit Hetz und Gaudi beim Bürstenbinder ein. Der bot auch „Weißwadeln" zum Weißen der Wände, Reibbürsten, Schleuder- und Faßbürsten, Pinsel und Besen feil, denn ohne dieses „Greisarat" war keine Sauberkeit möglich. Lebzelter, Wachszieher, Seifensieder, Messer= und Sensenschmiede, Rechelmacher, Feilenhauer, Faßbinder, Schirmmacher — viele Handwerker, die es heute gar nicht mehr gibt, waren gefragt und umlagert.

Die untere Seite des Marktplatzes belegten die Sauhändler mit ihren Ferkeln. Da gab es den größten Radau! A Stimm' habn's g'habt, der Schacherl Toni und der Fürsten Honns, daß man sie heute noch hört. Sie überschrien Leut und Faadler (Ferkel). Auch die Netolitzer Sauhändler verschafften sich mit ihrem „Kuchlböhmisch" (halb deutsch, halb tschechisch) Gehör. Und auch aus Budweis waren sie da. Einträchtig und friedlich standen sie beieinander auf dem Michaeli-Markt, die Deutschen und die Tschechen, verulkten und foppten sich gegenseitig und machten alle ihr gutes Geschäft.

Fleischhacker und Bäcker konnten nicht genug heiße Würstl, Kaisersemmeln, Kipfeln und Salzspitze herbeischaffen. Um alle Marktleute zu befriedigen, bezogen der Prix und der Zocherlbäck die obere Seite des Marktes, während der Broatschopf und der Schlosser-Franzl, der Milgreger, der Bauerbäck, der Preiß und der Schilhansl auf der unteren Seite des Marktplatzes ihre Ware feilboten. Weil um diese Jahreszeit der Wind oft schon recht kühl um die Buden blies, war es „eine Güatat", wenn man in der Nähe des Würstlofens in ein „Paar Heiße" beißen konnte, und wie gut tat es den Fleischern und Bäckern selbst, wenn sie, wie viele andere Marktleute im nächsten Gasthaus eine warme Beischlsuppen einnehmen konnten. Ah, das wärmte einen wieder richtig auf!

Was für ein Erlebnis war so ein Markttag für die kleinen Oberplaner. Sie konnten sich nicht satt sehen und groß wurden ihre Augen, wenn sie auf einem Puppen- und Spielzeugstand die Wunder ihrer Wunschwelt sahen. Die größeren, vor allem die Buben, schauten sich nach kleinen Hilfsdiensten um, um ihr Marktgeld aufzubessern. Manches Sechserl oder ein Hut voll Zwetschken von der Obsthändlerin aus Elhenitz, eine Stange „Bärendreck" von einem Netolitzer Sauhändler, ein Stück türkischer Honig, eine feine Schaumrolle von der Zuckerbäck Maritschl oder einfache Gänsnudeln erfüllten ihre Sehnsucht.

Die alten Herren, auch manche Honoratioren des Marktes, schauten sich nach „boarischen Paschern" um. Die brachten den so begehrten Brasil-Schnupftabak mit. Da gab es wieder das angenehme Gefühl der schwarzen Nasenlöcher und das heitere Hatschi mit „helf dir Gott, daß's woahr is!". So hatte der Jahrmarkt um Michaeli für jeden etwas dabei, bis wieder die Rösser angeschirrt an die Plachenwägen gespannt waren und die Marktleute mit lustigem Peitschenknallen und den „Wiah und Hott"-Rufen der Kutscher den Marktflecken verließen.

Im Säckel der Kramerleute klimperten die Kreuzer und Gulden und oft zogen manche Besucher gar nicht gleich weiter, sondern trafen sich mit den Marktleuten aus der Plou in den Schänken des Ortes, um Geschäftsverbindungen für spätere Zeiten zu knüpfen. Wirtshäuser gab es ja genug. Beim „Grünweber", beim „Kurschmied" und beim „Gassl", beim „Pable", „Gabriel", „Matschi", „Hiasl" und draußen beim „Brechelhaus" ließen sich die Marktleute die guten Biere aus Schwarzbach, Krummau, Budweis, Protivin und Pilsen durch die Hälse rinnen. Man dischkerierte, hänselte sich, lachte und schmunzelte über manche gute Geschichte und war froh über diesen schönen Tag, der das Einerlei des Alltagswerkeln unterbrochen hatte. Und wenn das Knarren der Plachenwägen, Pferdegetrampel und manch ungelenker Gesang die Stille der Nacht unterbrach, so störte das kaum jemanden; war doch „der Michaeli-Morkt i da Plou" ein Tag, an dem sich jeder etwas kosten lassen wollte.

Viele Jahre sind seither vergangen und viel Wasser ist die Wulda hinabgeflossen, sogar so viel, daß es das Oberplaner Moldauherz zudeckte, als ob es mit ihm auch alles andere überfluten wollte, was einmal die Menschen hier beglückte. Die Rosse an den Plachenwägen sind für immer ausgespannt und die Kramer- und Marktleute wurden in alle Winde verstreut. Und die meisten von ihnen deckt schon der Rasen in fremder Erde.

Ich selbst bin eine alte Frau geworden und habe Gutes und Böses in der weiten Welt erlebt. Wie oft denke ich an mein Leben in unserer „schönen Plou" zurück mit seinen ehrbaren, fleißigen und in Zufriedenheit fröhlichen Menschen.

Elsbeth Reininger

Wenn die
Kartoffelfeuer brennen

Kartoffeln kannte man im Böhmerwald nicht. Bei uns hießen diese gelben, roten oder auch lila Knollen Erdäpfel. Immer, wenn Ende September auf den Feldern kleine Feuer brennen, der Rauch heimelig über die herbstliche Flur zieht, der Altweibersommer seine Fäden spinnt, ist die Erdäpfelernte in vollem Gange. Beim Erdäpfelgraben braucht man ja nicht mehr so zu schwitzen und zu dürsten wie beim „Heigat" oder beim Kornschneiden. Der Herbstwind fächelt sanft ein frisches Lüftchen über die heißen Stirnen. Männer, Rösser vor einem großen Wagen,

Mägde und Kinder tummeln sich auf den Äckern, hantieren mit Hauen und Spaten und füllen die kostbaren Erdfrüchte in Schwingen und Tragtaschen und schließlich in Säcke.

Die Kinder sind eifrig dabei das „Toschert" auf einen Haufen zusammenzutragen. Es ist dürr und gerade recht für ein lohnendes Feuer um das die kleinen Helfer ihre Freudentänze aufführen.

Die Erwachsenen graben Riedel um Riedel aus. Welche Freude empfinden sie, wenn sie die goldgelben Erdäpfel aus dem Schoß der Mutter Erde purzeln sehen. Ein Sack nach dem anderen wird gefüllt. Wie eine Reihe erdbrauner Soldaten bei einer Parade stehen sie am Abend in Reih und Glied zum Aufladen und Heimfahren bereit.

Die Kinder hatten schon beim Aufklauben kleine Erdäpfel zur Seite gelegt, die sie dann in die Glut des Feuers werfen konnten. Jetzt holen sie die gebratenen goldmehligen Knollen aus der warmen Asche. Auch die Hütbuben von den Weiden haben sich nun zu den Erdäpfelgrabern gesellt, um mit ihnen die herrlichen Früchte zu schnabulieren. Während die Hütbuben mit „Hüla-hola" Rufen auf die Weide zurückrennen, legen die Erwachsenen noch einmal dürres Erdäpfelkraut auf die Glut und die Buben und

Mädchen springen lustig über das neu aufflammende Feuer. Dann erst geht es auf den Heimweg. Die vollen Erdäpfelwagen rumpeln vor ihnen her.

Wie eine Schar übermütiger Buben holpern die Erdäpfel über die Schiebebretter in den Keller. Das muntere Kollern ist aus fast allen Häusern zu hören, denn ein Wagen nach dem anderen kommt von den Äckern gefahren. Für die Böhmerwäldler ist das Erdäpfelgraben ein großes Fest, kommen doch diese Knollen in irgendeiner Form fast täglich auf den Tisch der wohlhabenden und auch der armen Leute.

Auch Adalbert Stifter erzählte einmal, daß er als kleiner Junge gerne in der Küche stand, darauf wartend, bis die Erdäpfel gesotten waren. Dann steckte ihm die Großmutter in jedes Händchen eine warme Erdfrucht, mit der er sich dann draußen auf die „Holzgoaß" zurückzog, wo er sie schälte und mit Genuß verzehrte.

Selten sieht man heute noch Erdäpfelfeuer brennen, wenn der Herbstwind über die Felder weht. Wenn ich einmal eines entdecke, wandern meine Gedanken zurück in die Kinderzeit, wo wir beim Erdäpfelgraben so frohe Stunden erlebten.

Wenn es Winter wurde

Nach dem Michaelimarkt, dem Erdäpfelgraben und der Kraut- und Rübenernte ging es auf den November zu. Die Menschen erinnerten sich an die Toten auf den Friedhöfen. Weiße Schneebeeren, Vogelbeeren und schönes grünes Moos gab es in den Wäldern genügend, mit denen die abgeräumten Grabstellen geschmückt werden konnten. Doch manchmal lagen die mühevoll verzierten Gräber am Allerheiligentag schon unter Schnee begraben und die letzte Messe in der Gutwasserkirche auf dem Berg mußte ausfallen. Zu Allerseelen bekamen die Kinder von ihren Paten ein schönes Gebildbrot aus weißem Mehl mit viel Rosinen und Mandeln drin. Das waren manchmal Kränze, manchmal ein Horn, manchmal gar noch wie in alten Zeiten ein Allerseelenhirsch. Da freuten sich die Buben und Mädchen natürlich schon auf den Besuch des „Göd" oder der „Godin".

Winterfreuden

Und dann begann für uns Kinder auch schon der Winter, wenn die ersten Schneeflocken vom Himmel tanzten und der Wind schaurig durch den Rauchfang heulte. Dann wurde der Schlitten vom Boden geholt und es begann eine lustige Zeit. Die Straßen waren nicht gestreut, weil sie viel öfter von den klingelnden Pferdeschlitten, als von Autos benutzt wurden. Und wenn der Schnee auf den Straßen festgefahren war, gab es die herrlichste Schlittenbahn. Immer war der Gutwasserberg der Ausgangspunkt und falls wir durch den Dorfpolizisten Stini nicht gestört wurden, ging die rasende Fahrt über den Marktplatz hinunter, um erst im Minigraben langsam auszuklingen. Manchmal hatten wir das Glück, daß nun gerade ein Pferdeschlit-

ten von Vorderstift heraufkam, an den wir mit listenreichen Tricks unsere Schlitten binden konnten und uns wieder bis zum Puidinger oben am Gutwasserberg ziehen ließen. Eigentlich waren uns solche Aktionen, weil nicht ganz ungefährlich, verboten. Aber gerade das war ja das spannendste an unseren Unternehmungen. Viel öfters fuhren wir allerdings mit den Skiern die kleinen und großen Hänge um Oberplan hinunter und bereiteten den „Mitterweg" als spätere Schlittenbahn vor. Die Oberplaner Kinder trieben das Skifahren als reines Vergnügen, die Schulkinder aus den Dörfern ringsum mußten nun den langen Schulweg mit den Skiern bewältigen und waren oft froh, daß sie mit den Skiern quer über die Wiesen und Felder ihren Schulweg abkürzen konnten.

„Wulfen ablassen"

Vor dem Andreastag, dem 30. November, taten die Buben aus den Dörfern sehr geheimnisvoll und aufgeregt. Sie freuten sich auf das „Wulfen o'lossn". Da zogen sie mit Peitschenknallen und allem möglichen lauten Getöse durch die Dörfer, um die Wölfe in den Wald zu treiben. Das war ein alter heidnischer Hirtenbrauch. Man versprach den Wölfen, sie über den Winter in Ruhe zu lassen, wollte ihnen aber vorher noch einen gehörigen Schrecken einjagen. In Melm war das für die Dorfjugend ein ganz besonderer Feiertag.

Adventszeit

In der Kirche begannen jetzt die Rorateämter. Das geheimnisvolle Dunkel war nur durch das Flackern der kleinen Flämmchen der Wachsstöcke erhellt, die die wenigen Besucher vor sich stehen hatten. Eiskalt war es in den Kirchen und der Atem stand wie ein kleines Wölkchen vor den Gesichtern der Sänger.

Daheim duftete es in diesen Dezembertagen nach den ersten Lebkuchen. Bald war ja Nikolaustag, in den böhmischen Ländern der Höhepunkt des Advents. Viele Jahre lang besuchte uns der Nikolaus in unserem Heim und ermahnte uns Kinder, sich auf die Ankunft des Christkindes ja recht gut vorzubereiten. Im Gefolge hatte er einen Engel, der die guten Taten der Kinder mit Äpfeln, Nüssen und Lebkuchen belohnte, und einen Krampus, einem Kerl, wie man sich die finstersten Gesellen des Höllenfürsten vorstellte. Er drohte mit Knurren, Kettenrasseln und Rutenschwingen dem ermahnten kleinen Sündern, mußte sich aber den gütigen Worten des Bischofs Nikolaus fügen. Seine Macht endete an den Grenzen der Liebe des Heiligen. Einmal im Kriege, als mein kleiner Bruder Siegfried noch nicht ganz drei Jahre alt war, stellte er nach einem Besuch des Nikolaus' fest: „Ich weiß nicht, der Nikolaus hat ausgesehen wie die Herma, komisch!" Von da an legte der Nikolaus seine Sachen immer nur vor der Wohnungstür ab. Auch komisch!

Unser Vater liebte den Nikolaustag ganz besonders. Er erinnerte sich daran, daß er und seine Geschwister vom Taufpaten alljährlich eine Orange bekamen, die sie tagelang mit sich herumtrugen, mit dem Daumennagel an der Schale ritzten und den exotischen Duft einschnupperten, bevor sie sich endlich entschließen konnten, die Köstlichkeit zu verspeisen. Am Nikolaustag wurde immer der erste Lebkuchen gegessen, es gab Tee mit Rum dazu und wir knackten und aßen Nüsse, bis wir rundum satt und glücklich ins Bett fielen.

Eine gestörte Turnstunde

Da sich der Krampus in Gegenwart des Nikolaus' ganz brav gebärden mußte, rächte er sich, wenn der Heilige nicht da war. Er heuerte sich einige wilde Gesellen an, die nun bei jeder Gelegenheit vor allem den Mädchen, die sich in der Dunkelheit noch auf der Straße befanden, Angst und Schrecken einjagten. Die Gelegenheit dazu bot sich bei den Heimabenden und Turnstunden der Mädchengruppen. Ein Erlebnis wird allen Beteiligten unvergessen bleiben.

Wir hatten Turnstunde in der Turnhalle. Vorsichtshalber hatten unsere Leiterinnen alle Fenster gut abgesichert und die Türe doppelt verschlossen. Nun konnte nichts mehr passieren. Wir waren gerade mit dem Geräteaufbau fertig und wollten mit unseren Übungen beginnen, als mit einem Krach die Bodenfalltüre aufgerissen wurde, und an dem Rundlaufseil so etwa zehn Krampusse in die Halle herunterrutschten und mit fürchterlichem Geheul rutenschwingend auf die entsetzte Schar der Mädchen losstürmten. Diese drängelten sich in einer Ecke zusammen, eine stürzte über die andere, sie traten sich, quetschten sich zusammen, kreischten und heulten. Die Krampusse ließen einigemale die Ruten über das Mädchenknäuel schwingen, dann verschwanden sie durch die Türe so schnell, wie sie gekommen waren.

Die Geschichte war aber gar nicht so lustig, wie sich die Buben das gedacht hatten. Hilde rang nach dem Spuk nach Luft und wurde ganz blau im Gesicht, dann lag sie stocksteif auf der Langbank. Sie reagierte auf unsere Anreden nicht und langsam bekamen wir es alle mit der Angst zu tun. Endlich schlug sie die Augen wieder auf, atmete aber immer noch ganz kurz und war totenbleich. Die Turnstunde war für diesmal gelaufen. Von allen gemeinsam wurde Hilde nachhause gebracht, am Rückweg alle anderen daheim abgeliefert. Zurück blieb ein fader Nachgeschmack, sicher auch für die Krampusse, nachdem sie von dem Erfolg ihrer Unternehmung erfahren hatten.

Wir warten aufs Christkind

Dann begann aber eine wirkliche stille Zeit. Wir hatten uns ganz fest vorgenommen, brav zu sein, bis da Christkind zu uns kam. Es begannen an den Fensterscheiben Eisblumen zu blühen. Die Hausschneiderin kam manchmal, um aus getragenen Sachen Neues zu fertigen, Frau Hedwig saß noch öfters auf dem Sofa und erzählte Geschichten, während ihre Stricknadeln klapperten. Man kam in den Häusern zu allerlei Weihnachtsvorbereitungen zusammen und hörte mit einem wohligen Gruseln den Geschichten der alten Frauen zu. Im Kachelofen blubberte das Feuer und in der Röhre brutzelten die Bratäpfel, die es nach getaner Arbeit zur Belohnung gab. Wenn wir am Morgen aus dem Bett krochen, roch es oft wunderbar nach Plätzchen, „Zuckerbacht", wie man in der Oberplaner Gegend sagte, und manchmal fand man am Fensterbrett ein etwas verunglücktes Vanillekipferl oder einen etwas zu resch gebackenen Zimtstern, den die Kinder als Gruß vom Christkind mit Andacht verzehrten.

In den Schaufenstern der wenigen Geschäfte gab es herrliche Dinge zu betrachten: Eisenbahnen und Puppenstuben, Baukästen für Buben und Stickkästen für Mädchen und in der Buchhandlung Löffler immer wieder neue Bücher, die ich alljährlich allesamt auf meinen Wunschzettel schrieb. Die Marzipanzapfen und Zuckerkringel in den Schaufenstern der Bäcker und Zuckerbäcker interessierten mich nicht so sehr, wußte ich doch, daß mir solche das Christkind sicherlich an unseren Christbaum hängen würde, neben vielen anderen süßen Dingen.

Das Weihnachtsfest

So vergingen die Tage bis zum Heiligen Abend und sie vergingen so unendlich langsam, daß wir meinten, die Zeit wäre stehen geblieben. Am Tag vor dem Heiligen Abend war plötzlich das Wohnzimmer abgesperrt und Vater verschwand sehr oft hinter der geheimnisvollen Tür und tauchte erst nach einer endlos langen Zeit wieder auf. Manchmal hingen an seiner Jacke Lamettafäden und im Spiegel des Wohnzimmerschrankes konnte man einen Blick auf den Christbaum erhaschen. Am Heiligen Abend ging ich mit Mutter früh am Morgen in die Rorate, dann kehrten wir bei Frau Hedwig und Färbers zum Weihnachtswünschen ein. Bei Färbers stand schon ein reich geschmückter Christbaum in der Stube. Das „Goldene Rössel" hatte ihn gebracht, das in der Nacht schon gekommen war und seine Geschenke eingelegt hatte. „Das Christkind braucht viele Helfer in diesen Tagen" erklärte mir Mama.

„Das Goldene Rössel ist einer von ihnen, und das kommt halt schon am Morgen des Heiligen Abends." Damit mußte ich mich zufrieden geben.

Unser Vater war in den Weihnachtstagen ganz „Hausmann" Er hatte mittlerweile den Karpfen, der schon zwei Tage in der Badewanne im Keller herumzappelte, geschlachtet. Das Christabendessen zuzubereiten war zum großen Teil seine Aufgabe. Aber zuerst forderte er von Mutter den „Zahnerschnaps" ein, den man in seiner Heimat auf das Wohl eines Neugeborenen trinken sollte. Und gehörte das Christkind nicht schließlich zur Familie? Bevor die Türen zum Weihnachtszimmer geöffnet wurden, gab es das köstliche Heiligabendessen, wie es in Mutters Familie schon Tradition war: Fischsuppe, gebackenen Karpfen mit Kartoffelsalat und gekochten Dörrzwetschgen, Apfelstrudel und Tee mit Rum. Nachdem dieser Tag in unserer Kindheit ein Fasttag war, schmeckte es jetzt am Abend besonders gut. Vater erzählte, daß es bei ihnen daheim im Wirtshaus in der Planie immer Liwanzen und Zwetschgensoß gegeben hätte. Die Oberplaner aßen meist Striezel mit Butter und Honig bestrichen („Hejnibuda") und tranken Kaffee dazu. Erst nach der Christmette gab es dann die Mettenwürste.

Ein schöner Brauch wurde im Böhmerwald vor allem in den bäuerlichen Familien gepflegt. Nach dem Weihnachtsessen in der Stube ging der Bauer zu den Tieren im Stall und brachte jedem von ihnen ein Stück vom Weihnachtsstriezel. Auch der Brunnen und das Feuer wurden mit einer Gabe bedacht. Die Brösel des Essens wurden in das Tischtuch gekehrt. Die Bäuerin schüttelte dieses unter einem Obstbaum aus, damit auch der Garten seine Weihnachtsgabe bekäme.

Nach dem Abendessen verschwand unser Vater im Weihnachtszimmer und nach kurzer Zeit klingelte das Glöcklein. Dann ging die Türe auf und unser erster Blick fiel auf den Christbaum. Die Kerzen wetteiferten mit den Sternwerfern im Versprühen von Licht und die bunten Kugeln warfen das Licht nocheinmal zurück. Gläserne Vögelchen saßen auf den Zweigen und dazwischen hingen rote Äpfel und Orangen in kleinen Netzchen, vergoldete Walnüsse, bunt verzierte Lebkuchen, Ringe aus Zimtteig und Laternen aus Marzipan oder Schokolade. Die Zweige bogen sich unter diesen Schätzen, die die Mutter in den Nächten vor dem Fest hergezaubert hatte.

Jetzt setzte sich Mutter an das Harmonium und wir sangen zu den Klängen des Instrumentes „Ihr Kinderlein kommet" und „Stille Nacht, heilige Nacht". Meine Augen aber wanderten über den Tisch, wo die Geschenke lagen. An den Büchern, die ich immer auf dem Gabentisch vorfand, blieben sie hängen. Gleich würde ich mich in die Ekke der Couch kuscheln können, mit einem Buch in der Hand, das Knistern der Scheite im Kachelofen in den Ohren, mich dem Wohlbehagen in der Weihnachtsstube hinzugeben.

1938 feierten die Eltern ein Weihnachtsfest mit zwiespältigen Gefühlen. Der politische Druck war gewichen. Viele Familien konnten nach Jahren wieder ein Weihnachtsfest feiern, ohne die Not der Arbeitslosigkeit im Nacken. Ob sie auch, wie meine Eltern, an die Familien Holzer und Wedeles, die alteingesessenen Juden aus Oberplan dachten, die in den letzten schweren Jahren so viele Spenden an die Jugendfürsorge gaben, daß viele arme Kinder wenigstens warme Unterwäsche und Kleidung bekamen? Damals bekam mein dreijähriger Bruder Berti seine geliebte Eisenbahn. Sie hatte eine Lokomotive und vier Wagen und konnte mit einem Schlüssel aufgezogen werden. Bis zum Stephanstag fuhr sie fast ununterbrochen, dann sprang die Feder und die Fahrt war unterbrochen. Ich weiß nicht mehr, ob die Eisenbahn repariert werden konnte. Es war das letzte Weihnachtsfest des kleinen Berti. Im Frühling 1939 starb er an der fürchterlichen epidemischen Gehirnhautentzündung, die damals im Böhmerwald grassierte und mehr als zwanzig Kindergräber auf dem Oberplaner Friedhof hinterließ.

Das nächste Weihnachtsfest war sehr traurig. Die Freundinnen und vor allem die Buben der Klasse lachten mich aus, weil ich noch „ans Christkindl" glaubte. Meine Mutter und wir alle waren verzweifelt über den Tod meines kleinen Bruders. Die ganze Liebe konzentrierte sich auf mich. Ich „mußte" noch an „das Christkind glauben", um Mutter eine Freude zu machen. Alles war so verworren. Berti war nicht mehr da und die Brüder von Mutter und Vater lagen an der Front, in diesem ersten Jahr des fürchterlichen Krieges.

Die Feiertage

Am ersten Weihnachtfeiertag wurde in der Kirche eine große Instrumentalmesse aufgeführt, die mir damals gar keine Freude bereitete, weil ich nicht mitsingen konnte. Mittags gab es in den meisten Häusern einen knusprigen Gänsebraten, den Stolz der Köchin. Am Nachmittag gingen alle zum Kripperl in die Kirche, dann zu Nachbarn und zu befreundeten Familien zum „Christbaumanschauen". Meistens blieben wir bei Freunden zum Kaffee hängen. In vielen Familien gab es auch kleine Krippen zu betrachten, meistens farbige Krippen aus Papier.

Am Stephanstag übten die Buben das Steffeln. Sie warfen den Mädchen Haferkörner ins Gesicht, das sollte Glück bringen. Nun begann eine Zeit der Ruhe. Die zwölf Rauhnächte vom Heiligen Abend bis Dreikönig waren Lostage. Man mußte auf das Wetter achten, denn so würde das Wetter in den Monaten des Jahres werden, wie es an den einzelnen Lostagen war. Der Jahreskreis hatte sich geschlossen.

Wir Kinder hatten Ferien und nutzten diese Tage zu Skifahren und Schlittenfahren. Wenn es dunkel wurde, kehrten wir bei Freundinnen ein und bewunderten dort Christbaum und Geschenke. Ich hatte meinen speziellen Winterfreundinnen: Steffi, weil oben in der Puid die schönste Skibahn war, und Karla und Traudl L., weil die zu Weihnachten auch viele Bücher bekommen hatten, die ich mir von ihnen ausleihen konnte.

Am Silvestertag erzählten die Eltern immer, wie lustig es bei ihnen zuhause war, als alle beim Bleigießen in die Zukunft sehen wollten und wie sich sich mit Theaterspiel und Tanz die Stunden bis zum Jahreswechsel vertrieben hatten. Wir hofften auf ein baldiges Ende des Krieges, daß wir bei solch einem fröhlichen Treiben auch einmal dabei sein könnten.

Nun sind es 50 Jahre, daß wir fern der Heimat leben. Solange die Eltern lebten, haben wir versucht, in unserer Familie die Weihnachttage zu feiern, wie daheim. Wir hatten ein Stück Heimat in die Fremde gerettet und es war gut so. Dadurch konnten wir uns besinnliche Weihnachtstage auch in Zeiten des Kaufrausches bewahren.

Adalbert Stifter

DAS CHRISTKINDLEIN

Wenn der tiefe, weiße, makellose Schnee die Gefilde weithin bedecket, und an heitern Tagen die Sonne ihn mit Glanz überhüllet, daß er allwärts funkelt, wenn die Bäume des Gartens die weißen Zweige zu dem blauen Himmel strecken, und wenn die Bäume des Waldes, die edlen Tannen, ihre Fächer mit Schnee belastet tragen, als hätte das Christkindlein schon lauter Christbäume gesetzt, die in Zucker und Edelsteinen flimmern, so schlägt das Gemüt der Feier entgegen, die da kommen soll. Und selbst wenn düstre, dicke Nebel die Gegend decken, oder in schneeloser Zeit die Winde aus warmen Ländern bleigraue Wolken herbei jagen, die Regen und Stürme bringen, und wenn die Sonne tief unten, als wäre sie von uns weg zu glücklicheren Ländern gegangen, nur zuweilen matt durch den Schleier hervorblickt, so würden fromme Kinder den Glanz durch den Nebel oder durch die bleigrauen Wolken ziehen sehen, wie das Christkindlein durch sie hinschwebt, wenn sie nur eben zu der Zeit hinaus sähen, da das Christkindlein vorüber schwebt; denn das Christkindlein rüstet sich auch schon lange Zeit zu seinem Geburtsfeste, um den Kindern zu rechter Zeit seine Gaben zu bescheren.

Unsere Großmutter hat uns Kindern oft davon gesagt. Sie hatte viele Sprüche, die unser Gemüt erfüllten und mit einer Art Gewalt überschütteten. „Sehet, Kinder", sagte sie einmal, „so groß ist die Seligkeit im Himmel, daß, wenn von dem himmlischen Garten nur ein Laubblättlein auf die Erde herab fiele, die ganze Welt vor Süßigkeit vergehen müßte". Und ein anderes Mal sagte sie zu mir: „Knäblein, so lange ist die Ewigkeit, daß, wenn die Weltkugel von lauter Stahl und Eisen wäre, und alle tausend Jahre ein Mücklein käme und einmal ein Füßlein auf der Kugel wetzte, die Zeit, in welcher das Mücklein die ganze Kugel zu Nichts zerwetzt hätte, ein Augenblick gegen die Ewigkeit wäre".

Sie sagte, der Loritzbauer aus dem vordern Glöckelberg

habe einmal den Glanz des Christkindleins gesehen, da er noch ein Knabe war. Gegen die Mitternachtsseite des Himmels erhob sich in der Andreasnacht ein Schein, und es war dann ein Bogen wie eine Brücke über dem Himmel, daß das Knäblein darüber ziehe, und die Brücke wurde mit Schimmerbüschlein geziert, und als das Kindlein vorüber war, erloschen die Schimmerbüschlein, und es erblaßte die Brücke, und es war nur noch ein Schein in den Gegenden, durch welche das Kind gezogen war. Und der Richter in dem hinteren Glöckelberge hat als kleiner Knabe einmal das Christkind auf einem kleinen funkelnden Wagen am Abende schnell durch den Himmel fahren gesehen. Und manche Kinder haben schon Schein und Glanz erblickt, und wir können ihn vielleicht auch noch sehen, wenn wir gut und fromm sind und oft auf den Himmel schauen. Ich habe aber den Glanz nie erblickt…

Und endlich kömmt die Heilige Nacht. So kurz die Tage sind, so hat doch an diesem Tage die Nacht gar nicht kommen wollen, und immer und immer dauerte der Tag. Das Christkind aber gibt die Gaben nur in der Nacht seiner Geburt. Und sie ist jetzt gar wirklich gekommen, diese Nacht. Die Lichter brennen schon in dem schönen Zimmer der Stadtleute, auf der Leuchte in der Stube der armen Waldhütte brennt der Kien, oder es brennt ein Span in seiner eisernen Zange auf einem hölzernen Gestelle. In dem Zimmer mit den Lichtern oder dem brennendenm Spane harren die Kinder. Da kömmt die Mutter und sagt: „Das Christkindlein ist schon da gewesen"…

Selbst den Kindern in Hütten, wo nur eine Stube und gar keine verschwiegene Kammer ist, bringt das Christkind Gaben. Sie dürfen nur in das Vorhaus, in den Stallgang oder wo immer hin, auf einen Stein, darauf man sonst das Garn klopft, oder auf einen Stock oder auf einen Stuhl ein Tuch breiten und ein leeres Schüsselchen stellen, und wenn sie nach einer Zeit wieder nachsehen, ist das Schüsselchen gefüllt mit Goldnüssen, Pflaumen, Äpfeln, Honigkuchen und erwünschten Sachen.

Und zu solchen Kindern, damit sie wissen, daß das Schüsselchen gefüllt ist, sendet öfters das Christkindlein eines seiner goldenen Rößlein, mit denen es durch den Himmel fährt, und läßt die geschehene Begabung verkündigen. Und das Rößlein läutet vor der Tür der Stube mit seiner Glocke, und tut ungebärdig, schlägt an die Tür, und wenn die Kinder hinaus eilen, ist das Rößlein fort, und das gefüllte Schüsselchen steht da. Wir haben oft in längst vergangenen Christnächten im Walde an der jungen Moldau das goldene Rößlein läuten und toben hören.

(„Weihnacht")

Hans Watzlik

DAS GOLDENE RÖSSEL

Irgendwo hausten in einer kleinwinzigen Hütte gar arme Leute, und das Brot, das sie aßen, war sauer und schwarz und die Milch, die sie tranken, war dünn und schier himmelblau, und zuweilen hatten sie überhaupt nichts zu nagen und zu beißen und waren weit schlimmer dran als die Mäuse im Wald.

Nun waren wieder einmal die Weihnachten gekommen und Vater und Mutter waren ins Dorf hinunter gegangen. Die Kindlein, die sie hatten, es waren ihrer siebzehn, die blieben zu Hause und schauten zu den kleinen Fenstern auf den tiefverschneiten Wald hinaus und meinten, es müsse heute Nacht doch noch das goldene Rössel daherklingeln und ihnen einen Sack voll Nüsse und Mandelkern und süße Dinge bringen, auf daß sie nicht gar so arm und unbeschenkt säßen in der Heiligen Nacht. Aber draußen regte sich nichts, nur die Sterne gingen um das Haus, spiegelten sich im Schnee, und die hohen Tannen standen weiß und ehrwürdig.

Als es Mitternacht geworden und es die Kinder schläferte und sie am liebsten geweint hätten vor vergeblichen Warten, sieh, da klopfte ein feiner Huf an die Tür! Da taten sie denn stracks und fröhlich auf. Draußen aber stand kein reichbeladenes, stolzes Himmelsrössel, sondern bloß ein mageres, hageres Schimmelchen. Man hätte die Rippen an ihm zählen können, so dürftig war es. Müde taumelte es und hungerte sichtlich sehr; denn es schnupperte das niedrige Strohdach begehrlich an. Das dünne Tierlein erbarmte die Kinder, sie krochen aufs Dach, rissen das Stroh unter dem Schnee hervor und boten es freundlich dem Rössel, es möge es sich wohl behagen lassen. Das Rössel labte sich daran und fraß sich immer runder und strammer; je mehr die Kinder ihm reichten, desto besser mundete es ihm, bis auf einmal das Dach abgedeckt war und die Sterne in die Stube hineinleuchteten.

Da erschraken die siebzehn Kinder und wurden traurig und fürchteten, Vater und Mutter würden sich grämen und weinen, wenn sie heimkämen und die Hütte ohne Dach fänden, so daß Schnee und Regen hineinfallen könnten. Der Schimmel aber war nun satt und kugelrund, trabte in hohen Sprüngen davon, hob sich auf einmal in die Lüfte, wieherte, als wittere er den Stall, und tauchte zwischen den Sternen unter.

Da meinten die Kinder, ein Traum habe mit ihnen gespielt. Doch war die Fährte des Rössels tief in den Schnee gestochen, und als die Kinder in wundersamer Scheu näher traten, sahen sie es auf dem Grunde einer jeden Spur seltsam leuchten. Siebzehn Schritte hatte das Rössel getan, und in jeder der siebzehn Spuren lag jetzt ein schweres goldenes Hufeisen.

Traudl Woldrich

VOM ESSEN UND TRINKEN

Daß die Böhmerwäldler arme Leute waren, das ist wohl allgemein bekannt. Vielleicht ging es den Oberplanern um einiges besser als den Bewohnern anderer Gegenden, gab es doch ein Sprichwort, daß darauf schließen lassen könnte: „Hätten wir den Wallerern ihre Wiesen, den Kalschingern ihre Äcker und den Planern ihr Geld, da ließe

sich wohl leicht hausen." (Hans Watzlik: „Erdmut") Trotzdem, auch in Oberplan lebten die Leute vor allem von Erdäpfeln und Sauerkraut. Aber mit Erdäpfeln und einer guten Phantasie der Köchin gab es immer wieder Überraschungen.

DER ERDÄPFELTEIG

Was unseren Böhmerwäldler Hausfrauen an Geld fehlte, um täglich ein schmackhaftes Essen auf den Tisch stellen zu können, das mußten sie mit Einfallsreichtum und Erfindungsgabe ausgleichen. Und dabei waren ihnen die billigen Erdäpfel eine wichtige Hilfe.

Der Erdäpfelteig war sicherlich die bester Erfindung, die unsere Großmütter, vielleicht auch schon unsere Urgroßmütter „kre-iert" hatten. Er kam fast täglich auf den Tisch, denn er war leicht herzustellen und brauchte auch gar nicht viele Zutaten: Gekochte, geriebene Erdäpfel, am besten vom Vortag, Mehl und Salz. An Festtagen kam vielleicht noch ein Ei dazu. Fertig!

Als Sterz kam der Erdäpfelteig am häufigsten auf den Tisch der Waldler. Er wurde in der Röhre gebacken oder in einer Pfanne am Herd geröstet. Nahm man mehr Erdäpfel als Mehl, konnte man Knödel daraus formen. Zu Festtagsknödeln nahm die Hausfrau manchmal auch Grieß statt Mehl und füllte sie mit gerösteten Semmelwürfeln. Zu den gewöhnlichen Werktagsknödeln nahm sie Roggenmehl, gab noch ein Stück Butterschmalz dazu und servierte die gekochten Knödel als Zuspeise zum „G'selchten". Diese Knödel schmeckten auch kalt sehr gut, und oft tauschte ich in der Pause meine Buttersemmel gegen solch einen schwarzen kalten Knödel.

Die übrig gebliebenen Knödel schnitt die Hausfrau am Abend in die Pfanne und röstete sie in Butterschmalz. Dieser Knödelsterz schmeckte zu saurer Milch oder saurer Suppe besonders gut. Manchmal schlug die Mutter noch ein paar Eier über die Knödel, damit gab es eine weitere Variante des Knödelsterzes.

Der Herbst brachte die vornehme Zeit des Erdäpfelteiges. Jetzt gab es Obst in Hülle und Fülle, das mußte verarbeitet werden. Der Erdäpfelteig wurde nun mit Weizenmehl gemacht, auf einem Brett ausgerollt und in kleinen Stükken um Zwetschgen oder Apfelstückchen gewickelt. Die kleinen Knödel ließ die Hausfrau so lange im Wasser ziehen, bis sie an der Oberfläche schwammen. Dann wurden sie in gerösteten Semmelbröseln geschwenkt und mit heißer Butter, Zucker und Zimmt serviert. Konnten die Kinder die Zwetschgenzeit gar nicht mehr erwarten, füllte die Mutter die Knödel mit Kirschen oder Schwarzbeeren.

Zur Obstzeit gab es aber auch noch andere Delikatessen: In größere Stücke ausgerollt mit Apfelstückchen, Kirschen oder Schwarzbeeren belegt und zu Strudeln zusammengerollt wurden diese Köstlichkeiten in eine Pfanne geschlichtet und in der Röhre gebacken. Wenn die Strudel fast fertig waren, goß die Köchin sauren Rahm darüber und ließ sie noch eine Weile weiterbacken. Diese Striezel essen wir auch heute noch gern und immer wieder sind sie das Entzücken unserer Gäste. In einer etwas anderer Form, wie gefüllte Buchteln gebacken, ist diese Speise auch als Wespennester bekannt.

Wenn die Obstzeit vorüber ist, ist die Zeit der Erdäpfelteigschlemmerei noch lange nicht vorbei. Jetzt wird der Teig zu kleinen Nudeln geformt, in Salzwasser gekocht und in süßem Mohn geschwenkt. Zu diesen Mohnnudeln schmeckt ein Tee mit Rum besonders gut. Oder man schwenkt die Nudeln in Semmelbröseln und serviert sie mit Kompott.

Nicht in Salzwasser gekocht, sondern in der Röhre wie Buchteln gebacken, werden aus dem Erdäpfelteig die köstlichen „Scherben-Nudeln". Sie schmecken gut zu Sauerkraut, zu Kartoffelsuppe oder zu Buttermilchsuppe. Im Krieg haben wir sie nachmittags sogar kalt zu Kaffee gegessen und auch das schmeckte nicht schlecht. Im Krieg legten wir den Erdäpfelteig, etwa einen Zentimeter dick ausgerollt, auf die heiße Herdplatte. Die braune resche Kruste, die die Zelten bekamen, ließen uns vergessen, daß das Fett fehlte.

Ein Erdäpfelgericht werde ich wohl mein ganzes Leben nicht vergessen: Es war Weihnachten 1945. Wir waren schon aus Oberplan vertrieben, in Glöckelberg in einem primitiven Raum untergebracht und warteten auf unsere „humane Vertreibung". Lebensmittel waren für uns Deutsche ja streng rationiert: kein Fleisch, keine Eier, keine Vollmilch, kein Weizenmehl, keine Butter, kein Salz. Am Heiligen Abend bereitete unsere einfallsreiche Mutter ein „Illusionsessen": Kartoffelsalat und — statt des üblichen Karpfens gab es Kartoffelzelten, paniert wie Schnitzel, herausgebacken in Margarineschmalz. Es schmeckte wunderbar! Daß wir etwas ähnliches ein Vierteljahrhundert später Kroketten nennen und nicht s t a t t, sondern z u m Fleische essen würden, ahnte damals keiner von uns. Heute wäre man aus Sparsamkeitsgründen nicht mehr auf den Erdäpfelteig angewiesen. Wir aber bleiben ihm treu, weil er uns gar so gut schmeckt.

Traudl Woldrich

Da Sterz

Wos a echta Böhmawaldla is, der kennt an Sterz. Do gibt's an Knödlsterz, an Steirischn, an Griaß- und an Oia-Sterz. Den letztn hot sogor da Kaiser Franz-Josef gern gess'n, drum hoaßt der a da Kaiserschmorrn, wia holt de fein' Leit dazua sog'n. Bo uns hot's den aa geb'n, owa nea on bsundri Tog.

Da richtigi Böhmawoldsterz is da Erdäpflsterz. Scho i da Früah hot'n d'Bäurin zan erschtn Mol afn Tisch g'schtüllt. Do hots a Budamillsuppn dazua geb'n. Z'Mittog houms a Kraut und an Sterz g'hot und af d'Nocht? Nu, do houms a sauri Milli dazua trunga. Gsund sands ulli g'wejn und olt sands wordn dabei, unsari Leit dahoamt — vom Sterz.

I iß'n heit nou geen, an richtin Erdäpflsterz. Niet ner zura Budamillsuppn, zan Kraut und zura sauan Milli. Probiert's 'n amol zura Gmüassuppn, zan Kohlrabigmüas oda zura Kapustn, zura Kopersoß mit an gscheitn Stückl Rindfleisch; a zan Zwejtschgnkompott und zu Kersch schmejckt a sakrisch guat.

Wiara gmocht wird? Nimmst kouchti Erdäpfl vom Tog vorher, reibst's und solzt's, tuast a griffigs Möhl dazua, bis daß sa si guat bröslt. Uis schöj durbröseln! Host niet vüll, kounst is in a Pfoun am Oufn röstn, bis daß bröslat wird. Host owa mehr, oft bockst dös wia an Aflaaf in a guat eingschmiertn Pfoun. Woun a oubn schöj brau is, schüttst an z'lossnan Buda (mit Wossa varührt, daß niet z'schwar wird) drüwa, und zastichstn guat, bis daß a bröslat und brau is. Prowiars amol! Wiast sehgn, döjs schmejckt da und du moast, du bist wieda dahoam!

Josef Bürger

Das Sauerkraut

Zu den Speisen, die in unserer Böhmerwaldheimat fast jeden Tag gegessen wurden, gehörte das Sauerkraut. Die Krautschüssel stand bei den Bauern mitten auf dem Tisch, und alle, die um denselben saßen, konnten sich daraus bedienen. Es wurde zum „G'selchten" gegessen, an Feiertagen zum „Hoummafleisch" (Schinken) und auch zu Mehlspeisen. Was von Mittag übrig blieb, kam zur Jause wieder auf den Tisch. Behauptete man doch, Kraut schmecke nach dem siebten Aufwärmen am besten.

Der Krautsamen, „Gowassoum" genannt, war kaum größer als der Mohn. Er wurde auf den Pflanzbeeten bei der Milchbäurin gesät und wenn sich die Pflanzen kräftig entwickelt hatten, ging es zum „Pflounzn-sejtzn" auf den Krautacker.

Im Spätherbst, wenn alle Feldfrüchte abgeerntet waren, kam die Zeit für die Krauternte. Die „Krauthaipln" wurden abgeschnitten, von den äußeren grünen Blättern befreit und in die große Stube getragen. Hier begann das „Krautschneiden". Dabei mußte sich die ganze Familie beteiligen. Zum Schneiden benutzte man einen großen Krauthobel. Das geschnittene Kraut wurde gesalzen, mit Kümmel und anderen Zutaten (das waren oft Geheimtips der Hausfrau oder des Hausherrn) vermischt, in die große Krauttonne gefüllt und „eingetreten". Wer dazu bestimmt war, mußte sich vorher die Füße waschen und neue Holzschuhe benutzen. Das hat man nicht so genau genommen, und es wurden viele Witze erzählt, die das Gegenteil berichteten. War die Tonne voll, wurde ein sauberes Tuch darauf gelegt. Dann kamen oben kreisrund geschnittene Bretter darauf, die mit Steinen beschwert wurden. Nun begann die Gärung, die einige Wochen dauerte. Das Kraut bekam einen säuerlichen Geschmack und eine gelbliche Farbe.

Es war ein Fest, wenn das erste Sauerkraut des Jahres auf den Tisch kam. Das Sauerkraut war nun für den ganzen Winter in der obstlosen Zeit der Vitaminspender für die Böhmerwäldler.   (gekürzt aus „Hoam")

Der Böhmerwalddichter Zephyrin Zettl aus Stadln bei Hartmanitz hatte es wohl nicht so besonders mit dem Sauerkraut, wie folgendes Gedicht aufzeigt:

s Tischgebet

De Hüttn draußtn in da Lahn,
de ghört an Weba Ferdla.
De kleanern und de schlechtern Gründ
hot er in' gonzn Örtla.

Er hot ocht Kinda mit sein Wei,
und ollezsamm lebendi!
Wenn ejtz a schlechts Joahr ah noh is,
aft geht's eah scho elendi.

Se lebnt scho gleih vo lautern Kraut. –
Is gleihwohl schlecht ah 's Essn,
so toant's vor koana Mohlzeit net
af 's Tischgebet vogessn.

Vorbetn muaß da größer Bua;
der is enk eh koa Guata.
Wöi s' ejtzamol zun Essn schreit,
do sogt er: „Oba Muada,

schau, vor an nejdn Schüssal Kraut
des Betn — des hand Gschichtn!
Toan ma 's Gebet af oamol gleih
vor'n gonzn Foß vorichtn!"

VOM BROTBACKEN

Bei den Bauern gab es wohl ab und zu auch feinere All-
tagskost. Aber viel Mühe kostete es die Hausfrau, diese
Leckerbissen herzustellen. Da war vor allem das herrliche
knusprige Bauernbrot. Im ganzen Viertel konnte man riechen, wenn irgendwo Brot gebacken wurde. Die Arbeit
begann schon am Abend vorher. Der Backtrog wurde in
die Stube geholt, denn das Roggenmehl, das der Knecht
vom Boden geholt hatte, mußte ja bis zum nächsten Morgen die richtige Temperatur haben. Das Mehl wurde in
den Backtrog geschüttet und gleich mit Salz vermischt.
Dann setzte die Bäuerin noch Sauerteig mit Mehl und
Wasser an, der bis zum nächsten Tag gären mußte. Die
Männer holten große Holzscheite herbei, die nun kunstvoll in den großen Backofen geschlichtet wurden. In aller
Herrgotts Früh heizte die Bäuerin den Backofen an, bevor
sie mit der schwersten Arbeit, dem Kneten begann. Das
dauerte fast eine Stunde, bis das ganze Mehl gut eingekne-
tet war. Zuletzt wurden noch die Gewürze untergeknetet,
Kümmel, Fenchel, Anis. Aber das war das Geheimnis der
Bäckerin. Nach etwa zwei Stunden konnten Laibe geformt und in die aus Stroh geflochtenen, mit Mehl ausge-
streuten Brotkörbe gelegt werden. Mittlerweile war im
Backofen das Holz verbrannt und es war die richtige Temperatur, die Laibe „einzuschießen". Sie wurden auf eine
flache Schaufel mit einem langen Stiel gelegt und schön
nebeneinander geschlichtet. Vorher mußte aber noch die
Restglut und die Asche mit einem langen Besen aus Fich-
tenreisig aus dem Ofen gekehrt werden. Nach etwa ein-
bis eineinhalb Stunden wurden die Laibe „umgeschos-
sen", das heißt, im Backofen anders verteilt. Dabei „wusch"
man sie mit Wasser ab, damit sie eine braune Kruste bekämen. Nach einer weiteren Stunde holte die Bäuerin die
fertigen Brote aus dem Ofen, wusch sie nochmal mit einem nassen Leinenlappen ab und legte sie wieder in die
Brotkörbe. Die Brote wurden in ein Regal geschlichtet
und dufteten tagelang durch das Haus. Wenn auch jedermann gern in ein Stück frisches Brot mit Butter oder Topfen biß, dieses Brot wurde von Tag zu Tag besser und man
konnte sich noch nach vierzehn Tagen daran laben, bis es
dann wieder hieß: „Zon Brotbocha wird's wieda, mir
houm ner mehr oan Loab draußt in da Koumma!"
Später kauften die Oberplaner Hausfrauen aber auch
schon zwischendurch einmal Brot beim Bäcker, gab es davon doch in Oberplan vier: Der „Schilhansl", der „Bauerbäck", der „Milgrejga" und der „Preiß" und im Vorderhammer noch den „Houmma-Bäck". Aber die Geheimgewür-
ze der Bäuerinnen hatten sie alle nicht entdeckt.

DAS BUTTER-AUSRÜHREN

Ab und zu, wenn ich von der Schule heimlief, lehnte der
Färber am Fenster und rief: „Traudi, geh eina! Mir houm
ausg'ruahrt. Mogst a Budamillsuppn?" Und ob ich die
wollte! War doch die Buttermilchsuppe mit eingebrock-
ten Erdäpfeln und Brotbrocken meine Leibspeise.
Auch für die Bauern und das Gesinde war der Tag der „Aus-
rührens" ein kleiner Festtag. Die Milch, die jeden Morgen
und Abend gemolken wurde, stellte die Magd in breiten
irdenen Gefäßen in eine kühle Kammer. Nach etwa zwei
Tagen schöpfte die Büuerin den Rahm ab und bewahrte
ihn in einer anderen Schüssel auf. Wenn genügend Rahm
da war, wurde das hölzerne Butterfaß mit heißem Wasser
ausgewaschen und der „Schmejdi" (= Rahm) hineinge-
schüttet. Jetzt mußte jemand stampfen oder rühren, bis
nach etwa einer Stunde der Rahm zuerst schaumig, dann
steif und zuletzt bröselig wurde. Die Buttermilch seihte
die Bäuerin sofort ab, über die Butter goß sie kaltes Brun-
nenwasser, damit sie geformt werden konnte. Oft war die
Butter eine wichtige Einnahmequelle für die Haushalts-
kasse der Bäuerin. Fand sie keine Abnehmer für die Butter,
mußte sie sie „auslassen", das heißt kochen und von der
Buttersäure trennen. Das ergab dann das lange haltbare
Butterschmalz, das jedem Gericht eine besonders feine
Würze gab und sogar die gebratenen Kartoffeln zu einem
Festgericht werden ließen .Dieses Butterschmalz wurde in
großen irdenen Schmalztöpfen in einer kühlen Kammer
aufbewahrt.
Aber auch die „Abfallprodukte" der Buttererzeugung
konnte die Hausfrau gut verwenden. Wie gut schmeckte
doch die Suppe aus Buttermilch: Buttermilch mit Wasser,

Salz und Kümmel zum Kochen gebracht und mit saurer Sahne und Mehl eingedickt — was war das für ein herrliches Essen zu Sterz oder zu gerösteten Kartoffeln! Die abgeschöpfte Milch blieb in der Kammer stehen, bis sie einen feinen säuerlichen Geschmack hatte. Ein herrlicher Durstlöscher an heißen Tagen, diese saure Milch — und gesund obendrein. Wer zu viel saure Milch hatte, stellte sie auf den warmen Ofen, daß sie „zusammenfuhr". Jetzt hatte man den guten Topfen der in der Küche der Böhmerwäldler eine sehr große Rolle gespielt hat. Da gab es Topfen mit Kümmel, mit Schnittlauch oder mit Zwiebeln, Äpfeln und Paprika; Topfenkolatschen und Topfenpalatschinken und viele andere Leckerbissen mehr.

Von unserer Handarbeitlehrerin Rienmüller lernten wir dreierlei verschiedene Topfenkuchen und die herrlichen Topfennudeln und Topfenknödel. Eines dieser Rezepte muß zur Erinnerung hier noch einmal aufgeführt werden.

Topfengrießknödel: 5 dkg Butter, 1 Eßlöffel Zucker, Salz, Zitronenschale, 2 Eigelb, 25 dkg Topfen, 3 bis 4 Löffel Rahm schaumig rühren, dann 18 dkg Grieß darunter rühren, 15 Minuten stehen lassen. Den steifen Schnee der Eiweiß darunterheben und sofort kleine Nockerl oder Knödel formen und 10 Minuten in Salzwasser ziehen lassen. Dazu Kompott oder Fruchtsaft geben, evt. auch Butter und geröstete Semmelbrösel darüber streuen.

Wenn nun der Topfen fertig war, konnte man auch „Kasquargeln" daraus machen und stehen lassen. Sie schmeckten gut zu Bier und Schwarzbrot. Und das grüne Wasser, was zuletzt übrig blieb, das haben nun die ganz schlauen Gesundheitsapostel als Diätgetränk entdeckt und die Ärzte als Mittel zur Entschlackung und Entwässerung. Wir tranken es schon damals kellergekühlt als Erfrischungsgetränk.

Jetzt wissen wir erst, wie gesund wir im Böhmerwald gelebt haben, bei unserer „Arme-Leute-Kost".

DAS SAUSCHLACHTEN

Ja und dann gab es noch ein- bis zweimal im Jahr einen kulinarischen Festtag in den Bauern- und Bürgerhäusern Oberplans, das „Sauschlachten". Das war vor allem eine Arbeit für die männlichen Bewohner des Hauses. Da mußte nach dem Schlachten die Sau erst einmal abgebrüht werden, damit die Borsten richtig abgeputzt werden konnten. Dann wurde das Schwein aufgehängt. Die vier Beine wurden herausgeschnitten, das war das „Hoummafleisch", der Schinken. Es wurde ebenso wie der größte Teil des Fleisches mit Knoblauch, Salz und Koriander eingerieben und am nächsten Tag „in die Selch" gehängt. Die Selch wurde nur mit Holz, Kranewittstauden, Tannenreisig und Sägespänen geheizt und das vier bis fünf Wochen

lang. So konnte man das Fleisch bis zum nächsten Schlachttag haltbar machen. Innereien, Rippenfleich und Fett wurden gleich verarbeitet zu Blutwürsten, Leberwürsten und dem „Wulfen", das war ein gebackener Blutauflauf mit vielen Gewürzen, Graupen und Speckwürfeln. Auch Preßwurst wurde vom Fleischhauer gemacht und das Rippenfleisch in einem großen Kessel gekocht und am Schlachtfest gleich verzehrt. Die Füße und das Schwänzlein gaben eine herrliche Sulze. So war das Schlachtfest eine willkommene Unterbrechung des Alltags an dem sich die Knechte und Mägde und die ganze Hausgemeinschaft einmal von Herzenslust an Fleischgerichten sattessen konnten.

FASTTAGE

Fasttage, das hieß eigentlich, fleischlose Tage, gab es bei uns in Oberplan mehr als genug, vor allem in den letzten Jahren des Krieges. Wie uns aber der Erdäpfelteig und der Topfen an diesen Tagen zu kulinarischen Genüssen verhalfen, so waren es auch die „Germ" (Hefe). Sie wurden nicht nur als Treibmittel für den Gugelhupf, die verschiedenen Blechkuchen, das Osterbrot und den Weihnachtsstriezel verwendet, nein, wir machten sogar Suppen daraus. Wieder einmal eine Erfindung unser Handarbeitslehrerin Rienmüller.

Hefesuppe: 10 dkg frische Hefe in 5 dkg Fett in einem Topf am Ofen zerlaufen lassen, 1/2 kg rohe gewürfelte Kartoffeln, Salz, Kümmel und Wasser dazu geben und kochen lassen. Sind die Kartoffeln weich, verrührt man 1/2 Liter Rahm oder Buttermilch mit 5 dkg Mehl und rührt es in die Brühe. Mit Schnittlauch und gerösteten Schwarzbrotwürfeln zu Tisch geben.

Ein ganz besonderes Hefegericht, allerdings heute fast vergessen sind die Liwanzen.

Liwanzen

O, wer könnte je bedichten,
was an köstlichen Gerichten
Böhmens Kochbuch uns genannt.
Hierzuland trotz allen Strebens,
sucht man viele meist vergebens;
Motto: Gänzlich unbekannt

Festgestellt im Großen, Ganzen.
Heute möchte ich Liwanzen
zu beschreiben mich bemüh'n.
Unter „Mehlspeis" sie rangierten;
kulinarisch sie einst zierten
jeden Tisch von Prag bis Wien.

Zu umgeh'n die erste Panne,
sei erwähnt die rechte Pfanne!
In der Tschechoslowakei
kann man heut sie noch erwerben,
bestenfalls sie auch ererben –
wie, woher, ist einerlei.

Und nach dieser Überleitung
komme ich zur Zubereitung:

Milch, ein Liter, nicht zu kalte,
Mehl (dich an das griff'ge halte),
Hefe, ca. zwanzig Gramm,
Eier zwei, mehr nach Belieben,
und Zitrone, abgerieben,
quirle ordentlich zusamm'.

Halt, beinah hätt' ich vergessen,
Salz und Zucker nach Ermessen;
lieber wenig, als zuviel.
Reichlich Zucker kann nicht nützen,

solch ein Teig bleibt gerne sitzen;
hier wie da — mit Maß und Ziel.

Den Geschmack mußt du erproben.
Steigt das Ganze schön nach oben
(warm gestellt in kurzer Zeit),
kannst du mit dem Buk beginnen:
Teig laß in die Grübchen rinnen
halbvoll; wenig Fettigkeit.

Probeküchlein erst versuchen!
Konsistenz gleich Pfannenkuchen
(Palatschinken einst — zuhaus).
Wenden kannst du sie beizeiten;
laß dich nicht zur Angst verleiten,
rinnt der Teig auch noch heraus.

Braun und gar sie sich entfalten.
In der Röhre warm gehalten,
wird je eins mit Mus beschmiert;
wird, nach dem Zusammensetzen
und — zu jedermann Ergötzen –
butter-zucker-zimtverziert.

Schreib ich Mus, so mein ich Pflaumen –,
Welch Entzücken für den Gaumen!
Böhmisch „Powidl" genannt.
Doch kann es auch niemals schaden,
wählst du andre Marmeladen,
hast du jenen nicht zur Hand.

Merke: Mehl sei stets gesiebt,
weil die Luft den Auftrieb gibt.
(M. B. aus „Glaube und Heimat")

Geh afi afs Bergl

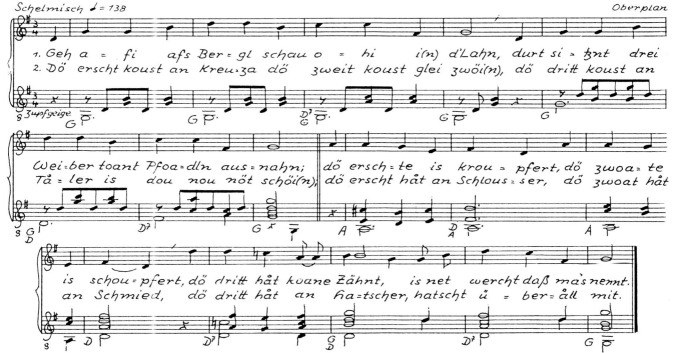

Schelmisch ♩ = 138   Oberplan

1. Geh a = fi afs Ber = gl schau o = hi i(n) d'Lahn, durt si = bznt drei
   Wei = ber toant Pfoa = dln aus = nahn; dö ersch = te is krou = pfert, dö zwoa = te
   is schou = pfert, dö dritt hät koane Zähnt, is net wercht daß ma's nemmt.

2. Dö erscht koust an Kreu = za dö zweit koust glei zwöi(n), dö dritt koust an
   Tä = ler is dou nou nöt schöi(n); dö erscht hät an Schlous = ser, dö zwoat hät
   an Schmied, dö dritt hät an ha = tscher, hatscht ü = ber = äll mit.

ETWAS ÜBER UNSERE SPRACHE

Traudl Woldrich

KINDERREIME IN OBERPLAN

Albert Brosch, von Beruf Uhrmacher wurde am 23. Januar 1886 in Oberplan geboren. Aber er hatte eine berufsfremde große Leidenschaft: Er sammelte Volkslieder. Erst 141 Lieder aus dem Böhmerwald, nach seinem Umzug ins Egerland 537 Egerländer Lieder und nach der Vertreibung nach Mittelfranken begann er dort mit dem Sammeln fränkischer Volkslieder und Volkstänze. In Oberplan sammelte er vor dem ersten Weltkrieg auch Kinderreime und Sprüchlein für Kinder, die bis zur Vertreibung hier lebendig waren:

Deutung der Gesichtsteile: Dos is da Oltoa (Stirne), dos hant d'Liachtalan (Augen), dos hant de zwoa Pölsta (Wangen), do kimmt da Mesna außa und mocht's „ging-goung" (von Mund zu Nase, Nasenläuten).

Nasenläuten: Ging, goung, laits z'soum, d'Glouckn laitnd — und sej keimant schou vo weitn — und da Seppl geht vor-ou — mit da ullagrößtn Fouh(n).

Fingersprüchl: Kloafingal — Guldringal — Lounghansl — Präzepta — Flöhtöter.

Händepatschen: Batschhanderle — Batschhanderle — wos wird da Tati bringa? Poar Schuachala, a Gwanderla, do wird dos Buwi springa.

Fußsohlenschlagen: Wern ma 'Röissal bschlogn — mit Eisn und mit Stohl — mit dem kloana Hämmerlein — wia-vül Näigl müass'nt sein? — 1, 2, 3 — und a Fuada Hai - und a Maßl Moundlkean — dos frißt unsa Röissal gean. Houm ma a Nagal z'tiaf einigschlogn, müaß ma's wieda außa-grobn: Krips, kraps, krips kraps (Zum Schluß Fußsohlen kitzeln).

Kniereiten: Hopp, hopp, hopp, Böiglmou — d Kotz hot zwöi Stiefl ou. — Wer hot ihr's gmocht? Da Schuasta ba da Nocht. Wer hot ihr's douwltn? Da Schuasta vo Krouwlt (Chrobold). Wer hot ihr's gflickt? Da Schuasta vo Tisch. Wer hot ihr's gnalit? Da Schausta gounz spat. — Schuasta, Schuasta pschsch . . . t! Mochst mir a zwöi Schuah? (Antwort: ja oder nein). Oft schuiß i di üwan Schuastastuhl ohi! Oder: Hopp, hopp hopp, Bihallo, – kimmt da Fleischmihallo — kaft uns a Kaiwal o — do sticht a's o(b).

Kitzeln: Kimmt a Maisl, suacht a Haisl, wou wirds rostn? — I den Rumplkostn

Das Kind weint: Warst nit affigstiegn, warst nit owagfoll — hättst mei Schwöista gheirat, warst ma Schwoga worn. Hättst a Weiwal kriagt, hättst a Kinnal kriagt — hättst is wiagn kinnt bo da Nocht.

Spazierengehen: Spaziern, spaziern — Frau leih ma da Dirn — zon Woschn, zon Putzn, zon Buda ausrüahrn. Oder: Wir gehen schön spazieren — mit den Offizieren, in den schönen Blumengarten — wo die schönen Rosen wachsen.

Niesen: Hölf Goud dem Kind — daß's an Pfenning findt — und zon Bäicka laft - und an Wöickn kaft — und a Süpperl koucht — und an Wöickn eibrouckt. Hölf da Goud zu tausnd Stück Dugotn!

Oans, zwoa, drei, picka, pocka, bei. Picka, pocka Besenstül, sitzt a Manderl af da Mühl, hot a ströihwas Hüadal af, morgen setzt's es wieda af.

ZWOA — ZWO — ZWÜ

Mir Waldler, ja mir ham a Sprach dö klingt da nur aso; dö hot no gonz dö olti Kraft, — drum sogn mir: Zwä — Zwoa — Zwo.
Wer hochdeutsch red, kann so wos nöt, der kennt nix als wia „Zwei".
Gonz onders unser Ausdrucksweis, und dera bleibn ma treu!
Ih werd dir iatz dös Ding daklärn,
denk nur recht fleißi mit!
Lous af, so oafoch is dös nit,
— aft spannst den Unterschied!
Da Reindl und da Binder-Sepp, dö siagst do hoamzua geh;

a jeder woglt, plärrt und schreit; dö ham an Rausch – dö Zwä!
D'Frau Zwickl und d'Frau Schnaderbeck, dö wortnd vorm Büro
und d'Mäuler gehnt eah grod wia gschmiert, denn Ratschna hans all Zwo.
Er prügelt sie, sie prügelt eahm, so prüglns olli Zwoa!
Zwä Hund, zwo Kotzn und zwoa Schof, zwä Gickerl und zwo Küah, zwoa Roß, zwo Säu, zwä junge Stier — aso Leut, redn mir!
Jo, dos is no dö olti Sproch, und dös klingt frisch und schä, aso muaß's bleibn bei uns in Wold! Sogt's es noh Leut: Zwoa — Zwo — Zwä!

Sprichwörter und Redensarten

So wie die alten Kinderlieder Erinnerungen wachrufen an unseren Heimatort und seine Menschen,, so gab es auch eine Menge Sprichwörter und Redensarten, die in kurzen Zeilen alte Erfahrungen und Volksweisheiten ausdrückten.

Unrecht Guat tuat koan guat.

Nix g'sogt, is aa wos g'sogt.

Oa Noar mocht zehni.

A niada Krama lobt sei Woar.

Dummheit und Stulz wochs'n auf oan Hulz.

Van Kinan und Noarn dafrogt ma d'Woahrat.

Wer weng nit ehrt, is ehla (etliches) nit wert.

Waun da Bedlmou af's Rouß kimmt, is a(r) nit zum dareit'n.

Wia da Mou, sou s'Zeug.

A sauberer Kerl is leicht putzt.

Van Kraut wird ma laud(schön).

Wo nix is, hot da Kaiser sei Recht verlorn.

Der is mehr Rauber wia Diab.

Der hot d'Gescheitheit mit'n Löffel g'fressn.

Sie hot d'Augn weita wia an Bauh.

Der wüll s'Kraut fett mocha.

Mir san a nit af da Brennsuppn herg'schwumma.

Der is a Stehaf-Mannl.

Der follt ullawei af d'Budaseit'n.

Koa Kroah peckt koana andern koani Aug'n nit aus

Wia ban Essen, so ba da Orwat.

's Weibersterb'n kann an Bauan nit vaderb'n, oba's Roß varreck'n tuat an Bauan schreck'n.

Zum Abschluß noch ein kleines Gedichtchen, eine kurze wäldlerische Sprachlehre von einem unbekannten Böhmerwäldler.

Im Feld schlägt dö Lercha

Vorderhammern

Innig ♩ = 69

1. Im Feld schlägt dö Ler=cha, im Wäld schreit der Fink und da=hoam hän i a
2. Der Nächtigäll ihr Sin=ga känn i gär net gnua hörn und dä siag i mei
3. Der Fuchs und der Häs und däs Oach=ka=tzei am Roa(n) und koa oan=zi=ger

Nächtigäll dö gär sou schöi singt und da=hoam hän i a Nächtigäll, dö gär sou schöi singt.
Dirn=derl däs hät mi sou gern und dä siag i mei Dian=derl dös hät mi sou gern.
Bua liabt sei Dianderl a=loa(n) und koa oan=zi=ger Bua liabt sei Dian=derl a=loa(x).

(Zupfgeige)

4. Geber(g) bin i gounga,
   getäl bin i grennt
   und dä hät mi mei Dianderl
   am Juchazn derkennt.

5. Durt ent in der Wiesn
   steht a Heiserl ban Bam
   und sou ouft i dä vürbeigeh,
   find i niamäls net hoam.

6. In Hütterl is a Diandert,
   sou frisch wia a Reh
   und sou ouft i s'Diandert ouschau,
   tuat ma s'Herz in Leib weh.

7. Däs Diandert hät zwoa Äugerln
   wia am Himmel dö Stern
   und sou ouft i s'Diandert ouschau
   kannt i narrisch fäst werdn.

Aus „Volkslieder a. d. Böhmerwald" von Gustaf Jungbauer, aufgezeichnet von G. Jungbauer u. H. Brazda (1905). Die Weise wurde zurechtgestellt. Eine gleiche Lesart wurde von Rudolf Kubitschek in seiner Heimat Fürstenhut aufgezeichnet. (Vergleiche: „Und in Stoafeld draußt" u. „übers Bacherl bin i gsprunga")

Anton Wallner

Eine Sage aus der Draxlmühle

Mein „Urähnl" (1759–1843) erzählte seinen Kindern und Enkel oft die Geschichte.

Der Bögelmo und der Bär

In meini junger Jahrn is z'rechter Weil der Bögelmo va da Wulda affer kema, er und sei Wei, und da hamts ihn'n an Fisch gsodn. Amoal af d'Nocht toans wieder va da Wulda affer, mit an Kor vull Fisch', gehnt i d'Kuchl und fangant o zun Suidn.

Daweil kimmt a Bärntreiber daher und bitt um a Nachthörber. Naun, der Voder g'hoißt eahms, der Bärntreiber krallt afn Oufn — do is eh a Bochoufa nebn der Kuchltür g'stontn mit zwoa Staffeln i da Maur — und da Bär is ins Oufnlouh gschloffn.

Hiaz kemmant de Bögelleut einer i d'Stubn mitn Fischnan. In Bärn houmt d'Fisch i d'Nos gstunga, er krallt fürer, steht ban Tischel af, longt i d'Schüssel, nimmt an Fisch i d'Tatzn und beißt o. Wia da Bögelmo dos siaht, haut er'n mit da Kropfngobl af 'Protzn. Da Bär fohrt eahm i s'Gsicht und z'krallt'n, da Böglemo blüat't, 's Bögelwei, schleht d'Händ übern Kopf z'samm, wia's dos siaht. Die Zwein hädn wild g'rafft, wann nit über den Gregier der Bärntreiber afkema und oberg'fohrn war van Oufn. Der hot san Bärn i d'Kedn gnuma und is mit eahm aus und davon.

Die Draxlmühle.

Der Bögelmo is lang nimma kema. Af amol ober kimmt er doh wieder. I stehnt grod ban Reantürl, kimt er ba da Eisstubn affer. „Müllner", sogt er, „habt's die groiß Kotz noh?" — „Jo, de hot siebn Jungi kriagt". — „O je, do kimm ih nimma," sogt da Bögelmo. Und seit der Zeit han ih 'n a nimma g'sehgn.

(Bögelmo: Bogen = altbairisches Wort für Fluß, also Wassermann – kralln = kriechen; Bochoufa — Backofen; afkema = aufgewacht; affer = herauf; Reantürl = Bratröhrentüre; schleht = schlägt;)

Mein Vådern sei Häuserl

heiter ♩ = 126   Oberplan

1. Mein' Vå = dern   sei Häuserl is mit hä = bern strouh deckt, hä = derada
   und wänn i oa = mål hei = rat muaß s'häbern-strouh weg,

ria = to, di = rei = to,   mit hä = bernstrouh deckt
                           muaß s'hä = bernstrouh weg.

(Burschen:)
2. Hiatz hån i hult g'heirat
   wås hån i dabei,
   hådarada - - -
   wås hån i dabei:
   A Stubn vuller Kin(d)er
   a grantiges Wei(b),
   hådarada - - -
   a grantiges Wei(b).

(Mädchen:)
3. Hiatz hån i hult g'heirat
   wås hån i davou(n),
   hådarada - - -
   wås hån i davou(n):
   A Stubn vuller Kin(d)er
   an grantigen Mou(nn),
   hådarada - - -
   an grantigen Mou(nn).

Aus „Volkslieder a.d.Böhmerwald" v. G.Jungbauer, aufgezeichnet von H.Brazda (1905) in Oberplan. Im ganzen bayrischen Sprachraum weit verbreitet.

DAS ENDE NAHT

Anna Dolzer

HELLE RÖTE BEDECKTE DAS HIMMELSGEWÖLBE

Nordlichter sind in unseren Breiten sehr selten. Am 25. Jänner 1938 war ich Zeuge solch einer Erscheinung. Ich lebte damals in Untermarkschlag im Kreis Kaplitz. Gegen Mitternacht weckten mich meine Hausleute. Ich solle hinauskommen, am Himmel sei etwas zu beobachten. Auf der Dorfstraße standen viele Leute und blickten erschrokken auf die helle Röte, die wie glühende Nebelschwaden das halbe nördliche Himmelsgewölbe bedeckte. In der klaren, kalten Winternacht zitterten wir vor Kälte und Aufregung. „Das ist ein Nordlicht!" sagte einer. „Ein Himmelszeichen" flüsterte eine Stimme und eine andere: „Das bedeutet Krieg." Hat dieses furchteinflößende rote Licht von 1938 wirklich das kommende Blutvergießen ungeheuren Ausmaßes angezeigt? In Schwarzbach wurden im Mai 1940 am nördlichen Horizont drei schwarze Punkte, von grauen Wolken umgeben, gesichtet. Diese Punkte wurden rot und es entstand ein Blutmeer am Himmel, das erst nach zwei Stunden langsam verschwand. Die Leute fürchteten eine Ausweitung des Krieges zum Weltkrieg und leider hatten sie mit ihrer Befürchtung recht. Das letzte größere Nordlicht war am 17. November 1989 im Raum Passau zu sehen.

Aber heutzutage hat ja das Wetteramt eine natürliche Erklärung für alle Arten von Himmelserscheinungen. Wir sind ja alle so aufgeklärt und brauchen Gottes Zeichen nicht mehr zu fürchten. Oder???

Traudl Woldrich

DER KRIEG FORDERT OPFER

In den ersten Jahren spürte man in Oberplan wenig vom Krieg. Man schränkte sich im Essen etwas ein, aß noch öfters Erdäpfel und Sauerkraut, ging noch öfters in den Wald um Früchte, Pilze und Holz zu sammeln, und hoffte, daß der Krieg bald zu Ende ging. Vergeblich!

Dann suchten die ersten Bombenflüchtlinge aus dem Rheinland und aus Wien Zuflucht im stillen Böhmerwald, man rückte etwas zusammen, lernte neue Menschen kennen, schränkte sich noch ein bißchen mehr ein, und hoffte weiter auf den „Endsieg".

Im Herbst 1944 kamen aus dem Banat die reichen Bauern mit ihren Pferdegespannen in Oberplan an. Sie wurden noch freundlich aufgenommen. Weil sie den Bauern bei der Ernte halfen, ihnen ihre Pferde liehen, räumten diese für die Leute aus Lenauheim ihre Austragsstübel, manchmal sogar ihre „guten Stuben" und diese Flüchtlinge waren bald eingegliedert.

Im Januar 1945 wurden die Schulen geschlossen. Ganze Züge von Flüchtlingen kamen nun aus Schlesien, wurden in Massenquartieren in Schulen und Turnhallen untergebracht, die Kinder zogen bettelnd durch die Bauerndörfer — nun wurde die Not immer größer.

In der Hauptschule wurde ein Lazarett eingerichtet. Wir Mädchen besuchten die Soldaten, sangen ihnen unsere Lieder vor, spielten sogar Theater für sie und vergaßen so für Stunden, daß die Front immer näher rückte.

Wir hatten in unserer Wohnung eine Tante aus Reichenberg aufgenommen mit drei Kindern. Sie erzählte von häufigen Fliegeralarmen und daß sie bis Reichenberg den Feuerschein gesehen hätten, als Dresden brannte. Im März suchte eine Tante aus Brünn bei uns Schutz mit ihrer Freundin und zwei Kindern. Jetzt konnte in der Küche nur mehr in Etappen gekocht werden.

Am 13. April hörten wir vom Tode Roosevelts. Ob nun der Krieg zu Ende gehen würde? Der Krieg hatte nun auch uns im Böhmerwald eingeholt. Kriegsgefangene wurden über unsere Straßen getrieben, waren froh, wenn ihnen jemand rohe Kartoffeln über den Zaun des Viehplatzes warf, wo sie für kurze Zeit rasten durften. Sie waren ausgemergelt, verlaust und verlottert – zum Fürchten.

Am 29. April standen die Amerikaner in Wallern, die Russen in Kaplitz. Kanonendonner drang in unser stilles Oberplan. Am 4. Mai gab es plötzlich eine fürchterliche Detonation. Zum ersten Mal flüchteten wir alle in den Keller. Aber konnte der uns schützen? Dann hörten wir, daß die Brücke über die Moldau gesprengt worden war. Wozu das? Einige hundert Meter flußabwärts war eine Furt.

Bange Tage vergingen. Eine Abordnung Oberplaner Bürger, die mit einer weißen Fahne den Amerikanern entgegen gegangen war, erhielt die Nachricht, daß diese nur bis zur Moldau vordringen dürften. Jenseits der Moldau würden die Russen einmarschieren. „Nur nicht die Russen!" beteten die Leute.

Plötzlich am Sonntag rollten Panzer von Vorderstift herauf. Amerikanische Panzer mit Negern als Besatzung, die lustig in der Gegend herumballerten. Sollten wir nun wirklich froh sein, daß es nicht die Russen waren?

Bald gingen die Amerikaner auf Quartiersuche. Als sie in unsere kleine Küche kamen und hier fünf Frauen mit 10 kleinen Kindern zusammengekauert vorfanden, zogen sie wieder ab. Aber unser kleines Haus mußte nun noch einmal sieben Personen aufnehmen, die von den Amerikanern aus der Wohnung getrieben worden waren.

Am Dienstag, den 8. Mai 1945 kam ein junger amerikanischer Offizier in unser Haus und verkündete uns den Frieden: „Es ist Frieden! Die deutsche Armee hat bedingungslos kapituliert!" „Bedingungslos?" fragte meine Mutter fassungslos. Der Offizier schaute sie erstaunt an.

Am Abend wurden acht deutsche Offiziere zur Übernachtung in unsere Küche eingewiesen. Sie waren abgerissen, erschöpft, ausgehungert. Einige weinten „Wie soll ich meinen Kindern vor die Augen treten?" schluchzte der eine, immerzu und immer wieder die gleichen Worte. Mutter holte die letzten Vorräte aus dem Keller für eine Abendmahlzeit für die verzweifelten Männer.

Auf den Sportplätzen und Viehplätzen des Ortes lagerten nun die deutschen Soldaten. Sie sahen genau so aus, wie die Russen, die vor Wochen durch den Ort getrieben worden waren. Total am Ende.

Am 31. Mai, war Fronleichnamstag. Die Prozession an diesem Donnerstag war ein großes Danke für das Ende des Krieges, der uns hier im Böhmerwald vergleichsweise wenig getroffen hatte. Wie gut, daß niemand wußte, vor allem unsere Brünner Gäste nicht, was sich zur gleichen Zeit im fernen Brünn abspielte: „Der Todesmarsch der Brünner Deutschen".

Im Laufe des Juni normalisierte sich das Leben in Oberplan. Die meisten Flüchtlinge aus Wien und Linz, aus Köln, Düsseldorf und München hatten den Ort bereits verlassen. Die verwundeten Soldaten waren entlassen worden,, die Gefangenen aus den Lagern auf den Wiesen ebenfalls. Die Schlesier, die in den Schulen einquartiert waren, waren weiter gezogen. Wohin wohl? Die Banater packten ihre Planwagen und brachen Richtung Heimat auf.

Dann kam der 4. Juli. Plötzlich hörte man eine Menge tschechische Worte auf den Straßen. Auf einer Wiese hinter dem Forsthaus marschierten die Amerikaner auf mit einer Musikkapelle. Es wurde geredet, gejubelt, gesungen. Auch die tschechische Hymne wurde gespielt. Wir wußten nicht, daß dieser Tag der Nationalfeiertag der Amerikaner war, wir wußten erst recht nicht, daß die Amerikaner an diesem Tag unsere Heimat an die Tschechen übergeben hatten. Wir hatten nur ein sehr ungutes Gefühl.

Traudl Woldrich

DAS ENDE

Und dann ging alles Schlag auf Schlag. Noch im Juli mußten viele Familien Platz für Tschechen machen. Sie wurden aus den Häusern geworfen, konnten aber alles, was sie in einem Tag wegschaffen konnten, außer den Möbeln mitnehmen.

Nach der Potsdamer Konferenz im August ging eine große Verhaftungswelle los. 82 Männer unter sechzig Jahren, Lehrer, Gemeinderäte, Forstbeamte, Handwerker wurden als angebliche Nazis festgenommen. Manche waren gerade erst aus der Kriegsgefangenschaft zurückgekehrt, manche waren von persönlichen Feinden denunziert worden. Sie wurden in den Gefängnissen in Budweis und Pilsen geprügelt und auf alle mögliche Weise mißhandelt und gedemütigt, dann zu langjährigen Haftstrafen verurteilt, die sie zum Teil in den Urangruben in Joachimsthal verbrachten. Drei Oberplaner überlebten diese Torturen nicht, viele starben nach der Entlassung an den Folgen der Behandlung, viele hatten ihr Leben lang an den körperlichen Schäden zu tragen.

Am 15. Oktober mußte der größte Teil der Frauen mit kleinen Kindern innerhalb einer Stunde ihre Wohnung verlassen. Sie wurden nach Glöckelberg an der österreichischen Grenze verfrachtet. Wer keine Verwandten in den umliegenden Dörfern hatte, mußte dort in primitivsten Verhältnissen den Winter verbringen.

Am 23. Oktober, dem 140. Geburtstag Adalbert Stifters, wurden alle Oberplaner Bürger aus den Häusern gejagt. Alte und arbeitsunfähige Menschen kamen in die umliegenden Dörfer, die meisten nach Glöckelberg. Arbeitsfähige Frauen, Mädchen und Burschen wurden nach Innerböhmen verschleppt, wo sie bei tschechischen Bauern ohne Lohn und bei magerer Kost Sklavenarbeit verrichten mußten. Sie mußten in Kammern hausen, die nicht heizbar und nicht verschließbar waren. Viele Mädchen wagten die Flucht, um sich den Nachstellungen ihrer Arbeitgeber zu entziehen. Manche überlebten die Flucht nicht.

Im Frühling 1946 gingen die ersten Transporte mit deutschen Menschen in Viehwaggons über die Grenze. 30

oder 50 Kilogramm Gepäck wurden erlaubt. Sparbücher, Arbeitsdokumente, Schmuck, Edelbestecke, Musikinstrumente, neue Wäsche und alles, was den Kontrolleuren gefiel, wurde abgenommen.

Die meisten Transporte mit Oberplanern gingen nach Landau/Landshut, nach Garmisch-Partenkirchen und Mittenwald und nach Forchheim. Manche Transporte gingen auch nach Baden-Württemberg und nach Hessen. Im Oktober 1946 war der Adalbert- Stifter-Ort Oberplan bis auf ein paar Kranke und ihre Angehörigen „ethnisch gesäubert", die Oberplaner zwischen Wien und Amerika in alle Winde zerstreut.

Aber auch Adalbert Stifter mußte vom Gutwasserberg verschwinden. Mit einem Strick um den Hals wurde die Bronzefigur vom Sockel gerissen und lag jahrelang mit eingeschlagener Nase im Gebüsch hinter dem ehemaligen Standplatz.

Ein sechshundertjähriges Gemeinwesen hatte aufgehört zu bestehen.

Josef Dichtl

Unsa lejtzta Houfhund

Dejs dalejbt houmt, tuats nou weh,
wos s'Gviegl, d'Kotzn und d'Hunt
alloa houmt zan leidn ghot
i di valossna Häusa.

's Gviegl wejnns dou bold fuacht hom.
's ouna is ouft vawüldat;
a Kotz mejchat ban Haus bleibm
und da Hund geen san Herrn dean.

Nohan Pocka sitzt d'Muada
mod af da Bejng, kimmt da Hund,
load san Koupf in iahra Hejnt,
schaut's loung, loung ou, wia sist nia.

Um siebmi früah in Tog draf
is zan Obschiednejma gwejn.
D'Muda hod nou s'Haus ei'gschprejngt.
Da Hund is niema zan sehg'n.

(Das mittelhochdeutsche Wort Gevügel bedeutete eigentlich Geflügel. Mit dem wohl auch mit Vieh zusammenhängenden Wort bezeichnete man zuletzt fast alle nutzbaren Haustiere.)

IN FREMDE UND
VERZWEIFLUNG

Traudl Woldrich

EINE WALLFAHRT IN
SCHWERER ZEIT

Viele Menschen kennen die großartige Wallfahrtsbasilika Vierzehnheiligen im nördlichen Franken. Uns Sudetendeutsche erfüllt dieser herrliche Bau mit besonderem Stolz, ist es doch das schönste Werk unseres Landsmannes aus Eger, Balthasar Neumann. Aber das wußten an jenem Septembertag des Jahres 1947, als die erste organisierte Vertriebenenwallfahrt dorthin stattfand, wohl die wenigsten der Wallfahrer.

Meine Eltern machten sich auch auf auf diesen Weg, mit dem sechsjährigen Bruder, dem dreiundsiebzigjährigen Großvater und der zweiundachtzigjährigen Post-Hedwig. Sehr früh mußten sie von Glosberg zum Bahnhof losmarschieren, dann eine Stunde Bahnfahrt im überfüllten Zug auf sich nehmen und von Lichtenfels noch eine Stunde zu Fuß auf den Berg wallfahren. Für die ganz alten Leute fuhr, Gott sei Dank, ein Zubringerbus.

Es waren Tausende, die an diesem Tage ihre Anliegen zu den vierzehn heiligen Nothelfern, die ja auch in der Heimat viel verehrt wurden, brachten. Die Kirche war so voll, daß meine Mutter fürchtete, der kleine schmale Siegfried würde erdrückt werden. Auf den Schultern des Vaters war er dann in Sicherheit. „Wohin soll ich mich wenden?"... Nie vorher hatten wohl so viele Leute dieses Lied mit solcher Inbrunst gesungen wie hier.

Nach dem Gottesdienst den der vertriebene Bischof Kahler aus dem Ermland gehalten hatte, setzten sich die meisten der alten, ausgemergelten, verzweifelten Menschen auf die Treppen und Mauern, rund um die Basilika. Kaum einer dachte an einen Gasthausbesuch, es gab ja immer noch Lebensmittelmarken. Plötzlich kam ein alter Mann auf Frau Hedwig zu: „Mei, Hedwig, du bist a do? Mei, wos houms denn mit uns g'mocht!" Beide fielen sich laut weinend um den Hals. Es war der alte Lang aus Hinterstift, ein Schulkamerad der Post-Hedwig. Viele Leute, die die beiden alten Menschen so verzweifelt sahen, weinten mit ihnen.

Dann setzten sich meine Eltern und Großvater auch auf die Treppe und packten ihre Jausen aus. Da lachte die alte Hedwig plötzlich: „Jo, a Kashäferl houm ma jo a dabei! Do san ma jo richtige Wollfohrer". Mutter hatte nämlich daheim vorgesorgt und Kochkäse gemacht. Noch lange saßen die Menschen auf den Treppen, trafen immer neue Leidensgenossen und stellten immer wieder die eine einzige und immer gleiche Frage: „Wos moanst denn, wounn kejmma denn wieda hoam?" Aber diese Frage konnte ihnen niemand beantworten.

Rudolf Zach

VON DER NOT DER
DAHEIMGEBLIEBENEN

Der Kaufmann Rudolf Zach war von 1927 bis 1938 Bürgermeister von Oberplan. Er lebte mit seinen beiden Schwestern Marie und Rosa zusammen. Weil Schwester Rosa schwer erkrankt war, mußte die Familie zurückbleiben. In Briefen an Verwandte in Deutschland berichtet er über das Leben in der Heimat nach der Vertreibung der Deutschen.   (T.W.)

Oberplan, 24. 7. 1947:
Was eigentlich mit uns weiter geschieht, weiß man nicht.

Gerüchte sind im Umlauf, daß die, die noch hier sind, bleiben müssen, oder: alle werden ins Innere Böhmens transportiert, oder: nach der Ernte gehen wieder Transporte ab. Vor drei Wochen sind die Familien mit österreichischem Paß abgewandert. Wir sind noch sechs deutsche Familien in Oberplan und in Glöckelberg noch einige Oberplaner Familien.

Mugrau, 11. 3. 1948:
Wir sind in ständiger Unruhe und Aufregung, was der

nächste Tag bringen wird. Wir wohnen in einem einzigen Raum, trotzdem müssen wir froh sein, ein Dach über dem Kopf zu haben. Kartoffeln haben wir genügend, mit Kraut ist es schlechter. Vor drei Wochen ist Frau Roucka (Adam Marie) gestorben. Sie wurde in Tisch beerdigt.

Tisch, 13. 3. 1951 (Brief einer Schwester):
Rudolf muß schon neun Wochen mit einem kranken Fuß liegen. Täglich von früh bis abends auf den Füßen, das wurde ihm zu viel. Der Arzt ist leider weit weg und die Beschaffung der Medikamente ist schwierig. Seit Rudolf liegt, geht Frau Kuda für uns einkaufen. Vor drei Wochen ist der Huatara Rudi im Oberwald gestorben. Er war vollkommen gelähmt. Die „Prixn" aus Pichlern und die Draxlmüllertochter sind in Österreich.

Tisch, 13. 8. 1951
Unsere liebe Schwester Marie ist am 28. Mai nach achttägigem Krankenlager sanft und ruhig verschieden. Die jahrelangen Aufregungen und Sorgen, sowie das starke Heimweh haben Leib und Seele zermürbt. Nun muß ich nach Rosas Anleitungen für uns kochen, wo ich mein Lebtag nie ein Häferl Kaffee gekocht habe. Rosa bekommt nun endlich die Pension (Handarbeitslehrerin) und das ist für uns eine Erleichterung. Im Haus wurde das elektrische Licht eingeleitet und so auch in unserer Wohnung. Durch Rosas Pension konnten wir uns ein Radio kaufen. In dieser Abgeschiedenheit hat man doch etwas Abwechslung. Rosa ist glücklich, daß sie nach so vielen Jahren eine heilige Messe mit deutscher Predigt hören kann. In Oberplan war ich seit 1948 nicht mehr. Es ist von hier aus schwer zu erreichen. Es soll recht vernachlässigt sein, die Wasserleitung funktioniert nicht und einige schöne alte Bäume am Marktplatz wurden umgeschnitten.

Tisch, 10. 1. 1952
Dieser Tage erfuhren wir, daß das „Huatara-Haus" in Oberplan, wie auch Janak und Träxler weggerissen werden. Euer Paket mit den guten Sachen haben wir erhalten. Nur hat die Sache einen Haken: Wir mußten 977 Kc Zoll bezahlen. Da müssen wir auf die guten und schönen Sachen verzichten.

Tisch, 4. 8. 1952
Mit dem Einkaufen ist es auf so einem entlegenem Dorf entsetzlich schwer. Gemüse ist überhaupt nicht zu haben, Fleisch bringt man uns ein halbes Kilo für Sonntag aus Krummau. Was soll man dann immer kochen? Rosa hört so gern im Radio die Berichte von den Wochenmärkten an und dann staunen wir über die Reichhaltigkeit. Es gibt bei Euch alle Arten Fische, Fleisch, Geflügel, Gemüse und Obst. Auch die Preise sind nicht unerschwinglich — wie hier ein paar Sachen im Freihandel. In der letzten Zeit sind aus dem alten Bekanntenkreis in Deutschland und Österreich viele gestorben. Herr Nikendai wohnt in einem Hegerhaus bei Tabor und sein Sohn arbeitet in einem Sägewerk. Auch Herr Trenda (1.tschechischer Bürgermeister 1945) ist nicht mehr im Forstwesen und ist irgendwo bei Klattau in einem Gestüt tätig. Derselbe hat sich im allgemeinen nicht schön benommen!

Tisch, 14. 10. 1952 (Brief der Schwester Rosa):
Seit Sonntag haben wir nun Schnee und der Winter ist da. Es ist schon der fünfte, den wir in dieser Abgeschiedenheit verleben müssen. Doch was hilft das Lamentieren, Ihr könnt uns nicht helfen und wir müssen uns schon so weiterfretten. Rudolf ist zu aller Arbeit allein, doch man hört nie eine Klage. Ich meine, er hätte sich wirklich einen schöneren Lebensabend verdient. Hoffentlich wird der Winter nicht zu arg, damit er nicht fortwährend Holz herrichten muß — und daheim stehen unsere vielen schlagbaren Stämme und der Torfstich. Man darf nicht daran denken! Dieser Tage schrieb uns wieder einmal der Mesner — auch nichts Erfreuliches. In unserem Haus Nr. 37 wurde dem Drogisten schon vor einem Jahr das Geschäft genommen und er muß in die Fabrik nach Schwarzbach arbeiten gehen. Der Mesner schreibt: „Ihr würdet staunen, wenn Ihr jetzt diese Unordnung sehen könntet. Der Laden — eine Rumpelkammer, Einfahrt, Hof und Scheune — alles in größter Schlamperei." Er wird jetzt den Kirchendienst aufgeben und zu seinem Sohn nach Kaplitz übersiedeln. Unendlich schwer geht er von Oberplan weg. – Die Äcker und Wiesen gegenüber dem Matschi-Wirtshaus werden mit Baracken bebaut. Schlosser Franzl haben in München ein Haus erworben.

Tisch, 25. 2. 1953
Heute bin ich gezwungen, Euch eine traurige Nachricht zukommen zu lassen. Am 20. 2. 1953 ist um 4 Uhr früh meine Schwester Rosa nach längerem Leiden sanft und ruhig von dieser Welt geschieden. Das ist wieder ein ungeheurer Schlag für mich, den mir das Schicksal mit rauher Hand verabreicht hat. Mit ihrer vierzehnjährigen Bettlägerigkeit hatte sie sich schon lange schlecht und recht abgefunden, trotz der Aufliegewunden, die immer wieder auftraten. Anfang Feber gab es viele Schneeverwehungen, daß sie nicht einmal mit dem Sanitätsauto ins Krankenhaus gefahren werden konnte. So konnte ich ihr die Augen schließen und am 23. 2. 1953 wurde sie in Tisch beerdigt.

Tisch, 5. 12. 1954
Vor einigen Wochen war ich seit der Umsiedlung zum erstenmal in Oberplan. Von Tisch fuhr ich mit dem Autobus nach Gojau und dann mit der Bahn nach Oberplan weiter. Im „Hotel Müller" war ich über Nacht und am nächsten Tag ging ich auf den Friedhof, in die Gutwasserkirche und in die Pfarrkirche. Der Dechant hat mich begleitet, er ist ein sehr freundlicher Herr. Wie der Friedhof verwahrlost ist, das spottet jeder Beschreibung. Von den Häusern „Odum" und „Weißschmied" neben der Kirche sind bereits die Dächer abgetragen. Das wird ein ganzer Schandfleck werden, wenn der Abschluß am oberen Ringplatz fehlt. Das „Watzekhaus" steht leer, einige Zeit waren dort landwirtschaftliche Maschinen eingestellt und jeder konnte ein- und ausgehen. Es ist eine ganze Ruine geworden, unbewohnbar. Fußböden und Türen fehlen, die Stallungen und die Scheune sind ebenfalls vernichtet, im Hof stehen mannshohe Brennessel und der Garten ist total verwahrlost. In der Altrichtergasse sind die Häuser Schopper, Wenzl, Sommer, Postl, Miesauer, Schuster, Haf-

ner und Moser auch verfallen. Und so ist es auch in den anderen Gassen, die kleineren Häuser verschwinden nach und nach. Der Vorderhammer wird auch schon langsam zugrunde gerichtet, Felix und Weißgerber ebenso. Im Minigraben wird an der Verlegung der Bahn gebaut. Diese wird von Stögenwald aus auf das linke Moldauufer verlegt und kommt beim Pecherhaus vorbei. Hinter dem Hotel Müller wird der Bahnhof stehen.

Tisch, 28. 1. 1957
In diesem einsamen, verlassenen Ort sehe ich oft den ganzen Tag keinen Menschen, außer, wenn sie zum Essen gehen. Keine Glocke ist zu hören und keine Uhr zu sehen. Die einzigen Nachrichten höre ich vom Radio. Verkehr habe ich nur mit anders sprechenden Leuten, außer wenn ich alle vierzehn Tage — drei Wochen einmal zur Familie Kuda gehe und dort alte Erinnerungen austausche...

Dieses war der letzte Brief des Rudolf Zach, genannt „Loungschuasta", wohlhabender Bürger und Altbürgermeister, Besitzer eines Lebensmittel- und Stoffgeschäftes am unteren Markt in Oberplan. Sein Todestag ist nicht bekannt. (T.W.)

Traudl Woldrich

DAS VERSUNKENE DORF HOSSENREUTH

Hossenreuth war ein idyllisches Dörfchen am Moldauufer bei Oberplan, am Fuße des Hasenbergls. Die Oberplaner Kinder holten sich am Hasenbergl ihre Haselnüsse und Maiglöckchen und spielten mit den Hossenreuther Kindern in den Torfauen jenseits der Moldau.
Im Jahre 1445 wurden zehn „Hausgesessene" genannt. Bis zur Vertreibung lebten in dem Dorf in neun Bauernhöfen, die schon zur Zeit Maria Theresias im Kataster eingetragen waren, zwölf Familien mit insgesamt 76 Personen; sechs weitere junge Männer aus Hossenreuth sind gefallen. Die Hossenreuther Kinder gingen täglich fast eine halbe Stunde zur Schule nach Oberplan.
Als bekanntester Hossenreuther gilt der Mediziner Adolf Martin Pleischl (1808 bis 1871), Professor für Chemie in Prag und Wien. Am Heiligen Abend 1836 machte er eine bahnbrechende Erfindung: die des metallfreien Emails. Er untersuchte auch als erster die Wasser der österreichischen Bäder und war maßgeblich für deren Aufschwung verantwortlich.
Die Bauern von Hossenreuth besaßen 275 ha und 75 Ar Äcker, Wiesen, Wald und Weiden und auch Torfstiche. In den Jahren 1945/46 wurden sie mit 30 kg Gepäck von Haus und Hof vertrieben. 35 Personen kamen nach Nie-

Palipeter-Mündl-Amisch.

derbayern, 5 nach Regensburg, 26 ins übrige Bayern, 11 nach Baden-Württemberg, eine nach Niedersachsen. So wurden jahrhundertelang gewachsenen Dorfgemeinschaften auseinandergerissen. Das Dorf mit allen seinen Fluren versank in den Fünfzigerjahren im Moldaustausee. An seiner Stelle befindet sich heute der Badestrand von „Jenisov". (nach Gustav Hofmann, „Hoam")

Im Urbar 1445 Hossenrayt
nach Hasso und Reut.

Hossenreuth vom Haselberg aus.

Damals . . .

Dorfplatz – v l.: Mündl, Peteramisch,
Lang, Dichtl (Stübel).

Heute . . .

1985: Einfahrt zum „Öffentlichen
Campingplatz Hossenreuth"
(s. Tafel).

Der Lexn-Wagenschuppen wird heute
als Bootsverleihhaus genutzt.

Ein Teil der Hammermühle, Geburtshaus Dr. Jungbauers.

Traudl Woldrich

DER VORDERE HAMMER

Zum Vorderen Hammer gehörten sieben Häuser. Das Bauernhaus „beim David", Hausnummer 98 war seit zweihundert Jahren im Besitz der Familie Janda. Zum dem bäuerlichen Betrieb gehörten 28,8725 ha Grundbesitz, zwei Wohngebäude, Wirtschaftsgebäude, eine Haarstube und das Landarbeiterhaus Nr. 164. Nach einer alten Haussage soll dieses Bürgerhaus nach einem Tausch gegen den nachmaligen Pfarrhof in Oberplan um 1400 gebaut worden sein. Das „Maurer-Pali"-Haus, Nr. 99 war das Geburtshaus des Wiener Hofrates Dr. Schopper. Es war später im Besitz des Hammermüllers Jungbauer. Die „Hammermühle" mit ihren Nebengebäuden stammt aus dem 15. Jahrhundert. Um 1520 wurde der Hammer aufgelassen, die Mühle nebenan arbeitete bis 1945. Das Wohngebäude war um 1600 Wohnung des herrschaftlichen Zehnteinnehmers, gegenüber war ein riesiger Getreidekasten. Die Hammermühle war das Geburtshaus von Professor Dr.

Gustav Jungbauer. Dann gab es hier in Vorderen Hammer noch das „Schlosser"-Haus, Nr. 101, Das Haus des Konsumverwalters Rudolf Geyer und die Bäckerei Hugo Jungbauer, vorne an der Straße nach Vorderstift.
Am 23. Oktober (!) 1945 wurden die Besitzer des ganzen Vorderen Hammers enteignet. Die Müllersleute mußten innerhalb einer Stunde mit fünf Rucksäcken ihren Besitz verlassen. Wer keine Verwandten hatte, bei denen er unterschlüpfen konnte, mußte bis zur Vertreibung am 14. März 1946 bei den neuen Besitzern ohne Lohn und gegen schlechte Verpflegung arbeiten.
1958 wurden von Mauerbrechern alle Gebäude des Hammers eingerissen. 1973 sahen nur mehr Mauerreste aus den Fluten des Moldaustausees heraus. Ein Weiler mit einer fünfhundertjährigen Geschichte hatte aufgehört zu bestehen.   (Nach Berichten von Anna Dolzer/Janda und Emma Pichlmeier/Jungbauer)

Der ganze Vordere Hammer wäre heute vergessen, wenn nicht der nach Adalbert Stifter bekannteste Oberplaner, der Prager Universitätsprofessor Dr. Gustav Jungbauer, hier in der Hammermühle am 17. Juli 1886 das Licht der Welt erblickt hätte.
Schon in der Zeit als Gymnasialprofessor in Reichenberg beschäftigte er sich mit der deutschen Volkskunde in Böhmen. Seine Dissertation schrieb er über die „Volksdichtungen im Böhmerwald". Der Erste Weltkrieg unterbrach seine Arbeiten. 1914 zum Kriegsdienst eingezogen, kam er schon 1915 in russische Kriegsgefangenschaft. Drei Jahre verbrachte er in Turkestan, von wo er sich 1918 in einer abenteuerlichen Flucht in den Böhmerwald durchschlug. 1920 hielt er sich als Delegierter für die Heimbeförderung

der Kriegsgefangenen in Moskau auf und erreichte, daß 10 000 Kriegsgefangene entlassen wurden. Dieser Erfolg machte Jungbauer in der ganzen Republik bekannt und wurde ihm von der Bevölkerung höher angerechnet, als sein ganzes wissenschaftliches Lebenswerk, das die Volkskunde der Deutschen in der Tschechoslowakei zum Inhalt hatte. Schon 1928 erhielt er einen Lehrauftrag an der deutschen Universität in Prag, ab 1937 war er Ordinarius für Deutsche Altertums- und Volkskunde. Jungbauer war der Initiator für die Gründung des Böhmerwaldmuseums. Er gab eine Sammlung von Volksliedern, Märchen, Sagen aus dem Böhmerwald und dem ganzen Sudetenland heraus. Er sammelte Beiträge über Feste, Möbel, Handwerk, und über deutsche Volksmedizin. Wenn heute die Heimatgruppen so wichtige Beiträge für die Brauchtumspflege leisten können, haben sie das den Sammlungen und dem Lebenswerk Prof. Jungbauers verdanken.

Die Oberplaner dürfen mit Recht Dr. Jungbauer den neben Adalbert Stifter bedeutendsten Oberplaner nennen. Dr. Jungbauer starb am Geburtstag Adalbert Stifters im Jahre 1942. Er mußte den Verlust und Verfall seiner Heimat nicht mehr erleben. Sein Ehrengrab am Oberplaner Friedhof wurde dem Erdboden gleich gemacht.

Hammermüller-Familie um 1900: von links: Hugo, Vater Johann Jungbauer, Johann, Ernst, Stefanie, Mutter Anna Jungbauer, Gustav, (später Univ. Prof. in Prag). Zur Verfügung gestellt von Emma Jungbauer †, Mitzi Konstanzer.

Helmut Doyscher

IM BÖHMERWALD

Als die Zeit noch Holzschuhe trug
und mit festen Kinderfüßen
über das Pflaster alter Städte lief,
traumverlorene Brunnen ihre Wasser spendeten
zu jeglicher Stunde dem Mund,
dem Auge, dem tieferen Sein,
da kamen Gänse an den Weihern
der Böhmerwalddörfer
geradewegs aus den Märchen,
da waren Fische in den Bächen
geheimnisvolle Edelsteine,
da schnarrte der Specht tief die Dämmerstunde des Waldes,
von Eichhörnchen bewacht,
von Häherrufen beschirmt,
schratumgeben, moosweibleinumhuscht,
da waren Fichten und Tannenzapfen
die Währung der weit geöffneten Kindertage.

Es waren Mühlfenzls Jahre,
im Flug der Libellen,
im Kräuseln der Wellen über den Krebssteinen,
kaulquappenumsäumt
und moldauumrauscht, glänzend in den Nächten,
wenn das Mondlicht über die Wehre floß,
sommers, grillenlautbestickt.

Es waren deutsche Jahre,
als die Zeit noch Holzschuhe trug
und leise klappernd über das Pflaster
der alten Städte lief.

Karl Hilgartner

STEINMAUERN DAHEIM

Daheim, Steinmauern gaben Kunde:
Hart war der Väter Rodungszeit.
Erst Steine, Steine, dann Brot.

Bis Mauern wurden aus den Steinen,
eingezäunte Äcker, Wiesen, Wege.
und Zeugen unserer Heimat wurden.

Steinmauern heute! Wald überdeckt sie.
Ein fremder Mensch im Lande lebt. –
Ruinen, Schutt und Trümmerstein
sind Modewörter – irrer Zeiten.

Hossenreuth 1964: Das Dorf ist ein Steinhaufen

AUF DER SUCHE NACH
EINER NEUEN HEIMAT

Hans Watzlik († 1948)

AUFRUF

Brüder, nicht mit nebelhaften Klagen
starret auf verlorne Gärten hin!
Nicht Genuß, nicht dauerndes Behagen
ist der rauhen Erde letzter Sinn.

Liegt das Land, von irrem Krieg zertreten,
laßt um Kraft uns, um Geduld uns beten!
Hat im Wahn die Welt sich selbst zertrümmert,
her die Axt, und wieder sie gezimmert.

Laßt in Ehrfurcht uns den Pflug berühren,
lasset tapfer uns den Hammer führen,
spät bei Lampenschein das Werk besinnen!
Laßt die Welt aufs neue uns beginnen!

Vor dem gnadenlosen Antlitz unsrer Zeit
dennoch sind zu freier Frone wir bereit.
Herzen her und Hände, Schaufeln, Hauen!
Weg den Schutt! Wir wollen bauen!

Traudl Woldrich

HEIMAT SUCHEN

Die ersten Jahre saßen wir Oberplaner, wie alle anderen Vertriebenen auch, auf unseren Koffern. Keiner dachte, daß wir nie mehr in die Heimat zurückkehren würden. Es waren schwere erste Jahre. Es war nicht nur der Hunger, der uns quälte in diesem geschundenen Land oder die schlechten Wohnverhältnisse. Daß wir oft als Zigeuner beschimpft oder wie Tagediebe behandelt wurden, schmerzte weit mehr als Hunger und Enge. „Engerlinge, Schmetterlinge und Flüchtlinge sind Schädlinge" bekam ich einmal zu hören, und man erwartete, daß ich über diesen Witz lachen würde. In Württemberg waren die Vertriebenen nur die „Hura-Flüchtling". Das stimmte bitter.
Später, als die Leute merkten, daß die mißachteten Neuankömmlinge buchstäblich „Stroh zu Gold spinnen", das heißt, aus den letzten Abfällen etwas Sinnvolles herstellen konnten, erwarben sie sich langsam die Achtung der Alteingesessen.
Wenn früher Böhmerwäldler in die Fremde mußten, litten sie sicherlich auch an Heimweh. Aber an bestimmten Tagen im Jahr, da konnten sie nach Hause fahren; zur Kirchweih etwa, oder an anderen Festtagen. Sie konnten sich mit ihren Freunden treffen und an Mutters Tisch ihre Leibspeise verzehren.

Nach 1945 gab es nur noch einen Tag, der eine Verbindung zum heimatlichen Brauchtum und zu Menschen aus der Heimat herstellte: der Jakobisonntag auf dem Dreisesselberg. Hier trafen sich die Böhmerwäldler nun zum Wiedersehen mit Freunden und warfen voll Sehnsucht vom Hochsteinfelsen einen Blick in die alte Heimat. Oberplaner zog es aber bald auch auf den Bärnstein oberhalb Aigens. Von dort aus hatten sie einen weiten Blick ins Moldautal und auf ihren geliebten Marktflecken.
Während des Krieges, als das Stift Schlägl seine Pforten schließen mußte, kamen zwei Priester aus dem Stift nach Oberplan, denen ihre Pfarrkinder heute noch zu großem Dank verpflichtet sind. Es waren der damalige Prior und spätere Abt Kajetan Lang und Prof. Evermod Groß. Diese beiden Männer wollten den Oberplanern nun auf Stift Schlägler Grund ein Stück Heimat geben. Auf dem „Sulzberg" an der Grenze zu Böhmen wurde der Aussichtsturm „Zum Moldaublick" errichtet, von dem aus die Oberplaner die Veränderungen in der Heimat beobachten konnten und den Moldaustausee wachsen und die Dörfer darin versinken sehen mußten.

Der Hochstein am Dreisesselplateau.

Messe bei der Bischof-Neumann-Kapelle am Dreisessel.

HEIMATSPRUCH

auf dem Bärnstein im Mühlviertel

Durchs Fernrohr geht dein Blick ins Land
das dir zu Füßen träumt
mit seinem silberfarbnen See
von Berg und Wald umsäumt.

Nach links wende zuerst den Blick
Salnau mit Steinschichtberg
die schwarze Steinwand baut sich auf
hin über Glöckelberg.
Pernek, dahinter der Libin
beim Städtchen Prachatitz.

Dann Pichlern mit der Kuppe dort,
genannt „der Fürstensitz".
Der Lissi zeigt sich und der Chum,
dann schau den Flecken an,
der dort am Waldesufer liegt:
Das liebe Oberplan!
Des Dichters Heimat liegt vor dir,
das Herz wird dir so weit,
gedenke Stifters, und du fühlst
den Hauch der Ewigkeit!

Und weiter —

Langenbrucker Teich,
dort Stuben, Albertstein,
dann Schwarzbach und der kühne Berg:
der Schöninger wirds sein.

Auf dem Bärnstein.

Von ferne grüßt dich Kirchschlag noch,
dann lenk dein Aug' zum Rand
des Stausees, wo das schöne Dorf
Untermoldau einst stand!
Nur Reste künden klagend stumm
von alter Zeiten Glück.
Zum Golitsch, zum Kalvarienberg
indes schon geht dein Blick.

Von Friedberg nur der Kirchturm winkt
dir stillen Gruß herauf
und oben türmt sich altersgrau
ein Riesenwürfel auf:
Burg Wittinghausen schließt das Bild.
Gedenk, was du gesehn:
Du sollst von hier als guter Freund
des Böhmerwaldes gehn!

Blick vom Bärnstein.

Theres Mayerhofer-Webinger

Neue Heimat –
Alte Wunden
Meinen Kindern gewidmet

Noch jung an Jahren, fast ein Kind,
als man mich fortgetrieben
und ausgesetzt, wie Spreu dem Wind –
wie gern wär' ich geblieben.

In großer Not – der Heimat fern,
geflohen durch die Wälder,
die Finsternis erhellt kein Stern –
und Angst schleicht um die Felder.

Es kämpft sich Fuß um Fuß durch Schnee,
gehetzte Herzen schlagen –
voran! voran! – vergiß dein Weh!
solang dich Füße tragen.

Ein Schuß zerreißt die Dunkelheit –
die Grenze schon in Nähe –
du, lieber Gott! – Barmherzigkeit!
um deinen Schutz ich flehe ...

Und Gott erhört mein Bittgebet,
gibt schützend sein Geleite,
reicht gütig mir die Hand und geht
beschirmend, mir zur Seite.

Der Grenzbach ist zu Eis erstarrt,
das Herz rast wie im Fieber,
es pocht – und ist erfüllt von Angst
und einem Wunsch: „Hinüber!"

Auch hier in Schnee gehüllt das Land,
vom Krieg liegt es darnieder –
und manche Stadt zerbombt, verbrannt,
– müd' heimgekehrt die Krieger.

Der Winter weiß, die Nacht so kalt –
und Weihnacht grad' vorüber –
vom fremden Turm die Glocke hallt
der Weihnacht Ausklang wider.

Da kam ich in die fremde Stadt,
ging ängstlich durch die Gassen –
ob sie ein Plätzchen für uns hat?
Auch hier uns Menschen hassen?

Als man mich riß vom Heimatgrund,
nahm Wurzeln mit und Erde –
sie froren lange, weh und wund,
zu kalt die fremden Herde.

Ich fühle mich so ausgesetzt,
so krank mit dieser Bürde;
betrübt vor Heimweh – tief verletzt
auch in der Menschenwürde.

Das Herz, es zittert lange nach,
klopft scheu dem Tag entgegen –
ich gehe bange durch die Stadt
auf Suche nach dem Leben.

Die Tage gehen – Monde ziehen,
das Leben will pulsieren –
die Freude reiht sich an die Mühen,
es glätten sich die Wirren.

Und langsam löst sich Eis und Frost,
der Seele Quellen tauen –
der Mensch, er sucht und findet Trost
und ringt um Gottvertrauen.

Die Wurzeln tauchen in den Grund,
verteilen sich und leben –
der Regen öffnet ihren Mund –
und Sonn' will Wärme geben ...

So wuchs ich in der Fremde ein,
bin endlich angekommen,
durft' endlich wo zu Hause sein,
von Menschen angenommen.

Die kleine Stadt im fremden Land
hat mich ins Herz geschlossen,
sie reichte freundlich mir die Hand –
und Blumenranken sprossen ...

Sie träumt von Lieb', von Freud' und Leid,
von längst vergangenen Stunden –
ihr Liebreiz macht das Herz mir weit,
hab' hier ein Heim gefunden.

Ich liebe sie, die kleine Stadt,
sie war mir auserkoren –
es ist nach langer Wanderschaft
neu' Heimat mir geboren.

Doch heingebettet in die Seele
liegt tief das Bild aus Kinderzeit –
in Böhmens Wald – an Böhmens Quelle –
trag es mit mir in Ewigkeit.

SCHMERZHAFTE MUTTERGOTTES MARIA VOM GUTEN WASSER IN OBERPLAN BITTE FÜR UNS

Während des Krieges kam der Prior des aufgelösten Stiftes Schlägl, Kajetan Lang, als Pfarrer nach Oberplan. Ihm zur Seite stand Pater Prof. Evermod Groß als Kaplan und „Kirchenrektor" der Gutwasserkapelle. Diesen beiden Männern verdankten die Oberplaner, daß schon bald in der Nähe von Schöneben auf Schlägler Klostergrund ein Aussichtsturm gebaut wurde, von dem aus man einen weiten Rundblick über das Moldautal und auf Oberplan mit seinen umliegenden Dörfern hatte. Hier, vom „Moldaublick" aus, konnte man die Veränderungen in der Heimat verfolgen und den Stausee wachsen, die Dörfer darin versinken sehen.

Auch eine Kapelle wurde gebaut, nahe an der Grenze auf der „Schöneben", in der eine Votivtafel des Gnadenbildes der Gutwasserkirche den Oberplanern Heimat geben will.

Aussichtswarte Moldaublick, 1040 m - Böhmerwald

Franz Trnka

WIE'S DAHEIM WAR
AM NOCKHERBERG BAN
TREFFEN VO DIE PLOUNA

Schej stad wird's za na olt' Gwoun(h)at,
daß d' Weiwa, d'Kina und a d' Mouna
vo unsara gounz'n und schejn Plouna Gejngt,
zan Treff'n gej af München mejngt.

Sej kejmant zoum und interholnt sie guat, ob Jung ob Olt
– ma kejnt ihn's ou,
in ihn' stejkt uwei nou
a Trumm vom Böhmerwold.

Da Bauer, d'Knecht, da Hiatbua und da Mejna,
d'Bairin, d'Dirn und d'Kind'sdirn,
de kloa Dirn – sej toant si ulli nou guat kejna.

Da Votta, d'Muatta, d'Buam und d'Mejscha
d' I-Leit d'Stiwl-Kina,-
da Vejda, d'Moam – da Ounkl, d'Tant',
d'Nicht'n, d'Neffen, G'wister-Kina.
Da Ejl, d'Ahl, da Gejd un d'Goudin,
d'Nochbarn, ja woaß Gout, wer sunst nou ulla.

Bürokrat'n, Eis'nbouhna, Poustla und Schandarm,
Feaschta, Jaga, Lehran,
ehemolige Volks- und Büagaschula.
Da Moasta, d'Gsüll'n und Leahrbuam,
d'Kaufleit, d'Spejngla, d'Uhrmocha,
d'Müllna, d'Bejcka, d'Rauhfoungkiehra und d'Rasiera,
d'Biascht'n-Binder, de Elektrischen und d'Fleischhocka.
D'Sodler, d'Schuasta, d'Schmied und d'Schloussa,
d'Wonga, d'Tischler, d'Mola, d'Maura, d'Zimmermouna,
jo, uwal wieda kejmant's,
die olt'n und die junga Plouna.
Vo ulli Seit'n druckan's eina, ols wulltn's sog'n:
„Mia san und bleib'n d'Zigeiner!"*

D'Morktla, d'Beagla, d'Puidara, d'Minigrabler, d'Ousch-
bachla,
epat goa nou a poar oldi Turna, Veterana?
Oa vom Gsoung-Verei und vo da Musi – oda vo da Feier-
weah?

Fleißi g'orwat houmbt's, guadi und schlechti Zcid'n dalejbt,
hant lusti gwejn, houmbt tounzt und g'sunga,
und wouns recht hoaß g'wejn is, und daß grod Zeit g'hot
houmbt,
a ge(a)n amol a Glasl trunga.
Ban Schmied Adolf, ban Rheder, im Hotel Müller,
ban Hüwlbaun- Kol in da Stift,
in Böhmawold-Wirtshaus ejnt bon Blaschka Sepp,
ban Matschi, ban Greawejwa und ban Gassl,
do hant frisch oug'schlog won an ejtla kloani und a groißi
Fassl.

Und wejn 'ma Zeit g'hot houm, ham ma in Kreizberg
gounga,
in d'Schieda, in Schwejmberg,
za da Fiacht'n affi und zas Machtla Buaha,
i's Gebirg, af d'Sängerhöh', i's Hos'nbeagl,
za da Wulda owi und in d' Hoid,
zan Stifta-Dejnkmol affi, i's Weißschmied-Beagl,
i's Gejlad, i's Stoagredl, i'd Kuah-Lah,
umma oft af d'Mill-Bairin, af unser'n wunda-schejn
Guan-Wossa,
in Roußberg afi, i's Karlashejfla Waldl,
i d'Torf-Au eini, in Hintan-Houmma,
am Jagahiwl und i d'Stiftawoid.
A sou is gwejn voa Zeid'n – Dahoamt – is lejngst voabei…

(* Zigeuner = Spitzname für die Oberplaner)

Ein Schülertreffen in München (50. Geburtstag, Jahrgang 1929)

Is kam zan glaub'n, jo schou vor fuchz'g Johr,
do houm mir in Böhmerwold drin tou dejn erscht'n
Schroa.
Ham herg'wochs'n als wia d' Schwoumma
und i da Plou i d'Schul recht fleißi gounga.
Oft hot's g'hoiß'n: „Fuacht mit ejnk!"
Dos hat koan vo uns recht g'foll'n –
und erscht neizeahhunert-neinasiebz'g
do houm ma in da Münchnerstod
des erscht Joahgoungstreff'n g'hol'n.

Recht brav hand's kejma, no da Reih'
vo Hess'n, Frounk'n, Schwob'n – jo sogor va Östereih.
Per Eis'nbouh und Auto wiad oug'foahr'n,
in ulla Herrgouts Friah, va Ouba- und va Niedaboarn.
vo iberoll her ruckant's ou,
grod wia vora 39/40 Joah ols Biagaschula i da Plou.
Va Münch'n, draußt vom Allgäu,
vo Ingolstod und Straubing,
va Landshut, Landau und va Passau,
va Linz, jo va ulli Ejkka do roas'ns zuwa,
d'Stuma, d'Hoila, d'Plouna, d'Spitzenberga und d'Penej-
ka.
An ejtla Auto vull hant kejma
va Weinheim, Stuagatt und va Göppinga vom Schwoba-
ländla ro.
Va Forchheim, Fürth und Nürnberg a.
Drint van schejna Schwizaland tuat gor neamd kejma,
und in Kahl am Main müaßt a nou oana vo de unsern sa.

In ulli Eachta hot's uns hi vaschlog'n,
weit ummadum im groiß'n Boung,
in Nord und Süd in Ost und West,
dej oan hant int, dej ounan oub'n.
Mia houm uns eig'wouhnt, a jeder hot gounz g'schwind
Haisa und Familien afbaut und a Betriebe g'ründ't.
G'weacht und g'sport und g'oawat houm ma,
jo mia kinnan ruahi sog'n:
Zan „Wirtschaftswunna" houm mia a vüll beigetrog'n.

Hiatzt ham ma do und g'frein uns ulli mitanouna:
D'Poldi, d'Gretl, d'Anna, 's Raupfounhkejra Linal und iah
Mou,
da Fritz, da Frounz, da Korl und s'Botouma Annerl vo da
Plou.
D'Friede, d'Hilde, d'Resi, da Müllna Rudl mit san Wei,
d'Steffi, d'Luisi, d'Maria – und unsa Pforra Kramer, der is
natürli a dabei.

Vo weither san ma kejma, und d'Zeit wor uns net z'schod,
owa dahoambt houm de mehran vo uns a an lounga
Schulwejg g'hot.

Heagounga hant's i d' Plou va Deitsch und Behmisch-
Hoil,
Piachlin, Penejk, Salnau, Neioufm,
va Parkfried, Howadoif und Glejcklberg,
va Hounatschlog, Mölm, Loungabruck, da Voidan und da
Hintan Stift,
van Houmma, Prounghouf, Jousefstol, Radschi, Stejng-
wold,
tuif drin im Böhmawold – in unsan schejn, grean Wold.

Af wejm ma a nou dejnga sull'n, dos hant wuhl unsani
Leahran.
a por va ihn dej lejb'nt jo nou,
g'schtorm hant hult schou die mehran.
Af unsan Lejmbswejg houmbt's uns mitgejm sou moun-
chan guat'n Root.
Mia Schula ham ihn heint nou dounkbor, ouft houmma
owa g'schwitzt,
houm's nit uwal grod am leichtan g'hot.
D' Frau Monken hot uns strejng i d'Ziegl g'numma.
Gounz guat g'moat hot's da Herr Benischek.
Owa mia hant nit uwei seina Meinung g'wejn.
Herr Reischl hot uns goar vüll vo da Natur beibroht –
er stoummt jo vom Hawerthaus oum in Penejk.
Herr Feil und Herr Direkta Ingrisch houmbt ouft a Kreiz
g'hot
mit uns „verflixt'n Buben" und sou mounch'n unfolgsa-
men „Tropf".
Da Herr Woldrich hot uns Englisch g'lehnt und Zeichna,
und beidlt z'rechta Wal bon Ohrwaschln und Schoupf.
Da Herr Hoffmann – jo, der hot sei Leb'n am Schlocht-
föld oupfan miaß'n.
D'Frau Rösler, ha, dej houm ma ouft im Singa g'hot,
Religion ban Herrn Pforra Kajetan Lang und bo din kloan
Badan Evamod.
Dazwisch'n drin do hant nou ejtla ounani Leahra do
gwejn,
d' Fraln Schmitz und d'Fraln Hawel, da Herr Ricek und d'
Fraln Schneider.
Mia houm g'rechnt, turnt und Strof g'schrieb'n –
und d'Mejscha houmbt nou 's Nah'und 's Stricka g'lehnt
und 's Koucha bo da Fraln Rienmülla.

Jo, a sou is' g'wejn i da Plou i da Schul
Mia wern schöi stad ülda und oft old
und hi und do dejng ma z'ruck:
Es wor amol tuif drin im Böhmawold, dahoamt, –
in unsan schejn grean Wold.

Ulrichsberg.

Traudl Woldrich

PATENSCHAFT
ULRICHSBERG-OBERPLAN

Als es weithin üblich wurde, daß deutsche und österreichische Orte Patenschaften über die Bewohner sudetendeutscher Orte übernahmen, überlegten heimattreue Oberplaner, ob sie nicht die Marktgemeinde Ulrichsberg um die Patenschaft über die heimatvertriebenen Oberplaner bitten sollten.
Rupert Essl und Anna Dolzer als Vertreter der Oberplaner fanden bei Bürgermeister Natschläger offene Ohren. War doch Oberplan schon immer geschäftlich, oft auch verwandtschaftlich mit Ulrichsberg verbunden gewesen, ja es gab sogar Ulrichsberger, die die Oberplaner Hauptschule besucht hatten.

Der Patenort Ulrichsberg

wurde 1325 von Probst Ulrich I. des Prämonstratenser Chorherrenstiftes Schlägl gegründet und 1928 zum Markt erhoben. Die Siedlung auf einem weithin sichtbaren Hügel im Tal der großen Mühl wurde nach dem Gründer benannt.
In einer Passauer Urkunde von 1396 finden wir Ulrichsberg bereits als Pfarre erwähnt. Der erste Pfarrer von Ulrichsberg wird 1413 namentlich genannt. Wahrscheinlich hat aber schon Probst Ulrich an die Gründung einer Pfarre gedacht und eine hölzerne Kapelle errichtet.

Ulrichsberg hat auf dem Hochficht ein schönes Skigebiet und ein Langlaufzentrum in Schöneben. Auch die Oberplaner kamen vor 1945 gerne auf den Hochficht zum Skifahren. Der Hochficht war ja geradeso der Hausberg Oberplans wie auch Ulrichsbergs. Die „Moldaublickwarte" steht auf Ulrichsberger Gemeindegebiet, ebenso wie die Kapelle in Schöneben.
So ist es eine gute Sache, daß die Bewohner der beiden Orte durch die Patenschaft geistig wieder näher zusammenrücken.

Am 14. und 15. August 1989 fand der Festakt zur Patenschaftsübernahme statt. Die Patenschaftsurkunde gestaltete die Grafikerin Gerlinde Hasenberger, deren Eltern aus Oberplan stammen.

Im Festzug: Dechant Keinberger, Ulrichsberg, Bürgermeister Natschläger, Rektorin Anna Dolzer, Sprecher der Oberplaner Rupert Essl.

DER GEDENKSTEIN

Seit 15. August 1989 erinnert das Patenschaftsdenkmal an der „Planer" Straße an die Vertreibung der Oberplaner. Von hier aus hat man einen weiten Blick auf die Böhmerwaldberge im Norden, überragt vom Hochficht, der auch Oberplans Hausberg ist.

Adalbert Stifter, der oft in dieser Gegend weilte, schrieb einmal: „Dorthin liegt mein Land, mein dunkel geschlossenes Waldtal. Dorthin sehnsuchtsvoll, heftet mein Auge den Blick."

Einweihung des Gedenksteines durch H. H. Dechant Keinberger.

Goldhaubengruppe Ulrichsberg.
Auch die Oberplaner Bürgersfrauen trugen zu festlichen Anlässen Goldhauben.

Musikkapelle Ulrichsberg.

So lagen die Steine im Ulrichsberger Wald.

Wer bei dieser heimatlichen Feierstunde anwesend war, wird wohl kaum daran gedacht haben, wieviele Vorarbeiten dafür nötig waren, daß das Werk gelingen konnte. Herr Otto Paleczek (Melmer Weide) trug die Hauptlast daran. Viele Tage waren die Männer und Frauen unterwegs, in den Wäldern einen geeigneten Stein zu finden. Auf Anraten des Steinmetzmeisters Hackenbuchner aus Urfah wählten sie einen Findling aus hellem Granit und einen flachen Stein als Fundament.

Die Hauptseite des Steines zeigt die Wappen von Ulrichsberg und Oberplan, die Gutwasserkapelle von Oberplan und eine Gedenktafel für die Toten von Oberplan. Die Idee der Gestaltung: Anna Dolzer und Otto Paleczek.

Die nach Oberplan gewandte Seite zeigt eine Landkarte des Moldautales mit den Orten der Pfarrei Oberplan. Otto Paleczek projezierte in mühevoller Kleinarbeit diese Landkarte auf den Stein, damit der Steinmetz anhand dieser Zeichnung arbeiten konnte.

Folgende Landsleute beteiligten sich an der Planung: Rupert Essl – Pichlern, Anna Dolzer, geb. Janda – Vorderhammer, Otto Paleczek mit Frau Gretl, geb. Janda und Schwester Steffi Schauberger – Melmerweide, Alois Zecho mit Frau Hilfe, geb. Schartner und Tochter Gerlinde Hasenberger – Oberplan, Gustav Hofmann mit Schwester Luise Braun – Hossenreuth, Hans Mayer – Oberplan, Josef Höpfler – Pranghof, Josef Webinger – Spitzenberg. Die Herren Hötzendorfer und Frattner aus Ulrichsberg standen mit Rat und Tat zur Seite.

Das Projekt kostete 10 382,30 DM, die aus Spenden der vertriebenen Oberplaner aufgebracht wurden.
Den Platz und den Stein stellte die Marktgemeinde Ulrichsberg zur Verfügung.

Im Hof des Steinmetzmeisters.

Der Stein wird aufgestellt.

Seit 15. August 1989 erinnert das Patenschaftsdenkmal an der „Planer" Straße an die Vertreibung der Oberplaner.

Von hier aus hat man einen weiten Blick auf die Böhmerwaldberge im Norden, überragt vom Hochficht, der auch Oberplans Hausberg ist.

Adalbert Stifter, der oft in dieser Gegend weilte, schrieb einmal: „Dorthin liegt mein Land, mein dunkel geschlossenes Waldtal. Dorthin sehnsuchtsvoll, heftet mein Auge den Blick."

Folgende Landsleute beteiligten sich an der Planung: Rupert Essl – Pichlern, Anna Dolzer, geb. Janda – Vorderhammer, Otto Paleczek mit Frau Gretl, geb. Janda und Schwester Steffi Schauberger – Melmerweide, Alois Zecho mit Frau Hilde, geb. Schartner und Tochter Gerlinde Hasenberger – Oberplan, Gustav Hofmann mit Schwester Luise Braun – Hossenreuth, Hans Mayer – Oberplan, Josef Höpfler – Pranghof, Josef Webinger – Spitzenberg.
Die Herren Hötzendorfer und Frattner aus Ulrichsberg standen mit Rat und Tat zu Seite.

Idee der Gestaltung: Anna Dolzer und Otto Paleczek.

Das Projekt kostete 10 382,30 DM, die aus Spenden der vertriebenen Oberplaner aufgebracht wurden.

Den Platz und den Stein stellte die Marktgemeinde Ulrichsberg zur Verfügung.

Die Hauptseite des Steines zeigt die Wappen von Ulrichsberg und Oberplan, die Gutwasserkapelle von Oberplan und eine Gedenktafel für die Toten von Oberplan.

Die nach Oberplan gewandte Seite zeigt eine Landkarte des Moldautales mit den Orten der Pfarrei Oberplan. Otto Paleczek projezierte in mühevoller Kleinarbeit diese Landkarte auf den Stein, damit der Steinmetz anhand dieser Zeichnung arbeiten konnte.

GERETTETE KOSTBARKEITEN

Es wird so viel vom „unsichtbaren Fluchtgepäck" gesprochen, von den Dingen, die die Vertriebenen in die neue Heimat herübergerettet haben. Es sind dies die Bräuche im Jahreslauf, die Lieder, Kinderreime und Gedichte, die Erinnerungen an viele schöne Stunden. Aber es sind auch Kostbarkeiten im Fluchtgepäck versteckt gewesen, die mancher wohl als Luxus bezeichnet hätte in dieser schweren Zeit: Ein bemaltes Kaffeehäferl, ein zerlesenes Gebetbuch, eine von der Großmutter bestickte Tischdecke oder etwa das Taufkleid des jüngsten Kindes, eine kostbare Goldhaube oder eine Liwanzenpfanne, alles Dinge, die einen, für die nachkommende Generation nicht immer verständlichen inneren Wert der Heimatlosen dargestellt haben.

Wären wir daheim geblieben, hätten vielleicht viele von diesen Dingen im Böhmerwaldmuseum eine Bleibe gefunden. So aber bestand die Gefahr, daß diese alt gewordenen Gegenstände als wertlos weggeschmissen würden.

Da entstand der Gedanke der Heimatstuben landauf — landab. In jedem Patenort für Heimatvertrieben wurde auch so eine Stube eingerichtet.

Die Marktgemeinde Ulrichsberg stellte zuerst einmal den Bewohnern von Glöckelberg einen Raum zur Verfügung, wo sie ihre Erinnerungsstücke aufbewahren konnten. Als das alte Schulhaus zum Touristenzentrum umgebaut wurde, bekamen auch die Oberplaner ihre „Adalbert-Stifter-Heimatstube".

Das Kulturhaus Ulrichsberg.

Die **MARKTGEMEINDE ULRICHSBERG**

gibt sich die Ehre

zur

Eröffnung

des

KULTURHAUSES

am Sonntag, 28. Juni 1992 um 10.15 Uhr

herzlich einzuladen

UNSER KULTURHAUS LEBT – ES BEHERBERGT

im OBERGESCHOSS:

**die Böhmerwaldglassammlung Langthaler
die Sammlungen des Heimatvereines mit**

> – der Glöckelberger-Stube
>
> – der Oberplaner Adalbert-Stifter-Stube
>
> – dem Pauline-Bayer-Gedenkraum

In mühevoller Kleinarbeit wurden die wertvollen Dinge gesammelt und gesichtet. Aber viele Hände schafften in kürzester Zeit die Einrichtung dieser Stube:
Adalbert Mayer schnitzte in vielen Stunden die vier Vorhangleisten, eine kleine Truhe und eine kostbare Kommode. Franz Trnka bastelte Modelle von Werkzeugen zur Holzschuh-Herstellung. Maria Wallner stiftete die Teppiche. Anna Dolzer war immer da, das Arbeitsteam zu neuen Arbeitseinsätzen einzuladen und wurde von ihrem Schwager Otto Paleczek oder seiner Schwester Steffi Schauberger zum Einsatzort gefahren. Dr. Otto Spitzenberger und seine Frau Lilo, Hans Rienmüller und seine

Bei der Einweihung des Kulturhauses.

109

Frau Hilde und Theres Mayerhofer scheuten weder Zeit noch Geld und machten in vielen Arbeitstagen aus der kahlen Stube ein Schatzkästlein. Immer wieder stellte sich auch Familie Konstanzer aus Garmisch zu Arbeitseinsätzen ein

Ich will nicht versuchen, alle, die sich an dieser Aufgabe durch Arbeit und Spenden beteiligten, aufzuzählen, denn sicher würde ich dabei wichtige Leute vergessen. Aber alle Oberplaner sind eingeladen, im Rahmen eines Urlaubes in der Nähe unserer Heimat, diese Heimatstube zu besuchen.

Frau Rektorin Anna Dolzer bei Arbeiten in der Heimatstube.

Frau Anna Dolzer und Frau Maria Konstanzer (rechts) und Fräulein Dr. Konstanzer bei einem Arbeitseinsatz in Ulrichsberg.

Dr. Otto Spitzenberger, Hans Rienmül-ler, Rupert Essl und Adalbert Mayer beim Einrichten der Stube.

Ein Teil des „Heimatstuben-Teams" mit Frau Dolzer (Bildmitte).

Gertrud Le Vasseur

SEHNSUCHT NACH DER HEIMAT

Hab mich verloren in die weite Welt –
ein Sturm hat mich hinausgetrieben,
bin einem Herz gefolgt, das für mich schlägt
und bin hier fremd geblieben.

Die Erde ist fast rot gefärbt in diesem Land,
die Fluren sind so öd und leer;
die Heimat hab ich erst so recht erkannt
nach diesem Zuge übers Meer.

So anders hier die Menschen, als daheim,
ihr Werken, Streben ist dem unsern fremd;
die Jahre, die ich hier sein muß,
nur eine Sehnsucht – Deutschland – Heimat kennt.

Dr. Otto Spitzenberger mit Frau Lilo an dem Schmuckschrank von Adalbert Mayer.

Mayer Gerti, die dieses Gedicht schrieb, ist in den Sechzigerjahren nach Amerika ausgewandert und dort immer fremd geblieben.

111

Traudl Woldrich

Ein Lied geht um die Welt

Im Wäldlerkalender 1926, den Direktor Hans Schreiber herausgab, erschienen eine Anzahl „Waldhüldara" Mannergsangeln von Dionys Teichmüller:

Steht a föhrana Herrgod
af der Klafferbachbruck,
gehn landaus und ein nia,
daß i's Hüedl nit zuck.

Der erst, der mi grüaßt,
kimm i hoam in man Wold,
und der letzt, der mi b'füatt,
is der Herrgod, der old.

Abschied 1914

Pfüat dih, Guatwossahöh,
Pfüat dih Gott, Alm und See
Und, Rosel, dih!
Hiaz geht's dahin in Kriag,
Bis ih dih wieder siag,
Denk fein af mih!

In an iadn Briaf muaßt schreibn
„I will die Deini bleibn".
Aft blüaht man Klee.
Kimmt vo mir koaner mehr
Weit über d'Doana her,
Aft — woaßt is eh.

D' Wulda

Auf d'Wulda, auf d'Wulda
scheint d'Sunn a so gulda,
gehn i hin über d'Bruck.
Furt schwimman die Scheider
tolaus ullweil weider,
und koans kimmt mehr z'ruck.

Muaß aussi a schwimma,
oba draußt bleib i nimma,
mei Hoamat is' 's Best.
Vom Böhmerwold kriagn
will i Brautbett und Wiagn
und a Truha auf d'Letzt.

Das letztere „Gsangl" von der Wulda, wie die Böhmerwäldler die Moldau nannten, beeindruckte den jungen Studenten Alois Milz aus Budweis so sehr, und ließen ihn auf der Fahrt nach Westfalen nicht mehr los. daß er im Rattern der Räder des Zuges immerzu diese Verse hörte, und plötzlich war auch die Melodie da. Er schrieb sie auf und verbreitete das Lied in offenen Singstunden der Wandervögel landauf, landab. Eine einfache Ablichtung dieses Liedes kam auch dem bekannten Volksliedforscher und Volkskundeprofessor Dr. Gustav Jungbauer in die Hand. Dieser fand nach mühevollen Nachforschungen heraus, daß sich hinter dem Namen Dionys Teichmüller der Grazer Gymnasialprofessor Dr. Anton Wallner verbarg, der aus der Draxlmühle bei Oberplan stammte. Er hatte sich nach dem Teich bei der Mühle „Teichmüller" genannt, und Dionys nach seinem Vorfahren, der 1674 diese Mühle erworben hatte.
Obwohl nun Dichter und Komponist dieses Liedes bekannt waren, konnte es doch als echtes Volkslied seinen Siegeszug durch die Welt antreten. Jeder Böhmerwäldler, der seine Heimat verlassen mußte, hatte dieses Lied in seinem Gepäck mit. Ein Lehrer aus Budweis lehrte es seine Schüler in der Karpato-Ukraine, als er dorthin versetzt worden war. Und als er 1985 an einem Treffen der Leute aus Mokra in der Karpato-Ukraine teilnahm, erzählten ihm diese, aus der Verbannung nach Sibirien Zurückgekehrten ehemaligen Schüler: „Wenn uns schwer ums Herz war, wenn niemand mehr an die Rückkehr nach Deutschland glaubte, dann haben wir das Lied von der Wulda gesungen, das Sie uns daheim in Mokra beigebracht haben. Das hat uns Trost und Kraft gegeben, auszuhalten".

Das Lied wurde vom Ackermannchor-Rosenheim 1960 beim Eucharistischen Weltkongreß in München gesungen und bei der Seligsprechung und der Heiligsprechung des Bischofs Joh. Nep. Neumann in Rom. 1976 wurde es bei einem Volksliedkonzert in Kanada gespielt. Der Böhmerwäldler Komponist Isidor Stögbauer schrieb Variationen zum Wuldalied und der Ingenieur Ernst Osen aus Salnau sang es bei einem Abschiedsabend deutscher Geschäftsleute im fernen China und alle Zuhörer waren gerührt von der Melodie und dem Text, den ihnen Ernst ins Englische übersetzt hatte.

Ein Zufall wollte es, daß der Komponist des Liedes, Dr. Alois Milz nach dem Krieg als Staatenloser in die Steiermark verschlagen wurde. Dort lernte er Dr. Anton Wallner kennen, den Verfasser des Gedichtes. Milz, der damals als Waldarbeiter sein Brot verdiente, konnte Wallner in der schweren Zeit eine Fuhre Brennholz besorgen — als Dank sozusagen, für dieses schöne Gedicht.
Dichter und Komponist wären wohl heute unbekannt, wenn nicht Dr. Gustav Jungbauer, aus der Hammermühle bei Oberplan, mit viel Ausdauer nach ihnen gesucht hätte. Er war ein sehr fleißiger Sammler von Volksliedern und Volkssagen aus dem Böhmerwald und dem ganzen Sudetenland, die in mehreren Bänden erschienen sind.

Das Wuldalied könnte heute nicht mehr entstehen. Die Moldau ist im Stausee verunken, die Brücke und die Dörfer, die sie verband, auch. Traurig dachte ein Böhmerwäldler, der unbekannt bleiben wollte, wie damals Dionys Teichmüller, an frühere Zeiten.

Das Wuldalied

Worte von Anton Wallner, Draxlmühle bei Oberplan · Weise von Lois Milz

Auf d' Wulda, auf d' Wulda scheint d'Sunn a so gul-da, gehn i hin ú-ber d'Bruck. Furt schwimman die Scheider tol-aus ull-wal wei-der und koans kimmt mehr z'ruck.

2. Muaß außi a schwimma,
Oba draußt bleib i nimma,
Mei Hoamat is s'Best.
Vom Böhmerwold kriagn
Will i Brautbett und d'Wiagn
Und a Truha auf d'Letzt.

EIN DENKMAL FÜR EIN LIED

Der Vorschlag kam von der Großnichte Anton Wallners, der Erbin der Draxlmühle, Maria Wallner. Die beiden Schöpfer dieses innigen Heimatliedes „Af d'Wulda" solten nicht vergessen werden.

Dr. Alois Milz, der die einfachen Verse von Anton Wallner vertont hatte, war mit der Errichtung eines Denkmals einverstanden und sagte seine Anwesenheit bei der Einweihung zu.

Der Standort war bald gefunden. Wo besser stünde so ein Denkmal, als auf dem Platz unterhalb des Turmes zum „Moldaublick"? Abt Felnhofer vom Stift Schlägl kam selbst zum Sulzberg, um den Standort auszusuchen. Wieder wurde von den schon bewährten Landsleuten ein Findling gesucht und von Bauhofarbeiten der Gemeinde Ulrichsberg an den Standort gebracht. Gerlinde Hasenberger gestaltete eine Metalltafel, die Herr Hötzendorfer und Herr Paleczek am Stein befestigten.

Am 28. Juli 1990 fand durch Herrn Dechant Keinberger aus Ulrichsberg die Weihe des Denkmals statt. Frau Maria Wallner und Dr. Lois Milz enthüllten den Stein.

Der Bundesvorsitzende der Böhmerwälder Ingo Hans hielt die Festansprache, die Nürtinger Böhmerwald-Spielschar und Gruppen aus Ulrichsberg umrahmten die Feierstunde mit Liedern und Musikstücken und gestalteten am Abend im Ulrichsberger Pfarrsaal einen Volkstumsabend. Es war eine würdige Feierstunde.

Der Findling von Schöneben.

Gerlinde Hasenberger gestaltete die Metalltafel.

Am 28. Juli 1990 fand durch Herrn Dechant Keinberger aus Ulrichsberg die Weihe des Denkmals statt.

Zweiter rechts vom Denkmal Dr. Alois Milz, links, halb verdeckt: Maria Wallner.

Musikkapelle Ulrichsberg.

Maria Wallner im Kreise von Schulfreundinnen.

Franz Trnka und Frau Konstanzer (Bildmitte) bei der Weihe des Denkmals.

Wuldalied 1968

Auf d'Wulda, auf d'Wulda
scheint die Sunn nimmer gulda,
hot koa Herz und koa Bruck,
konn nit viri, nit z'ruck.
O Wulda, o Wulda,
host Wölda und Földa verschluckt!
Mei Wulda, mei Wulda,
dei Wasserl steht stüll.
Es schwimman koani Scheider
und geht a koa Mühl.
                („Hoam": Dr. A. Milz, Erich Hans, G. Rankl)

Hedwig Hirsch

AN DIE HEIMAT OBERPLAN

Sei gegrüßt aus weiten Fernen,
teure, liebe Heimat mein!
Deine Söhne, deine Töchter
müssen in der Fremde sein.

Deine Wälder, deine Hügel,
deine Hecken, lauschig, traut,
haben deiner Heimat Kinder
oft in ihrem Traum geschaut.

Wenn sie müde von der Arbeit
abends dann zur Ruhe ziehn,
fliegt ein letzter Blick durchs Fenster,
traute Stätte zu dir hin.

Ist ihr Lebenslauf vollendet,
wird die letzte Bitte sein:
Laßt ein Grab mir in der Heimat
meine Ruhestätte sein.

Hedwig Hirsch war die Tochter des angesehenen Arztes Dr.
Hirsch aus Oberplan. Zuletzt wohnte sie in einer kleinen Wohnung in der Bahnhofsstraße 194. Von dort wurde sie am 15. Juli
1945 innerhalb eines halben Tages vertrieben. Wir Hausbewohner verloren damals die Verbindung zu ihr und haben nie wieder etwas von ihr gehört. Ob sie wohl noch in Oberplan ihre
letzte Ruhestätte gefunden hat?

Theres Mayerhofer-Webinger

ERSTER BESUCH IN DER HEIMAT

in Oberplan nach 48 Jahren (1993)

Als man, erbarmungslos, uns in die Fremde trieb,
da glaubten wir an eine schnelle Wiederkehr,
doch für Entrechtete, da gab es kein Zurück,
was uns einst Heimat war, gehörte uns nicht mehr.

Und nur der Himmel weiß, was wir gelitten,
entwurzelt, in die fremde Welt verbannt –
was wuchs aus Tränen, was aus stummen Bitten? –
ein schmerzerfülltes Sehnen nach dem Heimatland.

Jetzt, da uns Zutritt in das Land gewährt,
hat uns das Heimweh hergetrieben –
wir sind für ein paar Stunden heimgekehrt,
die Spuren suchen, die von einst geblieben.

Hier stehen wir nun — stumm — zutiefst ergriffen,
auf Heimatboden, den wir lang entbehrt,
darüber wir als Kinder barfuß liefen –
wie kostbar bist du, Heimaterde — uns so wert!

Gedanken regen sich, sie formen, spinnen,
beleben Träume aus der Kinderzeit,
sie kommen — sie entfliehen — sie zerrinnen –,
wie nah ist die Vergangenheit — und doch so weit ...

Wir träumen von einst bunten Blumenwiesen
und von dem harzdurchdrungnen, grünen Wald;
wir hören silberklare Bächlein fließen,
lauschen dem Ruf des Kuckucks, der von ferne hallt. –

Die Kirche ließ man unverändert stehen,
ich spüre Wehmut — auch den Hauch von Glück?
„Mein Gotteshaus, hast bessere Tage wohl gesehen!" –
und wieder kehrt die Kinderzeit zurück.

Ich sehe kleine Mädchen, weiß gekleidet —
die Mutter noch ein Myrtenkränzchen nähen –

mit Kerzen in der Hand, andächtig schreiten,
das erste Mal zum Tisch des Herren gehen.

Hör' aus den Schulen unsre Kinderstimmen,
sehe den Umzug noch, die Fähnchen in der Hand –
ich höre fröhlich uns die Lieder singen
und auch, — daß Böhmen unser Heimatland ...

Vertraute Häuser — einst im schmucken Kleid,
sie zeigen traurig uns ihr Angesicht,
viel haben sie gesehen schon an Not und Leid —
sie klagen stumm: „Und warum bleibt ihr nicht?"

Das große Wasser — regungslos — so fremd im Tal –
begrub das Herz der Moldau in der Flut –
als Kind sah ich es wohl zum letztenmal –
wie bitter weh dies meinem Herzen tut.

Der Weg führt auch zum Gottesacker hin,
wo, grasumwuchert Ahnengräber untergehen –
einst durften hier auch bunte Blumen blühen –
vom Rost zernagt, jetzt namenlose Kreuze stehen.

Mächtig die Bäume, hundertjährig, halten Wacht.
Durch ihre Frühlingskronen streicht der Wind –
in ihren Blättern rauscht und säuselt es so sacht:
„Wo bliebst du nur so lange, liebes Kind?"

Und Freude regt sich zaghaft nun in meiner Brust:
„Ihr Himmelspfeiler, eingebunden in Alleen"
– in mir hebt es zu singen an, in voller Lust —
ich weiß — ich werd' — ich muß euch wieder sehen!"

Jahrzehnte sind uns längst dahingegangen,
seit damals, als das Schreckliche geschah –
und ungestillt nach dir, bleibt mein Verlangen,
teure Heimat — meinem Herzen immer nah ...

(Mai 1993)

Traudl Woldrich

„AUFERSTEHUNG"

„Das Herz wird nur vom Herzen verstanden, nicht vom
Kopfe — genau so, wie man Musik nicht riechen kann".
Adalbert Stifter

Die Gutwasserkirche, dieses einfache Barockkirchlein auf
dem Kreuzberg, war den Oberplanern und den Menschen
aus den Dörfern rund um den Marktflecken besonders
ans Herz gewachsen. Die vielen Gebete, die aus der Fremde den Weg hinüber über die Böhmerwaldberge nahmen,
mögen vielleicht die Zerstörung dieses Kleinods verhin-
dert haben. Aber als nach 45 Jahren die ersten Beter in größerer Anzahl den Berg emporpilgerten, waren sie doch
sehr betroffen vom Zustand des Gotteshauses. Es waren
die Hossenreuther Bauernfamilien Feirer und Hofmann,
die sich um die Instandsetzung des Kirchleins bemühten.
Wie viele Bettelbriefe sie wohl geschrieben haben, um fast
100 000 Mark von den vertriebenen Oberplanern zusam-
menzubekommen? Wie viele Fahrten in die Heimat waren nötig, um die Bewilligung zur Renovierung und die
richtigen Handwerker zu bekommen?
Nun, nach fünf Jahren steht die Kirche wieder in alter
Pracht da und die „Schmerzhafte Mutter Gottes zum Guten Wasser" hat wieder eine würdige Wohnstatt bekommen.

Die Gutwasserkapelle nach der Renovierung 1996.

118

Traudl Woldrich

Ein Werk der Versöhnung

Als sich 1990 der Eiserne Vorhang öffnete und die Bewohner von Glöckelberg, Josefsthal und Hüttenhof ihre Dörfer besuchen wollten, fanden sie nur Gestrüpp, Mauerreste und Brennesselhalden. Die Heimat von etwa 1500 Menschen war nicht mehr vorhanden. Auch die Kirche war eine Ruine, Birken wuchsen aus dem Dach, das Innere verwüstet und entheiligt.

Damals schrieb der Bischof von Budweis, heute Erzbischof von Prag, Miroslav Vlk folgenden Brief:
Liebe Freunde jenseits der Grenze!
Vor kurzem habe ich eine wehmütige Wallfahrt in die vernichteten Kirchen im Südgrenzgebiet unserer Diözese unternommen. In meiner Seele hat es den tiefsten Eindruck hinterlassen. Wenn jemand um sein Vermögen, Haus, Felder, Wälder kommt, ist es sehr schmerzlich — als ob er die Erde unter den Füßen verliert. Wenn jedoch die Leute ihre Heimat verlieren, ihre Heiligtümer, Gräber ihrer Lieben — das ist unaussprechlich schmerzlich. Mit solchen Gefühlen bin ich durch Gebüsch zu der devastierten und verlassenen Kirche in Glöckelberg (Zvonková) durchgedrungen. Eine kleine Kerze, die mit ihrem Flämmchen auf der Erde flimmerte, hat mich aufmerksam gemacht: ich bin auf dem Friedhof ... Das ganze Gebiet, das ich damals durchfahren bin, scheinte mir ein großer Friedhof der Menschlichkeit und des Kulturstandes unseres Volkes zu sein. In der vernichteten Kirche bin ich ihren Leuten begegnet, die nicht vom berechtigten Zorn gesprüht haben, sondern haben mit Trauer im Gesicht und Schmerzen im Herzen begonnen, den Ausweg aus dieser großen Grabstätte der gegenseitigen Beziehungen zu suchen. Ich habe gesehen, daß sie in Liebe gekommen sind. Allmählich haben wir Wege die gefunden. Mit Freude habe ich den Gedanken empfangen, schrittenweise diese Stellen zu renovieren. Ich weiß, daß sie in der momentanen Situation uns in ganzer Funktion nicht dienen können, aber sie können ein Ort gemeinsamer Zusammenarbeit bei Erneuerung werden, ein Ort des gemeinsamen Gebetes, der Versöhnung, des Zusammentreffens ... Aus diesem Grunde lade ich sie herzlich ein: kommen Sie, wir beginnen wieder gemeinsam. Durch gemeinsame Bemühung, beginnen wir zu beseitigen, was Ungunst der Zeit, organisiertes Haß zwischen uns gehäuft haben. Ihre Vertreter, mit denen wir gehandelt haben, geben Ihnen konkrete Dispositionen. Den gemeinsamen Weg zur Erneuerung und Versöhnung segnet.
Originalbrief H. H. Miroslav Vlk, Bischof von Budweis

Zehntausende Mark und Schillinge flossen in den nächsten zwei Jahren nach Glöckelberg, tausende von Arbeitsstunden haben die Vertriebenen der Pfarrgemeinde Glöckelberg für den Wiederaufbau der Kirche und die Instandsetzung des Friedhofes geleistet. Aber auch die Feuerwehrleute aus Oberplan halfen dabei. Es schien sich wirklich ein Weg der Versöhnung anzubahnen

1992 standen Kirche und Friedhof in ordentlichem Zustand wieder da. Aber wenn Glöckelberger oder Oberplaner eine Messe in der Kirche feiern, sind sie unter sich. Gebe Gott, daß der Samen der Versöhnung nicht unter die Dornen gefallen ist.

Traudl Woldrich

Den Toten der Heimat

Allerheiligen und Allerseelen, wenn in der neuen Heimat zum Friedhofsgang gerüstet wurde, kamen wir Vertriebene uns immer besonders verlassen vor. Wir dachten an die Gräber in der Heimat. Kein Lichtlein würde dort angezündet sein, keine Blume die letzte Ruhestatt unserer Lieben schmücken.

Jeder, dem in all den Jahren ein Besuch in Oberplan möglich war, suchte zuerst einmal die Gräber am Friedhof auf. Doch je mehr die Jahre vergingen, desto weniger Gräber konnte man wieder finden.

Otto und Margarete Paleczek besuchten nach der Grenzöffnung den Friedhof in Oberplan und berichteten erschüttert:

„Bei unserem ersten Besuch im Jahre 1990 bot der Friedhof in Oberplan ein Bild der Verwüstung: Zertrümmerte und umgestürzte Grabsteine und abgeschlagene Kreuze lagen, von Gras und Stauden überwuchert, am unteren Teil des Friedhofes verstreut. Wir fanden 63 verwaiste deutsche Grabstellen, die noch als solche zu erkennen waren. Einige Gräber waren gleich nach der Wende von Angehörigen gekauft worden.

Fassungslos standen wir auf dem entweihten Ort, wo wir unsere Lieben zur letzten Ruhe gebettet hatten. War es möglich, diesem Gottesacker seine alte Würde zurückzugeben?

Es wurde ein Weg gefunden. Nach Verhandlungen mit den tschechischen Behörden, einigten wir uns darauf, für jede Grabstelle, die hergerichtet werden sollte, für die Dauer von zehn Jahren 180 Kronen zu bezahlen. Für das Herrichten der Gräber fanden wir eine Baufirma in Schwarzbach, die mit Hilfe des Friedhofswärters die Arbeit übernahm. Dieser verpflichtete sich auch, gegen ein Entgelt von 100 DM im Jahr, die Pflege des Friedhofes zu übernehmen.

Durch großzügige Spenden unserer Landsleute konnten wir dafür sorgen, daß sich der Rest des deutschen Friedhofes wieder in einem würdigen Zustand befindet."

Friedhof Oberplan 1960.

So sah es 1990 auf dem Oberplaner Friedhof aus.

Friedhof-Sanierung 1994/95.

NACHWORT

„Was je Gutes oder Böses über die Menschen gekommen ist, haben die Menschen gemacht."   Adalbert Stifter

So viel Bitteres mußten Menschen in diesem Jahrhundert von Nachbarn erleben, daß es nun an der Zeit ist, nach Wegen zu suchen, daß die Bewohner von „Horni-Plana" mit denen von „Oberplan" ins Gespräch kommen. Ein Begegnungszentrum ist von Bürgermeister Jiri Hulka und dem Vorstandsmitglied der Sudetendeutschen Landsmannschaft, dem in Oberplan geborenen Horst Löffler in Planung genommen worden. Gebe Gott, daß die Vision Adalbert Stifters aus seinem „Witiko" endlich Wirklichkeit werde!

„Es ist bei den Menschen so,
daß der Mensch dem Menschen,
der Nachbar dem Nachbarn,
der Freund dem Freunde hilft.

Und es werden die Zeiten kommen,
daß die Völker nicht mehr allein sind,
daß sie sind, wie Mensch und Mensch,
wie Nachbar und Nachbar,
wie Freund und Freund!
Und dessen Hilfe ich heute brauche,
der braucht die meinige morgen."

Traudl Woldrich, 23. Oktober 1996

FOTOQUELLEN

Die Fotos haben mir dankenswerterweise folgende Personen zur Verfügung gestellt:
Eduard Brazda; Anna Dolzer/Janda; Grete Feyrer; Hilde Hanske (Stuben); Gustav Hofmann; Elfriede Holub/Pranghofer; Rosa Riedel/Müller; Mitzi Konstanzer/Mauritz; Herma Maul/Jungbauer; Otto Paleczek; Kurt Petschl; Emma Pichlmeier/Jungbauer; Sepp Scheiterbauer; Dr. Otto Spitzenberger; Hans Stifter; Rosa Streinz; eigenes Archiv; Foto Mayer (Oberplan); Foto Seidl/Krummau

QUELLENANGABE

Zeitschrift „Hoam" 1948 bis 1996
Zeitschrift „Glaube und Heimat" 1970 bis 1996
Rupert Essl: Oberplan, der Geburtsort Adalbert Stifters
Adalbert Stifter: Gesammelte Werke
Karl Josef Pimmer: Volkslieder und Volksmusik aus dem Böhmerwald